区域旅游可持续发展系统研究
——来自西藏的实践

章杰宽　著

本书得到国家自然科学基金项目（项目编号：71163038）、教育部人文社会科学研究项目（项目编号：12XZJA630001）、国家民族事务委员会人文社会科学重点研究基地项目（项目编号：14mwjdz01）的资助

科学出版社

北　京

内 容 简 介

本书围绕学术前沿，根据可持续发展的内涵，运用系统科学、管理学、地理学、社会学及经济学等理论，在系统思想指导下，通过对西藏旅游业发展状况的深入考察，提出包含经济、人口、社会、资源与环境五大基本元素的西藏地区旅游可持续发展系统的理念，并以此建立了西藏旅游可持续发展系统的动力学模型。通过仿真研究，本书对西藏旅游可持续发展战略与目标的选择、可持续旅游发展能力的评价及在未来可持续旅游管理中应该关注的问题进行了系统分析，并提出相关对策建议。希望通过本书的研究，能够进一步科学地认知区域旅游可持续发展系统的运营特征规律，加深对区域旅游可持续发展的认识，为西藏地区旅游可持续发展及其世界旅游目的地建设的科学管理奠定理论基础。

本书适合旅游管理领域的高等院校师生、科研人员、政府管理部门人员和企业管理人员及相关的工作者阅读。

图书在版编目（CIP）数据

区域旅游可持续发展系统研究：来自西藏的实践/ 章杰宽著.—北京：科学出版社，2016
ISBN 978-7-03-047402-5

Ⅰ. ①区⋯ Ⅱ. ①章⋯ Ⅲ. ①旅游业发展—研究—西藏 Ⅳ. ①F592.775

中国版本图书馆 CIP 数据核字（2016）第 033464 号

责任编辑：马 跃 王丹妮 / 责任校对：彭 涛
责任印制：霍 兵 / 封面设计：无极书装

科学出版社 出版
北京东黄城根北街 16 号
邮政编码：100717
http://www.sciencep.com

三河市骏杰印刷有限公司 印刷

科学出版社发行 各地新华书店经销

*

2016 年 6 月第 一 版 开本：720×1000 1/16
2016 年 6 月第一次印刷 印张：12 1/4
字数：247 000
定价：72.00 元
（如有印装质量问题，我社负责调换）

作 者 简 介

章杰宽，1982年3月生，江苏沭阳人，1999~2003年就读于陕西师范大学旅游与环境学院，获管理学学士学位，2005~2008年就读于陕西师范大学旅游与环境学院，获管理学硕士学位，2012年9月至今在陕西师范大学西北研究院攻读博士学位。2008年进入西藏民族大学工作，目前是西藏民族大学管理学院讲师，主要研究方向为系统科学与可持续旅游、低碳旅游、旅游史等。主要成果包括主持国家自然科学基金项目1项、主持西藏自治区高校人文社会科学项目1项，参与包括国家社会科学基金项目、教育部人文社会科学一般项目、国家民族事务委员会项目等在内的多项省部级以上科研项目，在国内外学术期刊发表学术论文20余篇，其中包括 *Journal of Cleaner Production*、*Ecological Indicators*、*Journal of China Tourism Research*、《系统工程理论与实践》、《中国管理科学》、《管理评论》、《中国人口·资源与环境》和《旅游学刊》等国内外重要学术期刊。研究成果获咸阳市自然科学优秀论文一等奖、三等奖各1次，获西藏民族大学优秀科研成果奖1次。

前　言

20 世纪 90 年代初期，在可持续发展理念的基础上，联合国教育、科学及文化组织（简称联合国教科文组织）、联合国环境规划署和世界旅游组织确立了旅游可持续发展思想在旅游业发展中的主导地位。从此，可持续旅游成为旅游学科研究和旅游产业实践的优先范式。自 20 世纪末以来，从旅游可持续发展所遇到的主要问题到旅游可持续发展评价指标体系，再到促进旅游可持续发展的相关对策研究，旅游可持续发展问题一直是国内外学术界关注的热点，且理论构成丰富，研究方法多样。已有的研究成果及旅游可持续发展的自身特征表明，区域旅游可持续发展主要涉及经济（economy）、人口（population）、社会（society）、资源（resource）和环境（environment）五项基本元素，区域旅游可持续发展的实质就是要促进区域内这五个方面之间的协调发展。因此，旅游可持续发展是由经济、人口、社会、资源与环境这五个基本元素之间相互作用、相互联系所构成的一个复杂的体系。从系统论的观点来看，这个体系构成了一个相对稳定的系统，而从系统的内部关联看，实践表明该系统又是一个动态、高阶、非线性且具有多重反馈结构的复杂动态反馈性系统。

正因为旅游可持续发展系统具有动态、高阶、非线性及多种反馈的结构特征，本书认为，已有的研究成果由于维度单一、方法所限，都未能对其有进一步的认知与研究，在一些关于区域旅游可持续发展系统的关键问题上仍需进一步的研究：在经济、人口、社会、资源与环境五个子系统中，旅游可持续发展系统关键构成要素的确定；影响旅游可持续发展系统状态的诸多变量的确定；旅游可持续发展系统内部诸多变量之间的关联及这种关联性对系统状态影响的衡量；在诸变量的综合作用下，旅游可持续发展系统运行的过程控制及其动态预测。以上问题的认知和解决对于科学地管理旅游产业发展和决策制定具有重要的意义。

西藏自治区作为我国新兴的旅游目的地，旅游业已经成为国家和自治区政府重点扶持的支柱产业。尤其在中央第五次西藏工作座谈会上提出要将西藏建设成为重要的世界旅游目的地之后，西藏的旅游发展呈现突飞猛进的态势。但同时，西藏旅游发展中遇到的一些诸如系统认知、发展模式、趋势预测、目标选择等重大战略性问题，在管理层面仍然存在较为模糊的认识。基于此，本书以系统动力学为主要手段，综合一些其他的定性、定量方法，对西藏旅游可持续发展系统进行全面深入的研究，最终提出一些可供有关政府部门参考的政策建议。

本书共分为 7 章。第 1 章为绪论，主要从国外、国内两个视角梳理可持续旅游研究的现状，并对未来的深入研究及主要方向做出展望。第 2 章主要介绍系统动力学方法的概况及其在旅游可持续发展中的适用性，对运用系统动力学研究旅游可持续发展的路径做了描述。第 3 章是对西藏旅游可持续发展系统结构的分析。这部分简单介绍了西藏旅游业发展的背景，回顾了 10 余年来西藏旅游业发展的成就和问题，在此基础上对西藏旅游可持续发展的经济、人口、社会、资源和环境子系统进行了分析。第 4 章运用流率基本入树建模法构建了西藏旅游可持续发展的系统动力学模型，针对五个子系统，分别讨论了各子系统的相关变量、变量之间的方程式及这些方程式的计算说明，最终构建了西藏旅游可持续发展的系统动力学模型。第 5 章是系统动力学模型的运用。本部分首先对模型进行了检验，其次从三种不同的战略情景对西藏旅游可持续发展的趋势进行了预测。在此基础上，本章还结合人工神经网络和目标规划模型，对西藏旅游可持续发展能力的动态变化及"十三五"期间西藏旅游可持续发展目标的选择和实现进行了研究。第 6 章是对策建议部分。本章从系统结构、趋势把握和若干具体问题三个方面对西藏旅游业发展提出了一些针对性的对策。第 7 章是对整个研究的总结和展望，对书中的一些研究成果和发现做了简单总结，并针对研究过程中发现的一些不足做出讨论，厘清未来的研究方向。

本书的主要创新和特色之处主要体现在以下两个方面。

一是在理论方面，本书首次对区域旅游可持续发展系统的关键要素和要素之间的逻辑关系做了深入的分析，这对认知区域旅游可持续发展系统具有重要的价值。本书厘清了区域旅游可持续发展系统的边界，这有助于开展对可持续旅游的相关研究。在研究方法上，本书创新性地运用系统动力学、人工神经网络、目标规划模型等管理科学方法，对加强旅游学科的管理属性及丰富旅游研究的方法论具有重要的推动作用。

二是在实践方面，当前西藏自治区正处于建设重要世界旅游目的地的进程之中，是旅游产业升级和旅游产业发展模式的重要转型期。本书的研究成果对于决策者理解、把握、管理西藏旅游可持续发展系统具有重要的参考价值。本书提出的一些观点和建议对于未来西藏旅游可持续发展的科学决策也有相当重要的指导意义。

本书的研究得到了国家自然科学基金（项目编号：71163038）、教育部人文社会科学研究项目（项目编号：12XZJA630001）、国家民族事务委员会人文社会科学重点研究基地项目（项目编号：14mwjdz01）等项目的资助，作者对这些机构的资助和支持表示由衷的感谢。

在本书的研究和写作中，笔者得到了许多领导、同行、朋友与家人的支持和鼓励。要特别感谢西藏民族大学管理学院院长朱普选教授，朱院长为本书的写作和研究提供了一个非常宽松的工作环境，才使笔者能够集中精力开展本书的研究。

要特别感谢我的博士研究生导师张萍研究员，正是她的宽容和支持，才使得本书的完成有着充足的时间保证。感谢西藏民族大学旅游管理专业系主任姬梅副教授对研究工作的大力支持，也感谢西藏民族大学旅游管理专业的所有同行，在本书的研究中他们总是能够提供一些独到的见解和帮助。感谢我的爱人张燕老师，没有她对家庭的倾心照顾，就没有笔者对本书的孜孜投入。也感谢我的女儿章映雪小朋友，在我感到乏累和迷茫的时候，她总是能给我带来太多的快乐，才使我有了继续前行的动力。还要感谢我的父母、岳父母和我的姐姐，尽管他们不知道我在做什么，但正是有了他们的鼓励，才有了本书的最终完成。最后还要感谢西藏大学胡海燕副教授对课题申请及研究提供的帮助，十分感谢在研究过程中提供帮助的西藏自治区相关旅游管理部门和企事业单位的朋友们及提供咨询和指导的相关领域专家。

由于笔者学识有限，书中难免存在不足之处，恳请广大专家学者和读者提出宝贵意见。

目　　录

第1章 绪 论

1980 年由世界自然保护联盟(International Union for Conservation of Nature，IUCN)、联合国环境规划署(United Nations Environment Programme，UNEP)、世界野生动物基金会共同发表的《世界自然保护大纲》，明确提出了可持续发展(sustainable development)的概念。20 世纪 80 年代末，世界环境与发展委员会(World Commission on Environment and Development，WCED)将可持续发展作为一种环境管理思想，并正式使用可持续发展的概念。在《我们共同的未来》(*Our Common Future*)中，可持续发展被定义为："能满足当代人的需要，又不对后代人满足其需要的能力构成危害的发展。它包括两个重要概念：需要的概念，尤其是世界各国人们的基本需要，应将此放在特别优先的地位来考虑；限制的概念，技术状况和社会组织对环境满足眼前和将来需要的能力施加的限制。"1992 年 6 月，联合国在巴西的里约热内卢召开的环境与发展大会上，通过了以可持续发展为核心的《里约环境与发展宣言》《21 世纪议程》等文件。自此，可持续发展逐渐形成一种价值观而普遍被社会接受。1994 年，中国政府编制的《中国 21 世纪议程——中国 21 世纪人口、环境与发展白皮书》，首次把可持续发展战略纳入中国经济和社会发展的长远规划。在 1997 年的中共十五大上，可持续发展战略被确定为中国现代化建设中必须实施的战略。

基于可持续发展思想，世界旅游组织(World Tourism Organization，UNWTO)在 1993 年提出旅游可持续发展的理念。1995 年，联合国教育、科学及文化组织(简称联合国教科文组织)、联合国环境规划署和世界旅游组织在西班牙召开的世界旅游可持续发展会议上，通过了《旅游可持续发展宪章》和《旅游可持续发展行动计划》两个重要文件，这也标志着可持续发展模式在旅游业中主导地位的确定。而在实践中，言必称"可持续发展"也成为旅游行政管理部门和旅游企业在管理实践中的主导型现象。相应地，旅游可持续发展也得到了旅游学家们的极大关注，相关的理论与实证研究在旅游学研究中的比重逐渐增加，极大地促进了旅游学科与旅游业的发展。旅游业的本质决定了其与可持续发展之间密不可分的关系，而旅游业和可持续发展二者之间的"焦孟"关系也基本得到确定。在各种著述中，"旅游可持续发展"(sustainable tourism development)、"可持续旅游"的字样层出不穷。在国际学术界，不仅仅是传统的三大旅游学期刊——*Annals of Tourism Research*（AOTM）、*Tourism Management*（TM）和 *Journal of Travel Research*（JOTR）成为可持续旅游研究的重要阵地，1993 年，在英国还创办了专门面向可持续旅游研究的 *Journal of Sustainable Tourism*（JOST）杂志，并由国际知名的学术出版社泰勒-弗朗西斯集团（Taylor & Francis Group）旗下的 Routledge 出版，体现了可持续发展这一研究领域在旅游学科中的重要地位。几乎同期，国内的可持续旅游研究也紧跟国际步伐，在多个方面取得了重要成就，形成国内旅游可持续发展研究的新范式。至今，在国内外主要旅游学术期刊中，关于旅游可持续发展的研究成为重要构成。本部分从国外、国内两个视角梳理可持续旅游研究的现状，并对未来的深入研究及主要方向做出展望。

1.1　国外旅游可持续发展研究

　　本部分是对国外可持续旅游研究的评析，旨在简要回顾 20 世纪末国际旅游可持续发展研究的基础上，重点介绍 21 世纪以来旅游可持续发展研究的最新成果，系统全面地将国际上旅游可持续发展的最新进展呈现在国内学术界面前，从而可以更好地指导国内可持续旅游的理论与实践发展。研究文献主要来源于国际上著名的旅游专业期刊，包括 *Annals of Tourism Research*、*Tourism Management*、*Journal of Travel Research* 和 *Journal of Sustainable Tourism*。前三个是学术界最权威的旅游学术期刊，在旅游学科享有盛誉，而最后一个尽管办刊较迟，但已经迅速成长为旅游学科的重要期刊，其影响因子也稳定在旅游学术期刊的前列。其他文献散见于 *The Geographical Journal*、*Tourism Geographies* 等相关杂志。通过对相关文献的梳理发现，国外的旅游可持续发展研究尽管基于不同的学科与方法论，但基本上包含着一些比较固定的论题及一些特殊的小的论题。其中学者们关注较多的论题包括旅游可持续发展的定义、发展模式、利益相关群体、可持续评价、发展政策、生态旅游六个方面；而其他的诸如科技、气候等与旅游可持续发展的关系方面的研究也得到了一定的关注，并且有的还呈现逐渐升温的态势。

1.1.1　旅游可持续发展的概念及内涵

　　旅游可持续发展研究的一个重要方面是对其概念的界定。Hughes（1995）把旅游可持续发展上升到道德层面，他认为要实现旅游可持续发展，更重要的是要求人们从内心去接受这种理念。但他并没有对旅游可持续发展的定义做出明确的界定，只是强调官方机构在可持续理念普及中的作用。在可持续发展概念的基础之上，世界旅游组织（1998）认为，所谓旅游可持续发展就是既要能满足当前旅游目的地与旅游者的需要，又要能满足未来旅游目的地与旅游者的需要。但一些研究可持续旅游的学者则认为这个概念太过含糊，存在着根本上的误导。例如，Butler（1999）认为世界旅游组织的概念对于需求缺乏明确界定，并且不同阶段不同情况下的需求可能存在着矛盾。基于官方定义，一些学者从更广的范畴定义旅游可持续发展，其争论的内容不再仅仅局限在环境领域，而是扩展到经济、政治、社会与文化领域。Hardy 和 Beeton（2001）从旅游需求的角度来解释可持续发展的基本原理。Savage 等（2004）认为必须以全面的观点来理解旅游的可持续性，以此论证在城市旅游目的地的可持续性中，关键是要保持原真性以避免被全球化和现代化。Northcote 和 Macbeth（2006）则通过旅游综合收益框架对旅游可持续发展进行解释，框架的基础是旅游者、财政、经济、环境、社会和文化六个收益面，在此之上，针对每种收益的三个层次，即当前收益、需要收益和潜在收益，最终组成可持续综合收益。Lansing 和 Vries（2007）认为旅游可持续发展在市场行为之外，更应是一种伦理的选择，并从旅游可持续发展的三个基本维度（经济、环境和社会文化）——做出伦理的解释。近年，源于低碳经济的盛行，在可持续旅游前提下，Tang 等（2011）分析了低碳旅游的基本概念，主张通过节能减排获得高质量的旅游经历和更大的社会、经济、环境效益。

对其内涵的持续研究，反映了旅游可持续发展研究领域的必要性与重要性。随着旅游业实践及相关学科理论的发展，旅游可持续发展的理论与实证研究也在不断的发展之中。从概念界定到实证研究，从旅游产品到发展目标，从一个发展理念到一项研究领域，旅游可持续发展的研究走过了将近 20 年的历史。

1.1.2　旅游可持续发展模式

所谓发展模式指的是一个国家、一个地区或一个产业在特定的条件下，即在自己特有的历史、经济、文化等背景下所形成的发展方向。旅游可持续发展理念一经提出，旅游业发展与环境保护的关系便成为可持续发展模式的一个重要论题。Cater（1995）认为环境与旅游业发展之间存在着双赢、赢输、输赢、双输四种基本的发展模式。与之相似，Hunter（1997）也指出了旅游发展中的四种常见模式，分别是环境优先模式、环境下的旅游发展模式、旅游下的环境保护模式、旅游优先模式。当然在这四种发展模式中，要实现可持续发展无疑是要在环境保护与旅游增长之间寻求一个长期均衡,如 Godfrey(1998)所说,可持续是降低旅游业负面影响的有效手段,但是,要想获得旅游可持续发展,需要忽视短期的经济利益,而更多地关注社会和环境因素,并主张通过旅游业利益部门的整合来达到旅游业的可持续发展,对此 Clayton(2002)表示赞同。此后,Johnston和 Tyrrell(2005)对于旅游业发展中环境与经济的关系做了更深入的研究,他们认为不存在单一的、普遍的理想化可持续发展模式,过于保护环境的政策与导致环境衰败的政策一样都会导致旅游的不可持续性,并重点研究了经济相关的旅游企业与环境相关的旅游社区关于可持续旅游的认知特征。Hunter 和 Shaw(2007)对一些特殊旅游产品对于旅游可持续发展的影响做出评估与比较,认为一些(生态)旅游产品可能对全球的资源保护有着积极的贡献。在旅游可持续发展模式的研究中,旅游地社区的重要性更显突出。Bramwell 和 Lane(2010)在可持续旅游讨论中认为除了旅游业的自我治理之外,旅游者和社区公众的重要性应得到足够重视,Cascante 等(2010)则研究了旅游业发展中经济、社会、环境实践是如何通过社区机构实现的。此外,Turnock(1999)、Fons 等(2011)探讨了乡村旅游的可持续发展模式,Kozak 和 Martin(2012)基于消费者金字塔理论研究了旅游地发展模式的同质化问题。

通过对旅游可持续发展模式的综合研究,Weaver(2011a)认为旅游可持续发展大体沿着三种路径模式进行,即市场驱动、治理驱动和综合路径。这三种路径的提出反映了学界与业界对于可持续旅游认知过程的环境实用主义发展趋向。但是,Peeters(2012)对此提出了异议,其认为 Weaver 的观点与系统思维存在着不一致的地方,失之偏颇。后来,Weaver(2012)撰文指出,Peeters 的质疑固然正确,但是在已有的理论假设下,抛开影响可持续旅游因素的动态性和不确定性,以上三种演化路径仍然十分具有参考意义。两位学者的争论基本上反映了当前旅游可持续发展模式方面的研究成果。

1.1.3　旅游可持续能力评价

旅游可持续发展研究的另一个重要实践方面就是对区域旅游可持续发展评价指标体系的构建及其应用研究。早在 1998 年,Garrod 和 Fyall(1998)就提出,应该把研究重心从旅游可持续发展的定义转移到旅游可持续发展的实践上来,并建立了一个测量可持续旅游的框架。伴随着人们对旅游可持续发展内涵的深入理解,旅游可持续发展评价指标及指标的应用也在渐进过程中不断地发展,体现如下:合作及文化相关的可持续性相关研究逐渐增加,而经济、环境、市场相关的可持续性研究则相对减少;评估指标由定性到定量再到定量与定性相结合;各种规划框架被应用到发展可持续性评价指标中，如承载力、可接受的变化范围、旅游者偏好和经历、目的地生命周期、舒适指标和旅游者影响管理等；由普通旅游目的地可持续旅游的评估发展到一些特殊旅游目的地的评估。

Miller（2001）研究了消费者压力在可持续评估指标中的作用，突出了消费者的重要性。Tepelus 和 Cordoba（2005）认为可持续旅游评价指标中除了通常的环境绩效指标之外，旅游者行为的文化、经济和社会影响也应一并纳入。其后，Ko（2005）、Tsaur 等（2006）、Northcote 和 Macbeth（2006）、Castellani 和 Sala（2010）、Blancas 等（2010）、Li 和 Hou（2011）、Cernat 和 Gourdon（2012）等学者延续了这样的研究思路，即从人口、经济、环境、资源等综合角度建立旅游可持续发展评价指标。还有的学者建立特殊类型旅游目的地的可持续旅游评价指标。例如，Teh 和 Cabanban（2007）通过海洋生物多样性、季节性及基础设施等条件的考察评估了海洋旅游的可持续发展能力；Wu 等（2010）评估了城市生态旅游的维度，还比较了不同维度的重要性，认为在城市生态旅游评估中经济因素没有社会、环境因素重要，并且认为社区居民因素也十分重要；Oyola 等（2012）基于信息解释和决策制定角度，根据目标规划理论提出了文化旅游目的地的可持续评估指标系统。

除了可持续评价指标体系的建立外，评估方法的选择与发展也是学者们研究的重点，其中较为常见的是德尔菲法（Delphi method）（Garrod and Fyall，2005；Lee and King，2008；Mihalič et al.，2012）、层次分析法（analytic hierarchy process，AHP）（Tsaur and Wang，2007；Lee et al.，2010；Park and Yoon，2011；Crouch，2011）、生态足迹模型（Gössling et al.，2002；Li and Hou，2011；Castellani and Sala，2012）、数据包络分析（Cracolici et al.，2009；Pérez et al.，2013）等。Castellani 和 Sala（2012）运用生态足迹模型与生命周期评估理论的综合方法对旅游可持续性做出评估，并比较了二者的不同与相关性。但是，无论是德尔菲法、层次分析法还是旅游生态足迹模型都建立在对不同层次指标进行加权评判的基础范式之上，过多依赖专家的权威性，主观性较强，往往会导致同样的评价指标与评价方法作用于不同的专家群体却得出不同结果的情况。由此，Melón 等（2012）融合网络分析法与德尔菲法（anlaytic network process-Delphi approach）对可持续旅游进行评价，并得到了很好的结果。因此，在未来的研究中定量指标与定性指标的有机结合、非线性与线性评价技术的融合、静态评价与动态评估相结合将会成为一种趋势。

1.1.4　利益相关群体与旅游可持续发展

旅游可持续发展是多种因素相互博弈的结果，为了实现旅游业的可持续发展，在政策制定和旅游规划中必须考虑诸多利益相关者群体的利益诉求。因此,利益相关群体在可持续旅游中的重要作用,也得到了学者们的极大关注。其中旅游企业、社区居民与可持续旅游的互动关系,以及基于利益相关理论的可持续发展综合分析成为目前旅游可持续发展研究的热点。Forsyth(1997)认为旅游企业在环境保护中的努力不仅可以增强企业的竞争优势还可以增加企业绩效,因此,他认为企业应主动地去适应旅游业发展对环境保护的要求。Budeanu(2005)则强调旅游公司尤其是行业中的领导者应该利用他们的领导地位,促进可持续发展原则在旅游业中的宣传与实施,并成为可持续旅游的领导者。此外,Lordkipanidze 等(2005)研究了旅游企业精神在旅游可持续发展中的重要性,Rivera 和 Leon(2005)研究了旅游企业首席执行官(chief executive officer, CEO)的教育、环境专业知识、民族特征等因素与企业关于可持续发展的态度的相关性,Fortanier 和 Wijk(2010)研究了外来酒店企业在旅游地就业数量和质量中的行为与当地旅游可持续发展的关系。

　　旅游地居民因为是旅游业发展的直接参与者和体验者,其与旅游可持续发展的关系也最为密切,因此,他们的行为和态度与旅游可持续发展之间关系的研究成果较多。Campbell(1999)在调研中发现旅游地居民对旅游业发展的态度与其行为之间存在背离,不仅使得自身获益受到限制,还影响了当地旅游业的可持续发展。Jayawardena(2002)在对加勒比地区旅游业的调研中也发现了类似现象,因而提出了社区依赖对旅游可持续发展的重要性和影响。Choi 和 Sirakaya(2005)、Yu 等(2011)分别设计了测度当地居民可持续旅游态度的量表,以评估居民对可持续旅游的态度。Tao 和 Wall(2009)从旅游地居民生活可持续性的角度探讨了其与旅游可持续发展之间的关系,认为居民生计的可持续应作为旅游可持续发展的目标。Miller 等(2010)探析了社区公众对可持续旅游的负面影响,建议公众的行为模式必须改变,以实现旅游业的可持续发展。Choi 和 Murray(2010)则运用社会交换理论综合考量了居民参与、态度与旅游业影响的互动关系。Frauman 和 Banks(2011)运用重要性-绩效分析方法描绘了旅游地居民类型和他们对环境评估、旅游发展的文化经济认知。Hwang 等(2012)通过对五个社区的研究,建立了乡村旅游可持续发展的框架以解释旅游影响与社区的关系。也有的学者从旅游者的角度探讨旅游行为与可持续发展的关系,代表性的有 Ballantyne 等(2009)考量了旅游者对野生动物旅游的认知,并认为,在野生动物旅游管理中,旅游者和野生动物保护相关信息之间的有效沟通,对于促进野生动物旅游可持续发展是非常有效的。

　　利益相关者理论在可持续旅游研究中得到了很多的应用。Ryan(2002)研究了利益相关者的平等、权利分享、管理与旅游可持续发展的关系。Shaalan(2005)则通过利益相关者分析(stakeholder analysis)指出旅游企业在旅游发展中影响最大,但其并没有进入旅游地环境标准的制定之中,从而会影响旅游地的可持续发展。Koutsouris（2009）探讨了对当地利益相关者的长期激励对于旅游可持续发展的重要性。Shikida 等（2010）认为社区内外利益相关者的联系有助于可持续旅游的有效发展，主张通过建立旅游关系模型（tourism relationship model）来确定这种联系。Wray（2011）为利益相关者如何参与到可持续旅游中建立了一个参与性和包容性的框架。Haukeland（2011）通过对利益相关者对旅游业管理的认知和评估调查的结果分析发现，尽管当地利益相关者普遍对旅游持支持态度，但他们很少涉及管理过程，对最终的决策影响也很小。他认为只有让管理者和利益相关者之间形成一种持久稳定的信任合作关系，才能够真正地促进旅游业可持续发展。Melón 等（2012）把利益相关者纳入可持续旅游的参与和共识建立中，并研究各利益相关者的评价特征。

利益相关群体在旅游可持续发展中的重要性毋庸置疑，但对如何界定旅游可持续发展的利益相关群体，学者们并没有统一的标准，大家在研究过程中都是基于不同的立足点通过理论分析来识别区域旅游发展过程中的利益相关群体的，导致识别结果往往存在差异。因此，如何通过科学化（最好是定量化的方式）来制定识别旅游可持续发展的利益相关群体的指标体系，需要进一步的探索。另外，学者们在讨论利益相关群体与旅游可持续发展的关系时，往往倾向于研究各群体的偏好、需求、权利、观点、预期等基本特征对旅游可持续发展的影响，而对群体之间的关系，如群体之间信息与资源传递的渠道对旅游可持续发展的影响，涉及较少。对此 Shikida 等（2010）曾做过初步的探讨，但仅仅流于表面，而忽视了这种关系的形成及变化对旅游可持续发展的影响。因此，本小节认为，在未来的研究中，制定识别旅游可持续的利益相关群体的标准，探讨各群体在旅游可持续发展系统的相互关系及定位，进而研究关系的动态过程，从而深入理解利益相关者理论与旅游可持续发展的关系，理应成为一个基本的方向。

1.1.5 政府政策、治理与旅游可持续发展

从利益相关者理论角度分析，政府部门无疑是旅游业可持续发展的重要利益相关群体，并且政府部门的决策行为对于旅游业的发展也有着至关重要的影响，因此，本小节把政府决策及治理与旅游可持续发展的关系单独作为一部分进行论述。政策对可持续旅游的影响在近几年才得到了学者们的关注，大体集中在政府的管理行为、财政政策及旅游发展规划等方面。Uddhammar（2006）基于政策层面的分析，认为以行政管理机构为核心的联合治理有助于旅游业的可持续发展。Li 等（2008）认为对遗产地资源、环境的保护往往会因为人口和经济增长压力导致景点缺少财政支持而最终妥协，不利于旅游业的可持续发展。Connell 等（2009）

以新西兰为例探讨了当地政府可持续旅游发展规划对旅游可持续发展的影响。
Whitford 和 Ruhanen（2010）通过对澳大利亚土著旅游政策的分析，对这些政策
在可持续发展方面的有效性和适用性提出了质疑。Logar（2010）建立了旅游可持
续发展中的政策评价标准，这些标准包括三个方面：在降低旅游影响、推动可持
续发展方面的有效性，利益相关者的接受程度，以及政策实施的经济与技术可行
性。Yasarata 等（2010）调查了政治障碍是如何约束旅游可持续发展的构想和实
施的，他们认为对复杂政治系统和权力机构的理解是解释旅游可持续发展、规划
和实施的关键。Bramwell 和 Lane（2011）探讨了不同地理尺度空间的旅游治理模
式与旅游可持续发展关系的相关理论与实践。Hall（2011）认为尽管外部因素和
危机事件可能导致政策变化，但在现有的范式下，没有充分的证据表明内外部环
境的变化必然会导致可持续旅游中的政策转变。Bramwell（2011）重申了政府治
理是促进旅游可持续发展基础的观点，并运用社会学理论研究旅游可持续发展的
治理内容，即经济和政治系统中的政府角色、不同时空条件下的政府行为调整、
治理的路径依赖和路径创新。Sofield 和 Li（2011）探讨了中国过去 30 多年旅游
业巨大发展的政策因素。

相比市场而言，治理在旅游可持续发展中的作用更明显，这让学者们认识到
用政治手段进行环境与资源保护无疑具有更高的绩效，因此，政策制定和政府治
理与旅游可持续的关系仍将是未来研究的热点。但当前学者们的研究重心在政策
及治理行为对旅游可持续发展的影响方面，而对于旅游可持续发展过程中政策及
治理行为的形成过程重视不够。本小节认为必须足够重视旅游可持续发展实践中
政策的变化及其产生的过程，这也许会为未来研究政府政策制定与治理行为提供
新的视角。

1.1.6　生态旅游与可持续发展

"生态旅游"这一术语，最早由世界自然保护联盟于 1983 年提出，1993 年
国际生态旅游协会将其定义为：具有保护自然环境和维护当地人民生活双重责任
的旅游活动。生态旅游的内涵更强调的是对自然景观的保护，是可持续发展的旅
游。因此，生态旅游作为旅游可持续发展的一种重要实践形式，本小节也将其作
为旅游可持续发展的一个主要方面加以介绍。但由于生态旅游研究成果颇丰，本
小节仅对一些代表性的论著进行述评，以期让读者对生态旅游研究的发展有个概
括性的认识。Stronza（2001）在对生态旅游的研究中发现，大多数研究中关于旅
游业的起源集中在旅游者层面，而旅游业的影响则集中在目的地层面，Stronza 主
张通过探索旅游者动机与影响及目的地的起源与影响的整体视角，来研究生态旅

游为当地带来的社会、经济、环境效益。Li（2004）依据压力-状态-响应框架模型建立了生态旅游管理的指标体系。Weaver（2005）指出生态旅游发展中综合考量的重要性，Tsaur 等（2006）分析了资源、社区和旅游者在生态旅游可持续发展中的联系及彼此的认知。Gurung 和 Seeland（2008）通过对旅游公司和外国旅游者的调查发现，喜爱自然风光的旅游者比喜爱文化景观的旅游者停留时间长，这对当地农村社区生态旅游发展而言是有利的。Krider 等（2010）考察了生态旅游者对环境和生态旅游认知态度的特征。纵观国际上生态旅游研究的发展历程，可以发现，旅游者与旅游地之间的互动联系一直是学者们关注的对象。其实早在2007 年，著名旅游学家 Weaver 在和 Lawton 的合著中就曾经对这种现状进行了评价，他们认为除此之外，关于生态旅游的质量控制、生态旅游产业和外部环境等方面的研究也急需得到关注（Weaver and Lawton，2007）。但似乎这种呼吁并没有得到学术界的重视，因此，从这种不平衡性看来，本小节认为当前的生态旅游研究仍处于发展初期。

1.1.7　其他方面

除以上旅游可持续发展研究的论题外，也有的学者从其他角度对旅游可持续发展进行了相关的研究，虽然在整体可持续旅游研究中占的比重不大，但也为我们理解旅游可持续发展提供了新的思路与视角，并且有的研究也很有可能在将来成为新的研究热点，如科学技术与旅游可持续发展的关系，代表性的有关于清洁生产的研究（Lee，2001）、关于清洁技术的研究（Yaw，2005）、关于可再生能源技术的研究（Michalena et al.，2009）等。近些年气候问题的凸显也吸引了一些学者关注气候变化对旅游可持续发展的影响，如 Weaver（2011b）和 Scott（2011）两位学者的研究。此外，Tesone（2004）对可持续旅游高等教育的研究，Dolnicar和 Leisch（2008）对目的地可持续管理中的营销技巧的研究，Torrent（2008）关于公共物品（环境和景观保护、文化遗产、品牌形象和公共基础设施等）的研究，Ars 和 Bohanec（2010）对基础设施建设的研究，Chen 等（2011）对旅游者认知、服务绩效、目的地竞争力、顾客满意度和可持续旅游的关系的研究，Kytzia 等（2011）对土地利用的研究，Gibson 等（2012）对体育事件的研究等，都反映了旅游可持续发展研究体系的多样性与丰富性，为我们全方位地认识旅游可持续发展提供了多元化的视角。

1.2 中国可持续旅游研究进展

改革开放三十余年来，中国旅游业取得了长足的进步，伴随而来的旅游学科的研究也获得了丰富的成果。由于国际上可持续旅游提出的时间较迟，因此，与其他人文、自然科学的起点远远落后于国际相比，国内可持续旅游的研究，至少从时间起点上落后的并不多。在这样的背景下，国内众多的学者在不断汲取国外优秀成果的同时，结合国内旅游业发展的实际，也形成了中国可持续旅游研究的独特领域，而且在某些方面，取得的学术水平与国外相比也不遑多让。本节着重将 21 世纪这十余年来国内学者关于可持续旅游的研究成果做一系统的梳理，使广大读者能对国内可持续旅游研究的广度与深度有一个较为全面的认知。在此基础上，广大读者也可以将国内的可持续旅游研究与国外的相关研究进行比较，从而得出一些有意义的发现。

1.2.1 文献概况

本小节在中国知网数据库中国网络期刊学术出版总库的"高级检索"中，在"全文"搜索的基础上，选择"或者""题名""主题""关键词"，并在每一类别之后输入"可持续旅游"或含"旅游可持续发展"，"旅游可持续"或含"旅游可持续发展"进行联合搜索，时间范围为 2000~2012 年，共显示 2 498 篇文献，这反映出可持续旅游发展是国内旅游研究的热点[①]。但对于文献分析来说，数量太过庞大，因此，本小节将搜索范围局限在与可持续旅游或旅游可持续发展直接相关的文献中。以"题名"或者"关键词"的类别输入"可持续旅游"或含"旅游可持续发展"进行搜索，得到 174 篇文献。然后本小节依据文献发表刊物的层次，对其进行了删选，重点选择在全国中文核心刊物目录、中文社会科学索引（Chinese Social Sciences Citation Index，CSSCI）及中国科学引文数据库（Chinese Science Citation Database，CSCD）上收录的刊物文章，因为高层次的文章基本上代表着国内旅游可持续发展研究的最高水平，最终确定 85 篇文献作为研究对象。

通过对 85 篇文献的梳理，近 10 年国内旅游可持续发展研究的内容大体可以分为以下几个方面：旅游可持续发展评价指标体系构建，17 篇（20.0%）；生态旅游和旅游可持续发展的关系辨析，15 篇（17.6%）；旅游生态足迹模型评估，11 篇（12.9%）；旅游可持续发展的系统分析（包括系统工程方法的应用），15 篇（17.6%）；旅游可持续发展战略分析，14 篇（16.5%）；利益相关群体的研究，6

---

① 由于就国内学术界而言，期刊论文是学术水平的最佳反映，因此，这里的题材范围仅限于期刊论文。

篇（7.1%）；其他一些研究范畴，7 篇（8.3%）。其中理论分析 27 篇（31.8%），实证分析 58 篇（68.2%）。在研究方法上，分析发现，定性分析方法只有寥寥数篇，定量分析方法占有相当大的比例，包括层次分析法、博弈论、回归分析、相关分析、多目标规划、SD（system dynamics，即系统动力学）、生态足迹模型、数学建模等。在学科理论上，国内学者运用地理学、生态学、社会学、人类学、经济学及系统学等多学科概念与方法，结合旅游学理论进行研究。从时间分布来看，如果以 4 年为一阶段，2003 年以前共有 8 篇，2004~2007 年有 18 篇，而 2008~2012 年则有 59 篇之多，详细数据见图 1-1，通过图示也可以发现更多的专家把越来越多的精力放在可持续旅游的研究中。

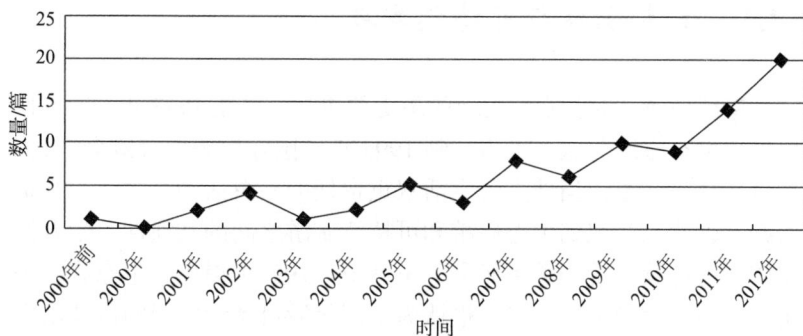

图 1-1　文献的时间分布

下面将从以上几个方面来论述国内旅游可持续发展研究的进展。

1.2.2　旅游可持续发展评价指标体系构建

旅游可持续发展评价指标体系一直是国内外学者们研究的焦点和热点。王良健（2001）提出了较为完整的旅游可持续发展评价指标体系，并建立了综合评价的多目标线性加权函数模型，这种沿袭了初期国际上类似相关问题的研究路径的方法，也为后来众多国内学者们所遵循。区别大体上在于随着研究的开展，基于不同学者研究的不同目的及不同认识深度和广度，在体系的构建上有所不同，如牛亚菲（2002）、王昕和高彦淳（2008）、殷平和马忠玉（2009）、陈文捷等（2011）、段兆雯和王兴中（2012）、毕晋锋（2012）等。除此之外，还有一些特殊旅游地可持续发展指标体系的研究，代表性的有韩春鲜（2007）对干旱地区旅游可持续发展评价研究体系的研究、郑德胜（2009）对森林旅游可持续发展综合评价指标体系的研究、黄燕玲等（2009）对农业旅游地可持续发展能力体系的研究、王友明（2011）及胡雯和张毓峰（2011）对城市旅游可持续发展评价指标体系的研究、罗烨和贾铁飞（2011）对海岛旅游可持续发展评价指标体系的研究等。在研究方法上，以上学者基本都以线性加权函数为主，例外的是黄燕玲等（2009）对遗传算法（genetic algorithm，GA）的应用，为以后旅游可持续发展研究提供了一个新颖的工具选择视角。

此外，田里（2007）按照影响并约束区域旅游可持续发展因素的层次关系，将区域旅游可持续发展评价指标分三个体系，即基础体系、协调体系和潜力体系，并应用这一模型对云南省的三个主要旅游目的地进行量化评估分析，与国外Northcote 和 Macbeth（2006）的研究如出一辙。

1.2.3 生态旅游与可持续发展

相比可持续旅游，生态旅游出现的历史要更早。早在 1983 年，世界自然保护联盟就提出"生态旅游"这一术语，到 1993 年，国际生态旅游协会将其定义为：具有保护自然环境和维护当地人民生活双重责任的旅游活动，并认为其是可持续发展的旅游。因此，认识到生态旅游和可持续旅游之间的共通性，学者们纷纷从事生态旅游与可持续旅游的关系研究。王富玉（1999）提出，生态旅游是可持续旅游的实现途径，胡爱娟（2002）也认为实现旅游可持续发展的最佳途径是开发生态旅游，持同样观点的还有吴卫东（2004）、邓燕云和郑洲（2007）、张满银等（2008）。李仁杰和路紫（2009）总结了国内外学者关注的生态旅游与区域可持续发展关系的研究成果，并总结了四个领域，即生态旅游与区域可持续发展关系总论、生态旅游对区域可持续发展动力的贡献、生态旅游对区域可持续发展公平的贡献、生态旅游对区域可持续发展质量的贡献。

还有的学者对生态旅游的可持续发展模式进行了研究，如杨桂华（2005）构建了"生态旅游可持续发展四维目标模式"，得出生态旅游可持续发展目标实现的最佳途径是实现其多目标、多受益主体的和谐共生；解永秋（2007）分析了我国自然保护区生态旅游的现状与可持续发展的对策；宁银苹和陈学红（2008）探讨了西部民族地区生态旅游可持续发展状况；邱云美（2010）对欠发达地区生态旅游可持续发展模式进行选择与比较，并提出了实施建议。此外，周玲强等（2010）运用 DEMATEL（decision-making trial and evaluation laboratory，即意志决定和评价实验法）研究了生态旅游认证体系构建的问题，易志斌（2010）探讨和分析中国生态旅游发展现状和存在的问题， 提出加强中国生态旅游治理的若干政策建议。

1.2.4 生态足迹模型与旅游可持续发展

生态足迹是在 20 世纪 90 年代初由加拿大大不列颠哥伦比亚大学生态学教授 Rees 提出。它显示在现有技术条件下，指定的人口单位内（一个人、一个城市、一个国家或全人类）需要多少具备生物生产力的土地（biological productive land）和水域来生产所需资源和吸纳所衍生的废物。生态足迹通过测定现今人类为了维持自身生存而利用自然的量来评估人类对生态系统的影响。因此，鉴于生态足迹的实用性和旅游业的基本特征，学者们将其应用到测量旅游活动的影响之中。杨桂华和李鹏（2005）探讨了生态足迹在旅游可持续发展中的应用，此后广大学者对旅游生态足迹模型的研究兴趣日渐浓厚。窦蕾等（2006）阐述了旅游生态足迹的理论、方法及研究进展，并计算分析了章丘市 2005 年旅游生态足迹；蒋依依等（2006）、王保利和李永宏（2007）基于生态足迹模型，构建了由餐饮、住宿、交通、游览和购物五个子系统组成的旅游生态足迹子模型；张约翰等（2010）则在此基础上增加了旅游娱乐生态足迹子模型，他们分别对云南丽江纳西族自治县、西安市和拉萨市做了实证分析；肖建红等（2011a，2011b）又在生态足迹思想方法基础上，以舟山群岛为例进行了实证分析，研究提出，发展低碳旅游是舟山群岛实现旅游可持续发展的重要途径。除了单纯旅游生态足迹模型的研究，还有的学者将生态足迹与其他方法进行对比，如李偲和海米提（2011）通过不可转移生态足迹与生态承载力的对比来判断旅游发展是否处于可持续状态。

旅游生态足迹模型的应用为我们理解和衡量旅游活动对自然环境的影响提供了一个有力的工具，但通过该模型的计算过程得知，旅游生态足迹模型只考虑旅游活动对生态环境的影响，而诸如旅游活动的社会、文化、经济等影响并未涉及。因此，在实际应用中，如能将其与其他一些方法相结合，充分考虑旅游地社会、经济、文化发展等要素指标，能更全面地反映一个地区的旅游业可持续发展现状。此外，对生态足迹模型本身来说，也存在着一定的改进空间，如曹宝等（2007）对生态足迹模型的改进，高阳等（2011）、王国刚等（2012）基于能值理论对生态足迹模型的改进，也为以后生态足迹模型在可持续旅游研究中的应用指出了很好的方向。

1.2.5 系统（工程）理论的应用

吴必虎（1988）早在 20 世纪就提出了旅游系统的概念，系统论为正确认识旅游可持续发展提供了科学的理论和方法。旅游可持续发展实践的复杂性和综合性也必然要求可持续旅游研究的复杂性和综合性，在这种情况下，传统的方法和手段已经不能满足可持续旅游研究的需要，而长于解决复杂问题的系统论就引起了学者们的关注。唐飞和陶伟（2001）认为我国旅游业可持续发展应当建立以政府、旅游企业和旅游者为主体的生态-社会-经济复合系统。袁国宏（2004）提出了旅游矛盾层次理论，他认为旅游可持续发展是由旅游者活动矛盾、旅游产业活动矛盾、旅游目的地居民活动矛盾、旅游目的地政府活动矛盾、客源发生地政府活动矛盾五大要素构成的动力系统。李文亮等（2005）指出，对具有非线性特点的旅游地理系统的研究将成为未来旅游科学的重要研究方向。魏中俊等（2006）用可拓逻辑和菱形思维方法构建旅游产业持续发展的可拓模型，提出经济可持续增长、文化可持续进步、生态可持续改善的三维方法论框架。翁瑾和杨开忠（2007）构建了一个旅游系统的空间模型，把规模经济、旅行成本及多样性偏好和产品差异化等因素纳入一个统一的分析框架中，并分析了这些因素对旅游系统空间结构的影响。张燕等（2008）采用耦合协调度函数对旅游可持续发展系统的协调发展状况进行了评价，显示了新颖的研究视角，不落传统可持续发展能力评价的窠臼。杨春宇等（2009a）通过系统科学探究方式，从旅游地系统构成要素的微观层次关系追溯到系统宏观层次关系，以探讨旅游地复杂系统演化理论体系研究的基本问题。

　　针对目前学术界对于系统论的定性分析应用，章杰宽将系统工程研究的一些方法引进来，并取得了一些研究成果。章杰宽等（2011）将多目标规划模型应用于旅游可持续发展系统的研究，获得旅游可持续发展系统不同发展战略下的求解结果。接着，章杰宽和朱普选（2011）从系统论的思想出发，建立包括旅游经济、人口、社会、资源与环境等要素在内的旅游可持续发展系统结构模型，并分析了各要素之间的内在协调机制及系统的动态发展过程。在此基础上，章杰宽（2011）综合多种研究方法，建立了旅游可持续发展的 SD 模型，并对西藏旅游可持续发展系统进行了动态仿真，体现了系统研究的全面性、动态性及深度，且取得了较好的学术反响。

　　系统理论的应用，为我们解释、模拟旅游可持续发展系统提供了一个很好的视角。但通过文献述评发现，在系统论的应用中，目前国内学术界还是以定性分析为主，定量研究较少，尤其是综合集成技术的应用更少。谢祥项和刘人怀（2012）指出，系统论与综合集成法在旅游科学的未来研究中应该得到更大的应用。因此，针对系统论的特征，本小节提出如下旅游可持续发展研究的系统范式，见图1-2。

方法维

以神经网络为主的人工智能方法
以耗散及自组织理论为主的系统学方法
以SPSS及结构方程为主的社会学方法
以生态位及共生理论为主的生态学方法
以空间结构分析为主的地理学方法
以博弈论为主的经济学方法
以数学规划为主的管理科学方法
以描述为主的定性研究方法
其他研究方法

逻辑维

定目标　统综合　统分析　统评价　定决策

旅游住宿业
旅游餐饮业
旅游购物业
旅游交通业
旅游娱乐业
旅游观光业

产业维

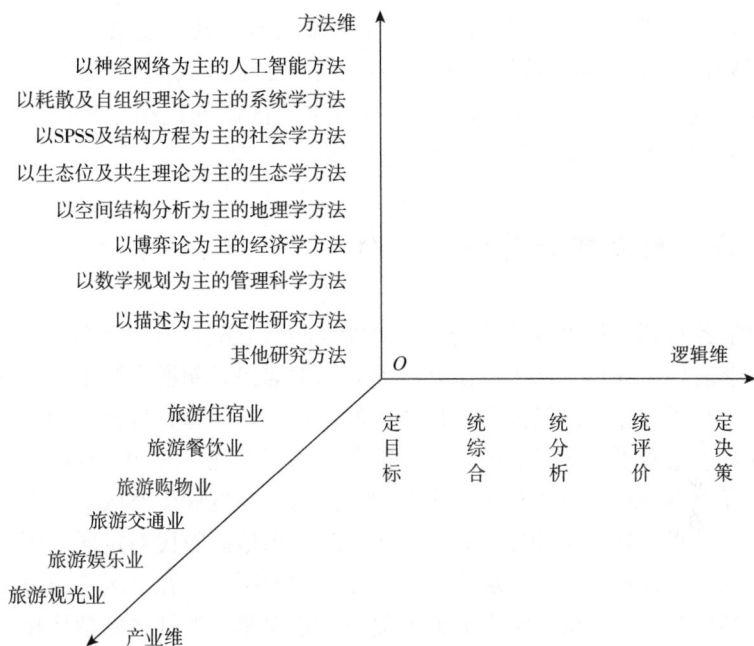

图 1-2　旅游可持续发展研究的系统范式

资料来源：谢祥项和刘人怀（2012）

1.2.6　旅游可持续发展战略分析

关于旅游可持续发展战略分析主要集中在两个方面：一方面是对区域旅游可持续发展战略选择的探讨。例如，张跃西（2002）提出开发旅游新线路与发展生态旅游产业的浙江旅游可持续发展的战略思路；张河清和方世敏（2003）提出打破行政区划限制，实施区域协作的湘西民族旅游可持续发展之路；刘丽梅和吕君（2008）提出草原旅游可持续发展的生态化发展思路；庞英姿（2008）、肖晓（2009）则基于现状分析的对策研究，分别对云南省民族文化旅游业可持续发展和九寨沟旅游区的可持续发展进行了实证分析。另一方面是对旅游可持续发展战略的理论分析，如张超（2002）提出可持续发展旅游目的地的竞争战略应基于突出独特性卖点的差异化战略；明庆忠和陈英（2009）认为旅游循环经济与生态化应采取产品导向、环境管理、延伸生产者责任和导向、环境伦理导向等策略；邓永进（2010）则认为合理开发民族旅游资源和大力开发民族旅游人力资源是实现民族旅游可持续发展的战略重点；赵金凌（2010）以乐活主题旅游产业的可持续发展为核心内容，探索协调经济、环境、资源可持续发展的新旅游经济战略；唐承财等（2011）基于利益相关者理论，提出我国低碳旅游可持续发展策略；卢晓（2011）提出了公众参与、政府支持、市场机制完善等实施保障的节事旅游可持续发展战略；覃群（2012）从旅游产品的持续创新，传统与现代的平衡，居民社区与旅游发展及文化内涵的挖掘与延伸四个不同的视角来展开讨论乡村旅游可持续发展的问题。

1.2.7　利益相关群体的分析

国内学者对利益相关群体的研究主要涉及利益分配、群体认知和社区参与三个方面。李进兵（2010）认为旅游开发商和当地居民是旅游系统中最为重要的利益相关者，并通过建立开发商和当地居民的演化博弈模型，探讨不同利益分配机制下二者对于旅游可持续发展的影响。胡北明和王挺之（2010）探讨了九寨沟景区发展过程中不同利益群体对生态旅游内涵的认知与发展生态旅游的态度二者之间的关系。姚娟和陈飙（2010）则研究了新疆天山地区牧民对定居工程和参与旅游态度两方面的认知及其对区域旅游可持续发展的影响。在社区参与方面，王军和王媛（2011）在旅游可持续发展的前提下，依据墨菲的社区旅游战略模式，从进入性模式、商业经营模式、社会文化展现模式、管理模式、环境保护模式和社区参与旅游规划决策模式六个方面建立了基于社区参与的湿地生态旅游开发模式。郭文和黄震方（2011）认为把旅游权能与社区整体权能建设通过社会合力引入社区旅游可持续发展分析之中，会为探索在社区参与中如何实现有效的社会重构提供一个全新的理论视角和突破口。本小节认为，国内学者往往偏向于利益相关群体旅游认知评价的研究，而对于利益相关群体的旅游参与模式、群体相互间关系的评价认知，以及这种关系的动态发展过程及其对区域旅游可持续发展的影响方面的研究涉及较少。

1.2.8　其他方面

除了以上几个方面外，学者们还从其他方面对旅游可持续发展做了一定的研究。孙睦优和王叶峰（2005）通过对旅游环境承载力的定量分析来衡量旅游业可持续发展状况。格拉本和彭兆荣（2005）从人类学的角度来解释中国旅游发展的可持续性。徐东文等（2007）阐释了诚信与旅游可持续发展的关系，可谓独辟蹊径，并提出了一系列的可行性措施。欧阳润平和刘焱（2009）分析了可持续旅游发展的不同价值诉求，探讨了基于功利价值、正义价值或良心价值等不同价值基础之上的可持续旅游发展。把多勋等（2007）基于文脉分析的区域旅游可持续发展的研究，也为我们提供了一个区域旅游产业可持续发展的新的视角，提出了旅游经济运行中"文脉—文化—旅游产品—旅游地—可持续发展"的发展思维。王潞和李树峰（2009）探讨了旅游环境保护、旅游伦理与促进旅游业可持续发展之间的关系。在综述方面，陈岩峰（2009）回顾了旅游可持续理论的国内外研究历程，已经形成的概念、旅游容量和实现形式等，并提出了旅游可持续发展领域中需要进一步研究的问题。

1.3 本 章 小 结

纵观近 20 年旅游可持续发展研究的历程，无论是研究论题还是研究方法都呈现出"百花齐放、百家争鸣"的多样性格局。据 Lu 和 Nepal（2009）的统计，在 1993 年，国际上超过 45%的相关文章都是关于可持续旅游概念的研究，而到 2007 年，大约 85%的文章都是实证研究方面的。并且，实证研究的论题也呈现出多样化的趋势，如旅游发展中的合作和伙伴关系、旅游业与气候变化、旅游与农村土地利用、旅游的影响和政策应对、非政府组织对旅游的作用、旅游地承载力和可持续能力等，研究的思维也从单一化逐渐向综合性发展。这种变化趋势印证了一门学科的自然发展规律：一门研究领域在发展之初往往集中在概念研究的范畴，而随着概念的普及及学科的发展，研究领域越来越呈现多元化的趋势，从而不断地丰富和完善学科体系（Xiao and Smith，2006）。这种趋势变化同时也将不同的学科理论带入了旅游可持续领域的研究，如以上研究中，我们可以发现社会学、地理学、政治学、人类学、管理学、教育学、心理学乃至集成的系统科学等各种理论的应用。

尽管关于旅游可持续发展的研究取得了丰硕的成果，但研究发现，仍然有以下两点值得我们去重视：第一，研究视角的多元化反映了旅游可持续发展研究的多学科特征，但多学科之间的交叉研究方面的成果很少，无论是社会学科之间的交叉还是与自然学科的交叉研究。因此，在融合不同的社会学科及融合社会学科与自然学科方面，旅游可持续发展研究仍有很大的提升空间。基于这样的分析，复杂网络理论与复杂系统理论也许可以将旅游可持续发展的研究提升到新的高度。其实早在 2009 年，McDonald（2009）就曾讨论了运用复杂科学范式探讨旅游可持续发展的问题，他对复杂科学范式下旅游可持续发展中问题的产生原因及政治、环境、经济、社会和文化这些利益相关者的复杂相互关系做出了深层次的解释与辨识。但可能受限于旅游学者们的知识局限，后来并未见有其他学者涉入这一领域。此外，网络治理理论在旅游可持续发展中也有着巨大的应用，有兴趣的读者可以参阅 Erkus-Öztürk 和 Eraydin（2010）关于治理网络在旅游可持续发展中作用的文章及 Robertson（2011）关于跨部门组织网络与旅游可持续发展关系的文章，这些对于我们更好地理解复杂的利益相关者网络与旅游可持续发展之间的关系十分有益。

　　第二，通过文献梳理，发现旅游可持续发展研究近 20 年来在方法上并没有明显的变化。据统计，在 JOST 2009 年以前刊登的文章中，有 41% 的文章采用了定量方法，37% 的采用的是定性方法，还有 16% 的纯理论分析，而定性定量相结合的仅占 6%（Lu and Nepal，2009）。并且，笔者发现，无论是定量还是定性方法，在初期就已十分普及的社会调查和案例分析方法，时至今日仍然占据主体地位，但旅游学科的综合性特征应该有相应的综合性的研究方法，而不仅限于社会调查和案例分析。同时在社会科学研究也越来也注重实验的趋势下，关于可持续发展的实验研究或者准实验研究却是凤毛麟角。因此，如果旅游可持续发展研究仍然停留在对一些社会现象的解释层面，而对于整个旅游系统的动态运行及深层次领域缺乏关注，那么旅游可持续发展研究乃至旅游学科将仍然处于前科学阶段（pre-science stage）。可喜的是，近些年，数据建模和一些先进分析方法的运用在逐渐增多，如多维度建模方法、地理信息系统和计算机仿真等，这为将来旅游可持续发展研究方法的应用指明了一个发展方向。

　　综上所述，突出旅游可持续发展系统的内外部互动，关注内外部环境变化对旅游可持续发展的影响对未来旅游可持续发展的研究提出了更高的要求。这要求学者们具有更广阔的视野和更深厚的学术素养，从而兼顾微观研究与宏观研究、表层分析与本质探讨、静态分析和动态分析。

　　而在国内，环境问题的日渐突出使人们对可持续旅游的关注度也日渐提高，因此，实践的强烈需求让学者们把越来越多的精力投入可持续旅游的研究过程中。尤其对中国这样一个旅游业大国来说，在摸索中前进的发展思路并不适合旅游业的发展，当前许多地方旅游发展的消极影响已经越来越显著，因此，理论先行，以高屋建瓴的理论认识来指导中国旅游业的发展显得十分迫切。可喜的是，通过对前文的述评可以看出，相比国际上可持续旅游的研究，国内学者也迎头赶上，结合中国旅游发展的实际，取得了较大的研究成果，体现在：研究内容上，学者们从关注旅游可持续发展指标体系的构建到对整个旅游可持续发展系统的认知，从旅游可持续发展的战略分析到对利益相关群体的深入研究；学科理论上，从单一的地理学、旅游学理论到人类学、经济学、生态学乃至系统科学的进入；研究方法上，从描述性统计分析、定性分析发展到多维数理分析、人工智能方法及运筹学等方法的应用。但由于旅游学科本身就是一门较为年轻的科学，因此，无论在研究内容、理论建设还是在研究方法上，都体现出前科学阶段的阶段特征。基于此认识，针对目前国内旅游可持续发展研究的现状，文章认为在未来的研究中以下三个方面值得我们去继续关注。

第一，研究内容方面。可持续发展问题涉及自然、人文要素的各个方面，旅游业的综合性特征也要求我们在旅游可持续发展研究方面关注影响可持续性的各个方面。尽管在前文的分析中我们看到了国内学者在可持续旅游研究多个方面的不断努力，但在研究内容上基本上仍囿于常规，如大量的学者将研究精力放在可持续发展指标体系的构建与评价、生态旅游与可持续发展等内容上；在研究路径上存在着大量重复性现象。而在国外，学者们已经将视角转向气候变化、现代技术应用等对可持续旅游的影响，这种研究思路值得我们国内学者去学习。

第二，学科交叉方面。前文的论述已经表明，国内学者对旅游可持续发展的研究包含了地理学、经济学、社会学、管理学及系统学等多学科理论知识，但很少有学者们综合应用以上学科理论进行集成研究，即学科的交叉研究较少。因此，本书认为，在这一方面，国内的可持续旅游研究仍有较大的提升空间，也期望旅游学的综合性特征能吸引更多领域的专家进入，同时要求旅游学者们能涉足更多的学科知识，共同将国内可持续旅游的研究推向新的高度。为此，图 1-2 提出的旅游可持续发展研究的系统范式或许能给学术界以一定的启示。

第三，动态分析方面。无论是旅游可持续发展评价指标体系的构建还是生态足迹模型的应用，都是对现有的旅游现象的一种解释，即仍是属于静态的分析研究。章杰宽（2011）对区域旅游可持续性发展系统的仿真研究是突破静态分析、转向动态预测的一种尝试，可惜的是，相似的研究并不多见。旅游业的发展存在一定的不确定性，如果能在现有旅游现象的解释基础上，对于未来旅游可持续发展进行动态预测，将极大地有利于管理部门对旅游业的科学管理。因此，本书认为由静态分析到动态预测，也应引起国内学界的足够重视，并应成为未来的研究热点。

第2章 系统动力学与旅游可持续发展研究

如前文所述，可持续旅游研究需要综合微观研究与宏观研究、表层分析和本质探讨、静态分析和动态分析。并且，已有的研究表明，旅游可持续发展是由多个基本元素之间相互作用、相互联系所构成的一个复杂的体系，从系统论的观点来看，这个体系构成了一个系统。从系统的内部关联看，该系统又是一个动态、高阶、非线性且具有多重反馈结构的复杂动态反馈性系统。因此，只有运用系统综合集成技术，我们才能对旅游可持续发展有着更进一步的认知和研究。其中，我们需要重点关注以下几个方面内容。

第一，旅游可持续发展系统关键构成要素的确定。在区域旅游可持续发展系统中，我们需要确定系统的边界及系统内部哪些要素对系统的运行有着重要的影响，从而提高管理部门的管理效率。第二，影响旅游可持续发展系统状态的诸多变量的确定。在构成要素的基础上，将各要素进行定量化描述，从而有助于深入的研究。在这一环节各种定性定量要素都要通过量化的方式转变为系统的变量。第三，旅游可持续发展系统内部诸多变量之间的关联及这种关联性对系统状态影响的衡量。这一环节是要定量的确定各变量之间在系统运行中的数量关系，从而能够对系统的运行机制做出较为科学的描述。这是对旅游可持续发展这一社会系统进行定量研究的基本依据。第四，在诸变量的综合作用下，旅游可持续发展系统运行的过程控制及其动态预测。这一部分是旅游可持续发展系统研究的应用环节，针对不同的情景仿真，一方面考察系统的运行变化特征，另一方面对决策者对于系统的控制和管理提出针对性的建议。

系统理论的应用为解释、模拟旅游可持续发展系统提供了一个很好的视角。但通过文献述评发现，在已有的系统论应用中，无论是研究内容还是研究方法，都在全面性、动态性和可控性等系统研究的基本要求方面或多或少有所欠缺。对此，谢祥项和刘人怀（2012）在李文亮等（2005）的结论上进一步指出，在未来的旅游科学研究中，基于系统论的综合集成法有着广泛的应用前景。系统动力学工具是一种较为流行的系统综合集成研究方法，已经在社会经济领域得到了大量的应用，尤其是在可持续发展领域，它的第一次有重大影响的应用正是对世界未来发展的仿真研究。而由于旅游可持续发展脱胎于可持续发展理念，因此，我们认为系统动力学工具在旅游可持续发展中还是有着较大的适用空间。并且前文关于旅游可持续发展研究的述评中也认为，可持续旅游研究应该在系统性和动态性方面进一步加强。因此，运用系统动力学工具研究旅游可持续发展，很好地切合了旅游学科未来研究的趋势，也有利于深入分析旅游可持续发展系统。

对此，本章提出运用系统动力学技术和思想来进行区域旅游可持续发展的研究。本章有两部分内容，第一部分主要介绍系统动力学工具的概况，第二部分指出其在旅游可持续发展研究中的适用性。

2.1　系统动力学简介

2.1.1　发展概况

SD 是一种以计算机模拟技术为主要手段，通过对系统的结构及内在数理逻辑关系的分析，研究和解决动态反馈性复杂系统的技术方法。SD 创立于 1956 年，创始人为美国麻省理工学院的 Jay W. Forrester 教授。Forrester 教授被誉为 SD 之父，他最早是一名电子工程师，1945~1952 年任麻省理工学院计算机实验室主任，1952~1956 年任林肯实验室计算机部主任。在 20 世纪 50 年代后，Forrester 教授的研究兴趣逐渐由计算机工程转到控制、反馈理论思想在商业和社会等领域的运用。1956 年，Forrester 教授任管理学教授，在麻省理工学院斯隆管理学院创建 SD 研究小组，从事 SD 的理论与应用研究。

1961 年，Forrester 教授出版了《工业动力学》（*Industrial Dynamics*）一书，在该著作中，作者分析了较多商业和管理系统问题，其中包括库存控制、物流和决策制定系统等。最主要的是，作者在书中对 SD 的基本理论做了阐述，从而奠定了 SD 的理论基础。1968 年，Forrester 教授又出版了《系统原理》（*Principles of Systems*）一书，侧重介绍了系统的基本结构，论述了 SD 的基本原理和方法，至此，SD 从理论上整体完成。接着，1969 年他又发表了《城市动力学》（*Urban Dynamics*）一书，研究美国城市的兴衰及发展规划问题，包括城市拥挤、内城老化等城市病问题，进一步拓展了 SD 的应用领域（Forrester，1969）。

在 20 世纪 60~70 年代，罗马俱乐部曾经探讨过人类目前及未来所面临的困境，并提出了"增长的极限"这一重要理念。结果他们发现问题太过复杂，根本无法思考。1970 年，他们采用 SD 理论，建立世界未来发展模型，即世界模型 I（System

Dynamics World Ⅰ），从全球的角度考察了人口增长和污染等世界性难题。在此基础上，1971 年，Forrester 出版了《世界动力学》（*World Dynamics*）一书，提出了著名的世界模型Ⅱ（System Dynamics World Ⅱ）。1972 年，Forrester 教授的学生 Meadows 等，在罗马俱乐部的资助下，发表了《增长的极限》（*The Limits to Growth*）研究报告，该研究详细地考察了影响全球可持续发展的 5 个基本要素，即人口、农业、自然资源、工业和污染。其中进一步提出更为细致的世界模型Ⅲ（System Dynamics World Ⅲ），在世界范围内引起了极大的反响。1973 年，Forrester 出版了《世界动力学》第 2 版。

SD 模型的研究成果，使得 SD 方法得到了世界范围内的普遍认可，20 世纪 70 年代以后，美国、苏联、意大利、奥地利等国家都开发了具有重要影响的 SD 模型。后来，Forrester 教授的学生和继任者们又以 SD 为主要方法，出版了一些重要的著作。例如，Forrester 教授的学生 Senge（1990）出版了《第五项修炼》（*The Fifth Discipline*）一书，该书很快成为管理学领域的畅销书，被《金融时报》誉为有史以来最伟大的 5 部工商管理巨著之一。接着，麻省理工学院 SD 研究组主任 Sterman（2000）出版了《商业动力学：复杂世界的系统思考和建模》（*Business Dynamics*：*System Thinking and Modeling for a Complex World*）一书，对 SD 建模进行了详尽而严格的描述。

中国引进 SD 理论是在 20 世纪 80 年代，进入 90 年代后，SD 在中国的自然、人文社会科学领域得到了全面应用。1994 年，在中国系统工程学会成立了 SD 专业委员会。专业委员会在国内 SD 人才培养、科学研究和方法推广方面做出了诸多努力，并且成为国内外 SD 学科研究的重要桥梁。

2.1.2　主要思想

SD 方法基于系统论思想，吸收了控制论、信息论的精髓，综合了自然科学和社会科学的研究方法，有一整套独特的解决复杂系统问题的方法和技巧。对于研究分析复杂系统的内部动力机制、微观结构、反馈行为及动态发展具有难以比拟的优越性。但是，关于 SD 建模过程并没有一个严格的科学描述，大部分模型都是在对不同的研究对象进行定性和定量分析的基础上获得。尽管如此，SD 建模的主要步骤仍可归纳如下。

第一，确定研究对象。作为一种方法论思想，SD 建模的目的在于解决社会经济发展中某些问题，因此，SD 是一问题导向型的研究技术。在进行 SD 建模之前，首先要明白建模的是什么，是要解释什么样的社会经济现象，以及解决什么样的科学问题，即首先要明确研究对象是什么。只有在这样的前提下，才能做到有的放矢，才能凝聚科学问题进而解决它，才能实现我们的研究价值。

第二，明确系统边界。当前社会经济的复杂性，使得我们在进行系统分析的时候很难科学地把握某一社会经济系统的边界，从而导致在进行系统界定的时候经常范围过大，研究不够深入，或者把系统局限在有限的几个要素之间，而忽视了系统的开放性，导致研究不够科学。SD 是一概念化非常强的建模手段，要求在进行系统设定的时候，在综合考虑多种因素的前提下，能够把握关键变量，在此基础上确定研究范围。

第三，系统结构分析。确定系统边界后，进一步就是分析能够影响系统运营的主要变量，包括积累变量、速率变量、辅助变量及某些常数和重要的表函数。根据变量之间的因果逻辑关系，图形化系统的结构。

第四，数理逻辑分析。系统结构分析是确定系统拓扑的关键步骤，而决定 SD 建模是否科学的关键在于如何确定各变量之间的数理关系。数理关系的确定是整个 SD 建模流程中最为重要的步骤，也是 SD 作为自然科学和社会科学交叉学科的具体体现。在数理逻辑分析阶段，需要各种统计分析、专家咨询、数学建模等方法的综合应用。如果说系统结构的图形化只是 SD 的表象，那么数理逻辑则是 SD 模型的内核，也是决定模型可靠性的关键所在。

第五，模型运行调试。建立系统结构并确定系统变量之间的数学关系之后，就可以在计算机上进行模型的仿真模拟。通常对于刚建立的模型，都要通过对历史数据的模拟进行可靠性测试，以确定模型的实际绩效。往往一个 SD 模型都是在多次运行调试及相关参数的测试过程中，最终得以建立的。

第六，综合决策分析。SD 建模的最后一个步骤是分析社会经济现象、解决社会经济问题，体现出模型的应用价值。SD 被誉为"战略决策实验室"，一个科学的模型可以模拟出不同战略决策下的社会经济系统运营状况，从而有助于对相关决策进行评估。当然，在此环节，也可以通过与其他研究方法进行结合，从而对战略决策进行综合性的分析，以得出更加可靠的结论。

2.1.3　主要应用

SD 创立伊始，其主要应用对象就是社会经济的发展。在《工业动力学》中，Forrester 应用 SD 来研究库存、物流等商业决策，到后来的《世界动力学》中对全球社会发展和经济增长的战略性研究，现如今 SD 已经发展成为系统研究的重要工具，在不同的区域层次、不同社会经济部门及各行各业都得到了较多的应用。

1）在区域层次上

从全球到国家到省市乃至县级行政区域，SD 模型都有着相应的应用。全球层面，代表性的就是 Forrester 团队的 System Dynamics World 模型，从世界角度探讨了人口增长和污染控制等难题。在国家层面，有美国国家模型、意大利国家模型、埃及国家模型等。1997 年，中国科学技术信息研究所的研究人员开发了中国可持续发展 SD 模型 1.0，包含社会、产业、资源、环境和经济 5 个方面，对未来 50 年的相关指标发展做了模拟预测和政策仿真。在地区层面，从省级到乡镇，SD 工具都有着较为广泛的应用。例如，秦耀辰等（1997）模拟了 1990~2020 年河南省的人地关系演变过程，并将其分为 11 个子系统；黄裕婕等（1996）对江西省人口、资源、环境和经济系统发展模型进行了仿真模拟；何有世（2008）对江苏省经济、资源和环境系统的动态仿真；姚建等（2000）对成都市可持续发展的模拟；王邦兆（1997）对镇江市人口、社会、经济系统的仿真研究；程叶青等（2003）对陕西省黄陵县可持续发展的研究。

2）在研究内容上

人口、经济、环境、资源和社会的协调发展研究，即区域可持续发展研究。上文提到的区域层次的 SD 模型大体都属于这一研究内容。

社会经济发展的动力研究。从人口、创新、消费、能源、资源等多个方面探讨这些因素对社会经济发展的影响。

工业企业发展战略研究。房地产市场、行业竞争力、市场营销、危机管理、财务管理等、物流管理、能源消费。

除此之外，还有疾病管理、生态系统保护、农业发展等方面。

总之，从创立到现在，SD 基本上在社会经济的各个方面都得到了较多的应用，也证明其作为一种方法论，具有科学性和广泛的适用性。但总的来说，SD 的创立和扩散是基于可持续发展的研究。正是罗马俱乐部《增长的极限》让人们认识到 SD 这一工具在可持续发展研究中的优越性，进而推广到其他领域。

2.2　SD 与旅游可持续发展

世间万物的相互联系使系统论及其应用成为 21 世纪众多科学家所关注的领域。相应地，旅游产业的综合性特征，也导致旅游系统的研究开始引起更多学者的关注。区域旅游可持续发展是一个由众多相关要素相互作用、相互关联的一个动态复杂系统。对于复杂系统的研究一直以来都是专家学者们潜心研究的方向，国家自然科学基金委员会管理科学部的"十二五"规划中，也将"复杂管理系统的研究方法及方法论"作为重要的资助方向。在旅游系统研究方面，国内外学者都做了较多的努力。例如，唐飞和陶伟（2001）认为建立生态-社会-经济复合系统是实现旅游业可持续发展的基本前提，这也对应了区域可持续发展系统中的经济、社会和环境三个子系统。Richards（2002）研究了旅游业系统中的资源子系统，通过对大量旅游者的调查，深入分析了旅游动机、产品设计、媒体、资源特色与旅游行为的关系。袁国宏（2004）认为旅游可持续发展系统是由旅游者、旅游产业、旅游地居民、旅游地政府、客源地政府五大要素相互依存、相互制约所形成的一个动力系统。他认为，系统的相关性表现为两个方面：一是子系统与系统之间的关系，另一是子系统或者要素之间的关系。该认知正是系统动力学思维的集中反映。Zahra 和 Ryan（2007）运用混沌理论和复杂性理论研究区域旅游组织的结构及其变化后认为，旅游组织乃至整个旅游业系统都是一种动态、非线性且难以预测的复杂性社会现象。正因为如此，如果能在某种程度上或者某个层面对区域旅游业系统进行预测，将具有重要的意义。Lacitignola 等（2007）基于旅游目的地的可持续管理，提出了旅游社会生态系统的概念，并探讨了系统中旅游者、生态系统商品和服务质量、资本、基础设施等基本元素及其关联。此外，还有的学者从旅游、经济和生态环境三个子系统出发，采用耦合协调度函数对旅游可持续发展系统的协调发展状况进行了评价（张燕等，2008），也有的学者探讨了旅游地复杂系统的演化理论体系（杨春宇等，2009a）。

除了上述一些对内容的理论性探讨外，在研究方法上，不同的系统研究手段也越来越多地应用到在旅游系统的研究中去。魏中俊等（2006）用可拓逻辑和菱形思维方法构建了旅游产业系统持续发展的可拓模型，翁瑾和杨开忠（2007）构建了一个旅游系统的空间模型，分析了规模经济、旅行成本及多样性偏好和产品差异化等因素对旅游系统空间结构的影响。章杰宽等（2011）将多目标规划模型应用于旅游可持续发展系统的研究，并从系统论的思想出发，建立包括旅游经济、人口、社会、资源与环境等要素在内的旅游可持续发展系统结构模型（章杰宽和朱普选，2011），并在此基础上运用 SD 工具对西藏旅游可持续发展系统做了初步研究（章杰宽，2011）。

因此，作为可持续旅游研究的一个重要方向，旅游系统研究也已经逐渐成为学术研究的一个热点。基于不同的研究对象和研究视角，学者们在旅游系统方面取得了大量的成果。但总体上仍限于一些理论的探讨，着重对旅游系统的认识分析，而对于旅游系统的实践较少关注。由上文分析得知，SD 在可持续发展研究领域有着较为广泛的应用。本书考虑到旅游系统研究的现状，也将 SD 引入区域旅游可持续发展的研究中。基于 SD 方法自身的优势，应用 SD 方法研究旅游可持续发展，对于深入认识可持续旅游发展系统的要素及其相互作用，并且对系统的动态变化做出相关的预测和控制，具有重要的意义。这也是对当前旅游系统研究的一个重要补充。本节着重论述 SD 在旅游可持续发展系统研究中的应用性，以期为接下来的区域旅游可持续发展系统的深入研究提供一个基本的理论框架。本节的主要内容包括三个方面，首先论述应用 SD 研究可持续旅游发展的基本路径，其次指出应用 SD 研究可持续旅游发展的主要内容，最后分析应用 SD 研究可持续旅游发展将会有哪些重要的发现。

2.2.1　研究路径

结合 SD 理论的特征，本小节认为应用 SD 工具研究旅游可持续发展系统应该遵循以下基本路径。

第一，应当梳理国内外旅游可持续发展研究的基本现状，在此基础上着重探讨旅游系统论研究的进展，深化对 SD 思想的认识。根据研究对象，确定区域旅游可持续发展系统边界，此环节涉及的主要理论包括旅游地理学、旅游行为学、旅游人类学、旅游经济学、系统工程等学科知识。并且注重结合旅游地的自然和人文环境分析，运用系统思维，初步确立区域旅游可持续发展系统的构成要素。

第二，对研究对象进行实地调研。设计研究对象可持续旅游系统构建中所需的相关调查问卷、访谈内容及所需的数据内容，确定调研时间、地点、对象等。在调研过程中，着重厘清研究对象旅游发展过程中的相关问题、影响因素等关键信息，获得对各要素之间的逻辑关系的初步认知。

第三，分析调研内容，结合专家意见与统计分析方法，审定旅游可持续发展系统的构成要素。继而运用 SD 思想，确定影响系统状态的所有变量，包括积累变量、流速变量、辅助变量等。根据 SD 的反馈理论确定各变量间的因果关系及系统内部各反馈环的极性、阶数等，建立区域旅游可持续发展系统的结构模型。

第四，基于区域旅游可持续发展 SD 模型建立的需要，再次对研究对象进行调研，主要调研内容为对旅游可持续发展系统各变量关系进行数学描述的相关数据及其依据，重点是对经济、环境、资源、社会及人口等子系统变量数据的获取。通过实验分析、数理统计、回归分析、灰色预测及专家咨询等方法确定系统各变量间的数量关系。表函数作为 SD 模型的重要构成，在此环节尤其要对表函数的建立进行科学、细致的分析。在上述基础上，最终建立区域旅游可持续发展系统的 SD 模型。

第五，依据模型对区域旅游可持续发展系统进行初步的动态仿真与决策分析。根据仿真结果，征求专家、政府及相关企事业单位的意见，运用目标规划（goal programming）、灰色预测等方法对模型进行修正，再次对区域旅游业发展状况进行仿真政策模拟，对未来可持续旅游的发展提出相应的参考决策。在此环节，也可以对模型的应用做进一步的延伸，通过与其他研究方法的综合运用，对区域旅游可持续发展系统的不同层面进行相关研究。

由此，运用 SD 研究可持续旅游发展的基本路径见图 2-1。

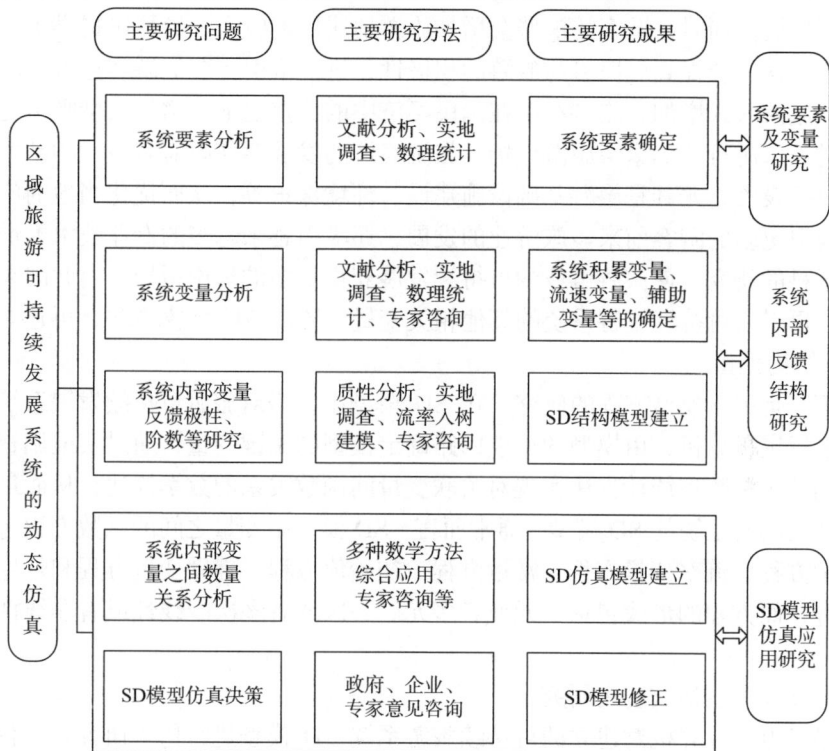

图 2-1　SD 研究旅游可持续发展的基本路径

2.2.2　研究内容

1）系统要素及变量研究

综合已有的旅游可持续发展研究成果，根据研究对象（旅游业）的发展实际，基于可持续旅游发展基本元素的分析，通过广泛、深入的调查，提取区域旅游可持续发展系统的关键构成要素。系统要素的确定体现两个基本原则：一是要素能够影响系统的发展状态，二是要素信息能够以定量的方式体现。

2）系统内部反馈结构研究

第一是关于系统结构的研究。研究表明，区域旅游可持续发展系统是由经济、人口、社会、资源与环境等五个子系统构成（详细论证见第 3 章内容），这五个子系统及系统内部变量之间存在着相互依存、相互制约的逻辑因果关系，即反馈关系。具体而言，随着旅游业的发展，大量的游客涌入，对旅游地的环境、资源及居民的正常生活秩序等都会带来一定的影响。旅游地居民面对越来越多的游客，会逐渐产生排斥心理，从而导致对旅游业的态度变得更加冷漠，最终影响旅游业的健康发展。同时，游客的消费会增加旅游地居民的收入，给居民提供更多的就业机会，这又会提高居民参与旅游的积极性，进而吸引更多的游客进入。游客增加后，旅游收入增加，旅游经济在国民经济中的比重也随之增加，会吸引更多的企业进入旅游行业，繁荣旅游市场。旅游经济的发展会使政府有更大的动力对旅游业进行投资，尤其是旅游基础设施建设、环境保护等，从而优化当地的旅游环境，吸引更多的游客前来。旅游业的发展，还吸引越来越多的专业技术人员从事旅游学科的研究，使旅游事业的可持续发展获得更多的理论指导。由此因果关系分析，再引入可持续旅游系统的其他相关变量，依据 SD 建模方法，可建立相关的 SD 结构模型。

第二是关于模型方程的研究。在 SD 模型中，需对旅游可持续发展系统的各变量进行定量分析，由模型的反馈回路确定模型的关键变量，通过实地调查、专家咨询及多种数理统计方法实现对关联变量间函数关系的数学描述，从而最终建立可持续旅游系统的 SD 模型。通常而言，SD 模型中变量之间的函数方程包括积累变量方程、流率变量方程、常量方程、初始值方程、辅助变量方程和外生变量方程等，而方程的形式包括一元或者多元、一次或者多次、线性或者非线性及表函数等。

3）SD 模型仿真应用研究

通过电子计算机对建立的可持续旅游系统 SD 模型进行仿真研究，进行整体数学描述的实现。通过仿真，一方面根据旅游业发展的实际对已建立的模型参数进行不断地修正与完善，另一方面对未来一段时间内旅游地旅游业发展状况进行预测与模拟分析，对可能出现的问题进行预警，并提出相应的对策。另外，对模型关键变量的调控，研究旅游地可持续旅游系统的 SD 模型在不同情形下的发展状态，使我们对系统的控制更具弹性。此外，也可以综合 SD 研究过程和结果，与其他研究方法进行融合，从而可以进行更深入的分析。

2.2.3　研究发现

应用 SD 方法研究旅游可持续发展系统具有较高的创新性，因此，该研究可以获得一些有意义的理论和实践发现。

在理论方面，研究预期可以确定旅游地可持续旅游系统的构成要素，在此基础上确定旅游地可持续旅游系统的变量及各变量在系统的反馈作用，进而以定量的方式反映这些变量在系统运行中的数量关系，最终建立旅游地旅游可持续发展系统的 SD 模型。在实践方面，研究预期通过对关键变量的调控，应用 SD 模型对旅游地可持续系统进行仿真研究，从而为旅游地旅游可持续发展及其世界旅游目的地建设的科学管理奠定理论基础。

当然，在研究中，也会遇到一些关键的科学问题，首先，这一方面体现了运用 SD 思维解决区域旅游可持续发展相关问题的意义，另一方面也表明，SD 作为一种系统综合集成技术，在旅游学研究中面临巨大的挑战。例如，旅游地的旅游业发展会涉及复杂的独特自然环境与人文环境，这对于旅游地旅游可持续发展系统构成要素的确定及要素信息的获取而言都需要大量的基础性与开拓性的工作。针对这一点，需要综合运用文献资料分析、社会调查、田野调查、数理统计等方法加以克服。其次，作为复杂巨系统的旅游可持续发展系统，其内部反馈结构存在着大量的多阶正负反馈环及时间延迟等互动关系。针对这一点，需要采取定性分析、社会调查、田野调查、数据分析及专家意见咨询等多种方法加以解决。最后，旅游地旅游可持续发展系统具备非线性、动态的基本特征，各变量间存在着大量的非线性数量关系，各变量本身可能是离散或连续的，也可能是向量、某种集合或者常数，变量间关系或可以通过方程式明确表示或只能通过表函数近似体现，因此，系统变量间数量关系的确定需要大量、精确的统计分析与预测。针对这一点，需要运用数据统计分析、实证资料调查、实地检验应用、灰色预测及专家意见咨询等方法，来保证研究的科学性。

后文中，本书以西藏自治区旅游业发展为研究对象，探讨 SD 方法在区域旅游可持续发展中的应用。

第3章　西藏旅游可持续发展系统分析

西藏自治区是我国一个新兴的旅游目的地，以其大量世界顶级的旅游资源而蜚声海内外，如布达拉宫、纳木错、大昭寺、珠穆朗玛峰、雅鲁藏布大峡谷等。在2005年的中欧国际旅游论坛上，拉萨被评为"欧洲旅游者最喜欢的旅游城市"，布达拉宫被评为"欧洲旅游者最喜欢的旅游景点"。在全球市场，西藏都表现出极大的旅游吸引力。2010年1月18日~20日，在中央第五次西藏工作座谈会上，党中央提出要把西藏建设成重要的世界旅游目的地的伟大战略，西藏旅游业更是迎来了前所未有的机遇。自此，西藏旅游业进入飞速发展的阶段。2015年8月24日至25日，在中央第六次西藏工作座谈会上，面对西藏旅游业高速发展的态势，习近平总书记又着重指出要建设好西藏这个世界旅游目的地。因此，在西藏旅游业发展已经上升为国家战略的背景下，西藏旅游业研究面临新的极大的挑战，同时也迎来了非常好的机遇。

由于历史及地理环境因素的限制，在社会经济发展方面，西藏自治区长期以来都是我国较为落后的省区。落后的社会经济，极大地限制了西藏旅游业的发展。在管理体制、服务理念、基础设施建设等各方面，西藏与世界旅游目的地建设的要求都相距甚远。即便如此，西部大开发后，旅游业已经成为推动西藏社会经济发展中的基本动力，这已成为不争的事实。尤其进入21世纪以来，无论是游客人次还是旅游收入的变化都表明，发展旅游业、建设好世界旅游目的地是西藏改变贫穷落后状况的根本措施。因此，维持西藏旅游可持续发展，探寻西藏旅游在可持续发展过程中的相关要素、要素之间的关联及这种关联的动态发展对于西藏旅游可持续发展的管理与科学决策具有重要意义。

本章首先介绍西藏旅游业发展的基本背景，即西藏自治区的自然人文环境概况。在这一部分，本章将重点介绍与西藏旅游业发展相关的一些背景知识。其次，在系统动论指导下，本章对西藏旅游业的发展历程尤其是近十年来的成就和问题做详尽的梳理，继而在已有研究的基础上，从人口、资源、环境、经济和社会五个方面对西藏旅游可持续发展系统的结构做深入的分析，对各子系统内部及子系统之间的逻辑关系进行相应的分析，为接下来 SD 模型的建立奠定理论框架。最后，本章还根据生命周期理论讨论了旅游地系统的演变特征，进而引出西藏旅游业跨越式发展的三阶段理论，即西藏世界旅游目的地建设要经历国内成熟旅游目的地到世界重要旅游目的地再到世界一流旅游目的地的三个发展阶段。本章认为,旅游业可持续发展的本质就是要使旅游经济在人口、社会、资源与环境四个要素制约下持久、有序、稳定和协调地发展,而这种制约是动态变化的,不同发展阶段有着不同的变化特征。上述三个不同阶段,各子系统及整个西藏旅游可持续发展系统都将呈现出不同的逻辑关系及结构特征。这在以后的 SD 模型构建及仿真中都会得到相应的体现。

3.1　西藏旅游业发展背景

西藏自治区位于中国的西南边疆,青藏高原的西南部,面积 120 多万平方千米,约占全国陆地总面积的八分之一。西藏的地理位置在北纬 26°50′～36°53′ 和东经 78°25′～99°06′ 的范围之内,与印度、尼泊尔、不丹、缅甸等国家和地区相邻,国境线长 4 000 多千米,是通往南亚的门户,也是中国的西南屏障。西藏北界昆仑山、唐古拉山与新疆维吾尔自治区和青海省毗邻,东隔金沙江与四川省相望,东南与云南省山水相连。西藏自治区平均海拔 4 000 米以上,是青藏高原的主体部分,有“世界屋脊的屋脊”之称。这里地形复杂,地貌多样,其大体可分为三个不同的自然区:北部是藏北高原,位于昆仑山、唐古拉山和冈底斯山、念青唐古拉山之间,约占全自治区面积的三分之二,其自然景观以山峰、草原、湖泊为主;在冈底斯山和喜马拉雅山之间,即雅鲁藏布江及其支流流经的地方,是藏南谷地,也是藏文化的起源地,此处以历史文化景观为主;藏东是高山峡谷区,为一系列由东西走向逐渐转为南北走向的高山深谷,系著名的横断山脉的一部分,也是我国森林密布的区域,因此,森林生态景观是当地的主要特色。

复杂多样的地形地貌,形成了独特的高原气候。除呈现西北严寒干燥,东南温暖湿润的总趋向外,还有多种多样的区域气候和明显的垂直气候带,“十里不同天”“一天有四季”等谚语即反映了这些特点。与中国大部分地区相比,西藏的空气稀薄,日照充足,气温较低,降水较少。西藏是中国太阳辐射最多的地方,比同纬度的平原地区多三分之一到一倍,日照时数也是全国的高值中心,如拉萨市的年平均日照时数达 3 021 小时。西藏的平均气温偏低,年温差小,但昼夜温差大。西藏自治区各地的降水情况季节性差异很大,旱季和雨季的分界非常明显,而且多夜雨。在西藏自治区境内,流域面积大于 1 万平方千米的河流有 20 多条,流域面积大于 2 000 平方千米的河流有 100 条以上,著名的河流有金沙江、怒江、澜沧江和雅鲁藏布江等。西藏还是中国最大的湖泊密集区,也是世界上湖面最高、范围最大、数量最多的高原湖区。这里的湖泊咸水湖多,淡水湖少,湖面海拔超过 5 000 米的有 17 个,它们的面积都在 50 平方千米以上。

在这样一个最为独特的"地球花园"的自然地理环境背景下，西藏形成了无数让科学考察者、登山探险者、旅游爱好者为之向往的独特景观。例如，美丽的雪域高原、高耸入云的雪山、陡峭深邃的峡谷、一望无际的草原、摄人心魄的湖泊、湛蓝辽阔的天空、五彩缤纷的经幡、神奇无比的玛尼堆等。这些成为西藏开展高原生态旅游的根本依托，也是西藏建设世界旅游目的地的重要支撑。

西藏自治区的主体民族是藏族，此外还有少量的汉族、门巴族、珞巴族、蒙古族、回族等民族群体。作为中华民族大家庭中的一员，藏族在与其他民族不断交流和相互吸收、促进的漫长历史中还创造、发展了具有特色的灿烂文化，藏民族文化至今仍然是中华文化和世界文化宝库中的一颗璀璨的明珠。藏族本土文化原本是位于雅鲁藏布江流域中部雅砻河谷的吐蕃文化和位于青藏高原西部的古象雄文化逐渐交融而形成的。到了公元七世纪松赞干布时期，佛教从中原、印度、尼泊尔传入吐蕃，逐渐形成和发展为独具特色的藏传佛教。与此同时，南亚的印度、尼泊尔文化及西亚的波斯文化、阿拉伯文化等，特别是中原的汉文化，对西藏文化的发展都产生了较大的影响。在西藏文化的历史发展过程中，藏族建筑艺术和雕塑、绘画、装饰、工艺美术等造型艺术及音乐、舞蹈、戏剧、语言文字、书面文学、民间文学、藏医藏药、天文历算均达到了很高的水平。与自然景观相同，藏文化及其文化景观也是西藏旅游产品开发的基本源泉。

因此，独特的高原生态环境和人文氛围，使得西藏自治区成为我国乃至世界最具旅游发展潜力的旅游目的地之一。最早从外来旅游者（或者旅行者）的角度对西藏进行观察的，是公元前五世纪的希罗多德（Herodotus）。他讲述了一个印度传说：在印度以北云雾所笼罩的地方，生活着掘金蚁，它们小于狗，大于狐狸。后来，这种富于传奇色彩的掘金蚁被认为是土拨鼠。这是一种善于打洞的动物，它把挖出的土堆成堆儿（其中或许含有金末）。当然，掘金蚁也可能指的是披着兽皮蹲在那里掘金的人（沈宗濂，2006）。第一个关于西藏地理的权威性记载出现在公元七八世纪，当时唐朝与吐蕃有过频繁的战争，也多次互换使节。新旧《唐书》均有专写吐蕃人的章节，也附带提到该地区的地理状况。1245 年，罗马教皇派一个名叫普兰诺·卡尔平尼（Piano Carpini）的人出使东方的大可汗帝国。1253~1255年，天主教"圣方济会"（Franciscan）的教士威廉·德·罗伯鲁克（William de Rubruquis）拜见了蒙古国的大可汗。他们都分别描述过吐蕃人及其习俗。中世纪最伟大的旅行家马可·波罗（Marco Polo），曾于 1275~1295 年在忽必烈的宫廷中任职若干年。他曾经对西藏人的语言及他们生活过的城市和村庄有过描述，他说，这些人中有世界上最好的巫师和占星术大师，他们的魔法表演如此神奇，以至于他认为根本无法在书中用适当的语言来描述。但以上三人都仅是凭借耳闻对西藏进行记载，他们都未曾亲自到过西藏。1325 年，天主教圣方济会的教士鄂多立克（Odorieo de Pordenone）从中国的西北部横跨西藏，于 1330 年到达欧洲。他称西藏为日博（Riboth），这与一个藏族部落的古音非常相似，他还提到了拉萨，叫它拉萨古它（Lhasa Gota）。鄂多立克是第一个看见西藏的白种人，他说，西藏人住在黑色毡毛帐篷里，他们有一个非常美丽而重要的城市叫古它，建筑物所用都是白色石头，有整齐的街道，没有人敢在那儿杀人溅血。鄂多立克还描述了西藏的天葬。这是第一次较为权威地向西方社会描述西藏的自然人文风貌。而最早向世界科学地报道西藏地理情况的欧洲人是两个耶稣会传教士，即白乃心（Jean Grueber）和吴尔铎（Albertus d'Orville）。白乃心受命寻找一条通过陆路去欧洲的新路线。他找到的这条"新路线"始于今天青海省的省会西宁，直至拉萨。从 17 世纪初开始，天主教、耶稣会和卡普清派传教士多次尝试在西藏的西部和中部建立传教机构，但都失败了。值得一提的是，耶稣会神父依波利多·德西迪利（Ippolito Desideri），他从克什米尔出发，穿过西藏西部，于 1716 年来到拉萨并住了下来，1721 年被召回前，他已精通藏语和藏传佛教理论，而且经常与西藏佛学博士（格西）展开辩论。他是第一个全面报道西藏地区的人，也是西方藏学研究的开拓者。19 世纪，有关西藏的知识与神智论（theosophy）发生了联系。神智论的创始人之一赫列娜·皮特罗维娜·布拉瓦斯基（Helena Petrovna Blavasky，1831—1891）自称为藏传佛教信徒。她创造了一个理想的、超现实的西藏形象，认为西藏是一片未受文明污染的、带着精神性的、神秘主义的，没有饥饿、犯罪和滥饮的、与世隔绝的国度，西藏人是一群仍然拥有古老智慧的人群。20 世纪 30 年代，詹姆斯·希尔顿（James Hilton）的《消失的地平线》描述了一群生活在香格里拉这个佛教社会的白种人的故事。直到今天，这个有关香巴拉或香格里拉的故事还在好莱坞的电影和各种大众文化中被不停地复制。实际上，他们所描述的西藏形象与农奴制时代的西藏现实相差甚远，布拉瓦斯基和希尔顿表述的不过是一些西方人的梦想世界而已。在战争、工业化和各种灾难之后，西藏——更准确地说是香巴拉、香格里拉——成为一些西方人的梦幻世界，即神秘的、精神性的、充满启示的、非技术的、热爱和平的、道德的、能够通灵的世界。在这种语境下，讨论西藏其实更像是一种时尚，而不一定是真正的精神家园。

　　西藏文明是伟大的文明，藏传佛教也有着悠久的传统，但它们的意义并不存在于东方主义的幻觉中。东方主义赋予西藏文化的那种普遍表象不过是某些西方自我的投射。因此，就像一位海外的藏族知识分子所说的，西藏必须从西方人的想象和香格里拉的神话中解放出来，否则不会有真正的进步（汪晖，2008）。实际上，东方主义的幻影并不仅仅属于西方，如今它正在成为我们自己的创造物。云南藏区的中甸现在已经被当地政府正式改名为香格里拉，这个生活着包括藏族人民在内的各族人民的地方被冠以西方人想象的名号，目的不过是招徕游客。不仅西藏如此，放眼世界，大大小小的旅游地正被贴上各种"刻板"想象中的标签，逐渐丧失了其"原真性"而变成了旅游者视野中的"风景"，而真实存在的民族文化变成游客眼中的"他者"。与此同时，也有大量西方学者（或旅行家）对活生生的民族文化进行了科学的、深入的研究和记录，给后来的旅游者认识真实的西藏留下了珍贵的资料。1962 年，法国著名的藏学家和汉学家石泰安（R.A.Stein）出版了《西藏的文明》；1972 年，意大利著名藏学家图齐（Giuseppe Tucci）在德国出版了《西藏的宗教》；1991 年，美国著名人类学家梅·戈尔斯坦（M.Goldstein）出版了《西藏现代史（1913—1951）——喇嘛王国的覆灭》；2009 年，独立制片人、作家书云出版了与其执导的纪录片同名的书籍《西藏一年》。这些著作客观、翔实地描述了西藏，都曾先后在东西方世界引起反响，成为我们今天认识西藏、行走西藏、研究西藏的宝贵资料。

西方人眼中的西藏使得西藏成为欧美旅行家和普通游客心中的圣地，也成为欧美游客最为向往的旅游目的地之一。这种强烈的旅游需求和动机正是今天西藏建设世界旅游目的地的重要保证。在国内外极大的旅游需求推动下，西藏旅游业的发展在 21 世纪迎来前所未有的发展机遇，也取得了巨大的成就。当然，同时西藏旅游发展中折射出的诸多问题，也给西藏旅游可持续发展提出了新的更高的要求。第 3.2 节将回顾西藏旅游业十余年来的发展成就和问题，并以此分析西藏旅游可持续发展的系统结构。

3.2　西藏旅游业发展概况及分析

21 世纪的西藏旅游业呈现高速发展态势，年度接待游客人次从 2000 年的 56.5 万人到 2013 年的 1 291.06 万人，足足增加了近 22 倍，旅游收入从 6.5 亿元增加到 165.18 亿元，增加近 25 倍。除以上两个标志性的旅游业发展指标外，在旅游酒店、旅游交通、旅游景区建设、旅游政策、旅游就业及旅游人才培养等诸多方面，西藏旅游业都完成了由传统向现代转变的关键步骤。本节拟通过对 21 世纪初 10 余年来，西藏旅游业发展进程的深入分析，探讨西藏旅游业发展的基本路径，并结合西藏建设重要世界旅游目的地的实践，对未来西藏旅游业发展的关键问题做出一些讨论，从而引出 3.3 节西藏旅游可持续发展系统结构分析。

3.2.1　旅游总体指标状况

游客人次和旅游收入是衡量区域旅游业发展的基本指标，如图 3-1 所示，21世纪的 10 余年西藏旅游业发展呈现出较为明显的指数增长规律。尤其 2010 年以来，旅游业增长更为迅速。其中，国内旅游市场的增长速度要远远高于入境旅游市场，国内旅游市场份额也远远高于入境市场，2013 年接待的国内游客人次占总体人次的 98.27%。这表明作为重要的旅游目的地，西藏正更多地为国内旅游市场所接受。这为将来西藏旅游的持续、高速发展奠定了良好的客源基础。与高速增长的国内旅游市场相比，入境旅游市场由于相关因素制约，自 2007 年以后，一直不温不火，增长缓慢，甚至倒退。需要强调的是，西藏的入境旅游市场始终是以外国旅游者占据主体，港澳台旅游者数量较少，这与国内其他旅游地呈现出较为明显的倒挂现象。国外旅游市场尽管发展缓慢，但在西藏的人均停留时间却从2000 年的 2.29 天增加到 2013 年的 2.99 天。总量指标的增长反映了西藏旅游业规模的不断壮大，但在增长质量上却不容乐观，在人均旅游者收入方面，2000 年是1108.96 元/人次，2012 年是 1195.01 元/人次，增长极其缓慢。考虑到从 2000~2012 年，西藏的居民消费品价格指数（consumer price index，CPI）增加了 0.33倍，实际上 10 余年来西藏的人均旅游者收入还呈下降的趋势，这不得不引起相关部门的深思。

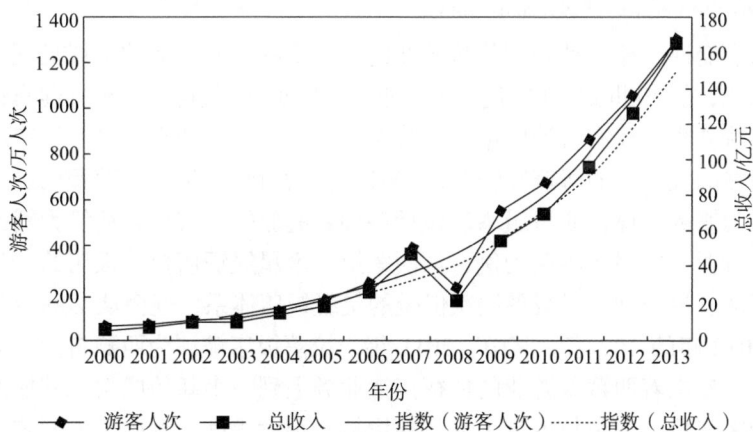

图 3-1　游客人次和旅游收入变化趋势

资料来源:《西藏统计年鉴（2001—2014）》

3.2.2　旅游酒店发展状况

西藏旅游酒店的发展状况如表 3-1 所示。

表 3-1　西藏星级饭店业主要发展指标

年份	星级酒店总数/个	客房数/间	床位数/张	客房出租率/%	营业收入/万元	营业税金/万元
2012	102	10 037	19 240	58.24	58 084.850	3 642.246
2011	85	7 747	14 576	50.28	41 390.893	2 262.304
2010	105	9 576	18 084	43.62	41 387.612	2 062.338
2009	149	12 649	24 989	25.10	45 738.000	2 703.000
2008	86	7 606	15 262	18.23	18 158.740	876.000
2007	78	7 171	13 922	37.00	30 428.500	2 267.000
2006	62	5 224	10 306	37.56	26 165.330	1 164.480
2005	64	4 956	9 651	39.76	25 335.680	1 145.350
2004	64	4 677	9 196	45.26	20 720.680	1 210.680
2003	58	4 510	8 955	34.35	12 165.000	496.000
2002	49	3 721	7 579	37.17	16 017.000	917.000
2001	57	5 176	10 050	33.24	14 862.000	753.000
2000	61	4 609	9 456	21.45	2 090.370	102.820

资料来源:《中国旅游统计年鉴（2001—2013）》

　　酒店、交通、旅行社是现代旅游业的三大支柱。酒店业的发展见证了西藏旅游业的成长，在 20 世纪 80 年代之前的近 30 年间，西藏自治区只有迎宾馆一家宾馆可以接待外宾，还有自治区第一招待所、第三招待所和军区第三招待所等接待国内到西藏的人员（胡海燕和陈波，2001）。发展到 21 世纪，西藏已经形成了以星级酒店为服务主体，非星级酒店包括各种家庭旅馆、青年旅社等为辅助的旅游住宿接待行业。以星级酒店为例，从西藏第一家星级饭店拉萨饭店始，到现在已经形成了从五星级到一星级各层次俱全的星级饭店体系，规模从 2000 年的 61 家增加到 2012 年的 102 家。其中，2011 年，拉萨饭店被评为西藏自治区第一家五星级饭店，标志着西藏旅游业的住宿接待业务上到一个新的层次。其他方面，星级酒店的客房数、床位数也有了大量的增加，很大程度上解决了入藏游客的住宿问题。随着入藏游客的增加，星级酒店的经营效益也显著增加，到 2012 年客房出租率达到了 58.24% 的较高水平，营业收入达到 58 084.850 万元，营业税金达到 3 642.246 万元。

　　此外，星级酒店在所有制性质上也呈现出多元化的发展倾向，除国有企业和集体企业外，联营企业、私营企业及外资企业发展迅速，表明更多的民间及外资将目光投向了新兴的西藏旅游业，这为西藏旅游酒店业乃至旅游业的发展提供了新的活力。

3.2.3　旅行社发展状况

1979 年 12 月，西藏自治区西藏旅行游览事业管理局（筹备处）和中国国际旅行社拉萨分社成立，至此西藏有了专门负责管理和组织旅游的机构。发展至 2000 年，西藏自治区共拥有旅行社 34 家，其中国际旅行社 19 家，国内旅行社 15 家。旅行社数量的增加，对西藏旅游业的发展起了很重要的促进作用，西藏旅游业经营规模迅速扩大，具体见表 3-2。截至 2012 年，西藏已经拥有旅行社 99 家，营业收入达到 51 793.510 万元，营业税金近 300 万元。

表 3-2　西藏旅行社业主要发展指标

年份	旅行社总数/个	营业收入/万元	营业税金及附加/万元
2012	99	51 793.510	296.386
2011	97	39 299.154	317.026
2010	78	27 446.251	212.181
2009	39	23 842.000	173.000
2008	47	7 659.820	33.090
2007	43	29 077.350	532.820
2006	37	15 619.500	128.830
2005	33	10 843.870	234.850
2004	43	14 072.670	157.320
2003	45	22 397.290	196.280
2002	40	13 981.730	444.310
2001	35	13 512.630	188.340
2000	34	12 420.790	199.260

资料来源：《中国旅游统计年鉴（2001—2013）》

3.2.4　旅游交通发展状况

交通问题一直是制约西藏旅游业发展的关键性问题，所谓的"出国容易进藏难"使得诸多的旅游者对于西藏望而却步。因此，提升西藏的旅游可进入性，从 21 世纪以来就得到了持续的关注。旅游学认为可进入性是指旅游者进入旅游地的交通难易程度及在旅游目的地内部的交通便捷程度（方相林，2002），简单地理解就是"进的来、散的开、出的去"。

1）出入交通方面

在出入交通方面，2006 年 7 月 1 日青藏铁路的开通，使游客入住的陆地交通容量大大提升，也促使西藏旅游业进入一个新的发展时期。2007 年入藏游客人次比 2006 年增加了 60.4%，交通建设对西藏旅游业的推动效应可见一斑。截至目前，青藏铁路辅以传统的公路交通，构成了游客出入西藏的主要通道。此外，10 余年来，航空运输的发展，给入藏旅游提供了更多的选择和便捷服务。目前，已经开通了拉萨通往西藏主要国内客源市场的航班，航线涉及北京、香港、广州、深圳、西安、成都、重庆、上海、厦门等国内主要城市。公路交通、铁路交通和航空交通，构成了多层次、立体化的进出西藏通道，但已有的交通格局与西藏旅游业的高速发展相比，还是显得运量不足，尤其在旅游旺季的七八月，一票难求局面长期难以改变，也为未来西藏旅游交通的发展提出了更高的要求。

2）内部交通方面

旅游者在西藏的内部交通基本以公路交通为主，10 余年来，西藏的公路交通建设取得了巨大的成就，为西藏旅游事业的发展做出了重大贡献。图 3-2 显示的是 2000~2012 年西藏自治区的公路里程数的变化状况，2000 年西藏公路通车里程 22 503 千米，到 2012 年增加到 65 198 千米，增加了 189.73%，且截至 2012 年，所有通车公路都实现了晴雨通车，一些主要的旅游资源之间都实现了公路通达，有效促进了入藏游客的"散的开"。此外，西藏区内的航空运输也有了一定的发展，各个地级城市之间都修建有小型机场，但整体运量较小，对目前西藏旅游业的发展所起的作用有限。需要强调的是，青藏铁路的延伸部分——拉萨到日喀则的铁路在 2014 年 10 月开通，从此西藏两个最大城市之间实现了铁路对接，这为西藏旅游业的纵深发展注入了新的活力。

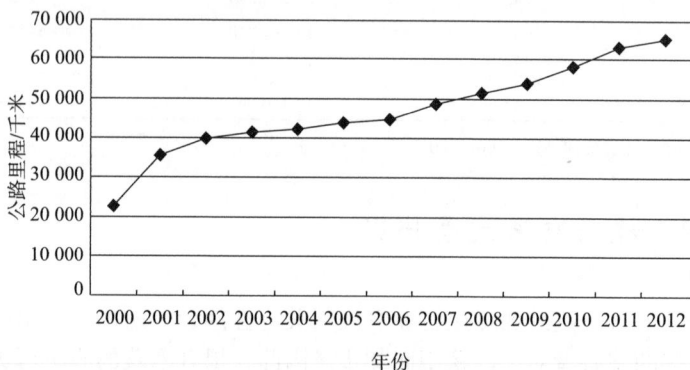

图 3-2　西藏公路里程的变化

资料来源：《西藏统计年鉴（2013）》

3.2.5　旅游景区建设及产品开发状况

2001 年，国家旅游局确定布达拉宫、西藏博物馆、大昭寺、罗布林卡和巴松错五个旅游景区（点）为首批国家 4A 级旅游区（点），从此西藏旅游景区的标准化建设与发展步入正轨。截至 2012 年年底，西藏自治区拥有 66 家 A 级景区，其中 4A 级景区 11 家，3A 级景区 18 家，2A 级景区 26 家，1A 级景区 11 家，66 家 A 级景区全实现年营业收入 31.6 亿元，占当年西藏旅游总收入的 24.98%（《中国旅游统计年鉴（2013）》）。并且自治区各级旅游局积极开展 A 级景区管理工作，并于 2013 年成功申报 5A 级旅游景区布达拉宫、大昭寺景区。目前，西藏有了从 1A 到 5A 的完整旅游景区建设体系，并且在未来自治区旅游局计划新增 6 家 5A 级旅游景区，将使区内的 A 级景区的数量和结构日趋合理。

在旅游景区建设基础上，依托西藏自治区的旅游资源，西藏的旅游产品也呈现出多元化发展趋势。除已有并日趋成熟的专项旅游产品，如拉萨朝圣、魅力日喀则、雅砻文化、生态林芝、多情康巴、狂野那曲、梦幻阿里外，还形成了影响力日增、规模渐大的节庆旅游产品，并受到旅游者的欢迎。如一年一度的拉萨"中国·拉萨雪顿节"、西藏"纳木错国际徒步大会"、那曲"羌塘恰青赛马艺术节"、日喀则"西藏圣地游——珠峰文化节"、昌都"康巴文化艺术节"等。为了解决长期以来西藏旅游业发展淡旺季差异较大的现状，近些年来，冬游西藏旅游产品的开发和促销也受到很大的重视，形成了一些独具特色的冬季旅游产品，并已形成一定规模。

3.2.6　旅游政策发展状况

对于西藏这样的旅游欠发达地区，政府决策的推动作用要远远大于市场力量的推动（赵国庆，2009），长期以来，西藏自治区政府都把旅游业作为西藏重要的特色产业之一，有力地推进了旅游产业各项事业的进步。尤其 21 世纪以来，西藏自治区政府频繁决策，不断提高旅游产业的战略发展地位。2000 年，西藏自治区党委召开的五届六次全委（扩大）会议上，进一步明确将旅游业作为加快实施特色经济战略的特色产业之一，并居于首位。2010 年，中央第五次西藏工作座谈会，结合西藏社会经济发展的实际，提出要把西藏建设成为世界重要旅游目的地，再一次将西藏旅游业的支柱地位凸显，并置于国家发展战略层面。为了贯彻这些重要的战略决策，由西藏自治区政府牵头，汇聚国内外相关领域一流专家，制定了一系列引领西藏旅游业发展的战略规划。代表性的有北京清华城市规划设计研究所编制的《西藏自治区旅游发展总体规划（2005—2020）》、北京巅峰智业旅游文化创意股份有限公司编制的《西藏建设重要的世界旅游目的地中长期规划》等。此外，各地区也都编制了区域旅游发展总体规划及各种特色旅游开发建设规划，上述规划的编制对西藏旅游的产品开发、人才培养、交通建设等各个方面都提供了有价值的参考。但由于规划的编制单位及主要参与人员都是自治区外的专家学者，在有限的调研时间内，无法对西藏本身的旅游业发展实际有着很深的理解，且也无法保持对西藏旅游业的长期关注，导致规划内容的某些方面与实际发展有着较大的出入。例如，完成于 2005 年的《西藏自治区旅游发展总体规划（2005—2020）》，按照规划，预计 2010 年入境游客达 28 万人次，国内游客达 220 万人次，旅游总收入达 40 亿元；预计 2020 年入境游客 112 万人次，国内游客 905 万人次，旅游总收入达 228 亿元。这与西藏旅游业发展的实际指标相差太远，仅 2013 年，全区接待国内游客人次已经达到了 1 268.74 万。以这样的规划建设的西藏旅游基础设施无疑会极大制约西藏旅游业的发展。

通过开展旅游业，增加西藏农牧民收入也是自治区政府一直以来都十分重视的决策。2002 年，自治区旅游局起草了《关于扶持和鼓励农牧民群众开展旅游服务增加收入的指导意见（试行）》，并且积极开展"送文件（政策）下乡，送技术、资金、物资下乡，送旅游策划下乡"为主要内容的旅游支农"三下乡"活动。对乡村旅游的扶持，极大地改变了西藏的乡村面貌。据相关统计，2013 年，全区约有 1.3 万户、5.3 万农牧民从事旅游接待服务，实现户均收入 2.5 万元，人均收入近 6 000 元。并且在世界旅游目的地建设过程中，乡村旅游仍将是西藏旅游业发展的重中之重。

3.2.7　旅游人才培养状况

人才培养是西藏旅游业发展的基本保障。由于历史原因，教育水平低一直都是西藏社会经济发展的重要制约因素，反映在旅游学科教育中更是如此。直到 1996 年，西藏大学才设置了旅游（酒店）管理专业。1999 年，西藏自治区的另一所主要高校西藏民族学院也开始开设旅游管理专业。上述是西藏旅游业高等人才培养的开始，而在这之前，基本局限于高中及中专以下层次。根据《中国旅游统计年鉴》的数据，西藏的旅游专业人才培养的数量如表 3-3 所示。需要指出的是，目前西藏旅游教育还停留在本科教学层次，研究生教育仍为空白，因此，学科发展仍需要自治区政府的大力扶持，才能适应世界旅游目的地建设的需要。

表 3-3　西藏旅游专业人才培养

年份	院校总数/所	高等院校/所	中等职校/所	学生数/个	高等院校人数/个	中等职校人数/个
2012	3	3	0	945	945	0
2011	3	3	0	1 069	1 069	0
2010	2	2	0	485	485	0
2009	4	4	0	1 800	1 800	0
2008	3	2	1	380	250	130
2007	1	1	0	563	563	0
2006	1	1	0	527	527	0
2005	1	1	0	586	586	0
2004	2	2	0	740	740	740
2003						
2002	2	2	0	175	175	0
2001	1	1	0	250	250	0
2000	2	1	1	195	95	100

资料来源:《中国旅游统计年鉴（2001—2013）》,其中 2003 年的相关数据缺失

　　除了区内人才的培养,旅游人才援藏工作也为西藏旅游业的发展做出了较大的贡献。尤其导游援藏工作得到了中央和自治区各级政府的大力支持,2004 年,胡锦涛总书记还专门就导游援藏及旅游人才援藏工作做过批示。目前,西藏自治区每年两次定期地举办导游人员资格考试工作,源源不断地为区内选拔优秀的导游人员。除了加强导游工作的扶持,自治区旅游局和西藏自治区人民政府国有资产监督管理委员会（简称西藏国资委）还经常在区内外组织一些旅游企业管理人员和旅游行政管理人员的培训工作,提高旅游企业的经营管理和政府官员的行政服务能力。

　　尽管以上旅游服务人才的培养规模和层次还处于相对较低的水平,但自治区政府及相关企事业单位已经将其作为重要工作纳入日常管理。本小节认为,长期以来受到忽视的是西藏旅游学科专业技术人员的培养和扶持。科学研究工作是社会经济得以发展的智力支撑,而西藏的本土学者在旅游业发展和重要决策中难以发出自己的声音。"外来的和尚会念经"在西藏旅游决策中尤其严重。特别强调的是,近些年西藏的本土学者在西藏旅游的相关研究中也取得了较为丰富的成果,每年的国家自然科学基金和国家社会科学基金项目中都有着本土学者的身影,并且在国内的一些著名期刊中发表论文的西藏旅游学者也日渐增多。这就要求管理部门能够认识到本土人才的重要性,加强对自身人才的培养和扶持,内培外引,才能够为更科学的管理决策提供智力支持。

3.2.8 旅游交流发展状况

旅游产业的开放性特征决定了旅游业发展过程中对外交流的重要性。一方面，对外交流有利于区域内旅游产品的促销、旅游形象和品牌知名度的提升；另一方面，也可以通过交流的方式，引进外部的先进管理理念、创新意识乃至高层次人才，促进区内旅游业的发展。21世纪以来，西藏自治区政府和旅游行政管理部门多次组织相关企事业单位，参与国内外旅游交易博览会、相关经贸洽谈会，或者在海内外重要客源地举办西藏旅游专场促销活动，并且在国内主要客源地设立办事处，有效地扩展了西藏旅游市场。尤其在2001年的尼泊尔"皇室惨案"、美国"9·11"恐怖袭击事件、2003年"非典"事件等重大危机事件后，自治区积极组织、协调各方力量，赴各地参与旅游宣传促销活动，邀请中央媒体入藏进行西藏旅游专题采访报道，最大限度地降低危机事件对国内旅游市场的影响，并有效促进旅游事业的恢复。

Web 2.0时代的到来，旅游电子商务、旅游电子政务等也成为西藏旅游对外交流的重要手段。2000年，西藏自治区旅游局制作的西藏旅游网（http://www.tibettour.org）正式开通［后发展成包括旅游资讯、电子政务、旅游商务为一体的综合性网站——西藏旅游信息网（http://www.xzta.gov.cn/index.html）］，此后，中国西藏旅游网（http://www.tibetcn.com/）、阿里旅游政务网（http://www.ally.gov.cn/）、拉萨旅游网（http://lasatour.com/）等相继上线。此外，各种非政府组织的民间西藏旅游论坛，如大美西藏论坛（http://www.meizang.net/）、藏迷公社论坛（http://bbs.179xizang.com/）、途牛旅游网西藏旅游论坛（http://bbs.tuniu.com/forum-245-0.html）、西藏印象论坛（http://www.8844bbs.com/forum.php）等国内几个较大的西藏在线旅游社区也成为外部市场了解西藏旅游的重要渠道。

旅游业的迅速发展给西藏的社会经济各个方面都带来了巨大的影响，21世纪，西藏正以全新的面貌呈现在国内外旅游者面前。上述内容对西藏21世纪十余年来旅游业的发展做了较为全面的梳理和论述，在感叹西藏旅游业取得巨大成就的同时，其发展过程中所凸显的主要问题及建设世界重要旅游目的地的战略需求都对未来西藏旅游业的可持续发展提出了新的更高要求。

3.3 西藏旅游可持续发展系统结构分析

已有的研究表明，区域旅游可持续发展有着大量的影响因素，这从旅游可持续发展能力评价指标体系中可以得到充分的证明。很明显，众多评价指标也成为区域旅游可持续发展系统的构成要素。因此，这里很有必要回顾关于旅游可持续发展评价指标的相关研究成果。只有这样，才能在此基础上，结合西藏旅游业发展的实际，对西藏旅游可持续发展的结构进行科学的分析。区域旅游可持续发展评价指标体系的构建及其应用研究是旅游可持续发展研究的一个重要实践方面。旅游可持续发展思想提出不久，Garrod 和 Fyall（1998）就提出，应该把研究重心从旅游可持续发展的定义转移到旅游可持续发展的实践上来，并建立了一个测量可持续旅游的框架。接着，Miller（2001）研究了消费者压力在可持续评估指标中的作用，突出了消费者的重要性。Tepelus 和 Cordoba（2005）认为可持续旅游评价指标中除通常的环境绩效指标，旅游者行为的文化、经济和社会影响也应一并纳入。其后，Ko（2005）、Tsaur 等（2006）、Northcote 和 Macbeth（2006）、Castellani 和 Sala（2010）、Blancas 等（2010）、Li 和 Hou（2011）、Pérez 等（2013）、Cernat 和 Gourdon（2012）等学者的研究基本上都将经济、环境、社会这三个维度包容到旅游可持续发展评价指标体系中。在国内，王良健（2001）提出了较为完整的旅游可持续发展评价指标体系，也为后来众多国内学者们所遵循。但区别在于，随着研究的开展，不同学者基于不同的研究目的及不同认识深度和广度，在体系的构建上有所不同。例如，牛亚菲（2002）从旅游经济指标、旅游业基础资源指标、社会经济支撑指标和环境质量指标四个方面构建；王昕和高彦淳（2008）从旅游资源与环境指标系统、旅游市场影响指标系统、辅助条件指标系统、发展支持保障指标系统和社会与经济协调指标系统五个方面构建；殷平和马忠玉（2009）将王良建（2001）的 34 个指标整理成 31 个用于北京市旅游可持续发展能力评价；陈文捷等（2011）从经济子系统、社会子系统、旅游子系统、环境子系统四个方面构建；段兆雯和王兴中（2012）从旅游区资源类型与景观结构、自然环境结构现状与旅游环境容量及客源目标市场与地域吸引范围等方面构建；毕晋锋（2012）从资源、设施、管理、环境、社会和经济六个方面分别构建了区域旅游可持续发展能力评价指标体系。此外，田里（2007）按照影响并约束区域旅游可持续发展因素的层次关系，将区域旅游可持续发展评价指标分三个体系，即基础体系、协调体系和潜力体系，并应用这一模型对云南省的三个主要旅游目的地大理、丽江、西双版纳的旅游可持续发展状态和所处阶段进行量化评估分析。

　　旅游地可持续发展评价指标体系的研究，为分析区域旅游可持续发展系统的结构奠定了良好的框架基础。由于各评价指标都对区域旅游可持续发展能力有着较大的影响，因此，也可以将其理解成影响区域旅游可持续发展系统运营状态的关键要素，并且各要素之间明显地存在着一定的相互关系。而这种关系的动态变化促进了区域可持续旅游系统的发展，这也是 SD 思想的精粹所在。根据已有的国内外研究成果，旅游地可持续发展指标体系基本可以概括为表 3-4 的内容。（之所以用"基本可以概括"，是因为不同的研究由于研究对象和目的的不同，指标体系之间有着一定的出入，而表 3-4 选用的是众多学者在各自研究中都基本认同的指标。）大部分学者认为，旅游可持续发展指标系统由经济、社会和环境三个子系统构成，经济子系统涉及的指标主要体现在对当地的经济影响方面，社会子系统涉及的指标主要体现在对当地社会影响方面，而环境子系统涉及的指标则主要体现在对当地的环境影响方面。不同的指标由于属性的不同，对旅游地可持续发展的影响作用也存在差异，但都包含在正作用和负作用范围之内。某些特殊的指标可能会在一定的阈值范围内产生正（负）作用，而超出这个阈值则发挥负（正）作用。这在以后的 SD 模型关于各变量之间数理关系的研究中会有相应的分析。

表 3-4　旅游地旅游可持续发展评价指标体系

维度	指标	影响
社会	居民对旅游业发展提高道路及相关基础设施建设的认知	正
	居民对提升当地公共服务水平的认知	正
	旅游者占当地人口的比例	负
	居民对旅游业给当地生活方式带来不良影响的认知	负
	居民对旅游业防止当地年轻人离开的认知	正
	当地的旅游就业人数	正
	旅游部门中的女性就业百分比	正
	在旅游部门工作的当地人口的百分比	正
	居民对生活质量受益于旅游业发展的认知	正
	旅游者安全评价	正
	旅游者对公共服务质量的认知	正
经济	对旅游地住宿质量-价格的认知	正
	对旅游业工作人员服务质量的认知	正
	酒店入住率	正
	旅游流量最大月份和最小月份游客人次的比例	负
	平均停留时间	正
	旅游业中季节性雇员的比例	负
	旅游价格	正
	旅游者对可进入性和旅游景区的评价	正
	旅游者人次	正
	旅游收入	正
	目的地盈利能力	正
	平均旅游支出（人次/天）	正
	经济发展目标完成比例	正

续表

维度	指标	影响
环境	旅游者每天能源消费	负
	旅游业中每年可再生资源的能源消费	正
	旅游者每天水消耗量（立方米）	负
	当地居民使用清洁水的比例	正
	旅游业中废水排放量（立方米）	负
	旅游业中固体垃圾的减少量	正
	旅游者对目的地清洁状况的评价	正
	旅游区的面积	正
	每平方千米旅游者数量	负
	文化遗址的使用强度	负
	旅游者对目的地自然资源旅游活动的评价	正
	当地居民对旅游业引起环境退化的认知	负
	当地居民对旅游业引起文化传承发展的认知	正
	旅游者对目的地自然资源和文化遗产保护的认知	正

为了便于研究，本章研究在经济、社会和环境三个子系统的基础上，考虑旅游可持续发展实践的需要，并且突出人口和资源要素对旅游可持续发展的影响，将区域旅游可持续发展系统划分成人口、经济、环境、资源和社会五个子系统。这在 Tsaur 等（2006）、Sharpley（2009）、Blancas 等（2010）、Pérez 等（2013）的研究中也有体现。其中人口从社会子系统中分离出，资源从环境子系统中分离出。可持续旅游发展的实质就是要促进这五个子系统的协调发展（Bramwell and Lane，2013；Edgell，2006；Liu，2003；章杰宽，2011）。人口、经济、环境、资源和社会这五个要素之间相互作用、相互联系形成了一个复杂的体系，从系统论的观点来看，这个体系构成了一个系统，从可持续发展的角度，就是所谓的旅游可持续发展系统[①]。旅游可持续发展系统不仅具有一般系统的特征，而且系统内部结构及子系统之间相互作用机制也比一般系统要复杂得多。系统的可持续发展不仅依赖于其各子系统内部的协调发展，更取决于各子系统之间的协调程度（曾嵘等，2000）。下文就从这五个方面分别论述各子系统的内部结构特征。在论述之前，有必要将表 3-4 所示的区域旅游可持续发展评价指标体系根据西藏旅游业发展的实践做重新的整合和分离。

根据《西藏自治区旅游发展总体规划 2005—2020》中对旅游发展目标的确定

---

① 旅游可持续发展系统指的是包含影响区域旅游可持续发展的要素的系统，旅游可持续发展系统并不意味着该系统是可持续发展的，只有在各要素有效协调的基础上，才能达到可持续发展的目的。因此，文章提出的旅游可持续发展系统与旅游系统的可持续发展是两个不同的概念。

及《西藏自治区"十二五"时期国民经济和社会发展规划纲要》的相关预期，根据综合性、可衡量性、可获得性（Manning，1999；Miller，2001；Medina，2005；Schianetz and Kavanagh，2008）等一般性原则加上独立性、动态性、边界性和独特性等特殊性原则，来确定西藏旅游可持续发展的评价指标，要求这些指标对于西藏旅游业的管理决策具有重要的参考价值。

（1）综合性原则。在已有的研究中，旅游可持续发展系统包含人口、经济、环境、资源和社会等要素，旅游业可持续发展的本质就在于促进这些要素之间的协调发展。因此，旅游可持续发展的评价指标是一个综合性系统。本节研究中将其分为五个子系统，即经济子系统、社会子系统、环境子系统、人口子系统和资源子系统，且在每个子系统里都有若干个代表性指标。

（2）可衡量性原则。旅游可持续发展的评价指标必须是定量的，或者是可以通过定量方法转换成定量指标的定性指标。因为只有这样才可以用定量的方法对区域可持续性进行评价。例如，旅游地文化是一个非常有价值并且对于目的的可持续旅游具有重要作用的因素（George and Reid，2005），但是文化变迁及影响作用在可持续旅游中是很难去定量处理的。基于这样的考虑，本节在关于西藏可持续旅游的评价指标中就没有纳入文化指标。

（3）可获得性原则。西藏的旅游统计体系仅限于游客人次和旅游收入层次，并且由于区域广阔的土地面积及大量分散的旅游现象，导致有些影响旅游可持续发展的指标是很难去获取的。而出于研究的考虑，研究中所包括的指标必须是可以获取的，无论是通过文献分析还是实地调研或者其他的技术方法。例如，虽然危机事件对于西藏旅游业发展而言具有重大影响，但由于很难对危机事件进行预测，则危机事件指标是难以获取的，就很难将其纳入 SD 模型。

（4）独立性原则。虽然完全相互独立的指标在可持续发展中是不存在的（Hak et al.，2012），但至少在选取的指标中彼此之间应该弱相关。已有的研究中，尤其是线性评价中，指标体系之间的关联太过密切，而导致模型运用的局限性较大。在选择指标的过程中，应充分考虑这一点，不同指标之间尽量具有较大的独立性。

（5）动态性原则。区域旅游可持续发展指标要对社会生态环境的变化表现出一定的敏感性，否则难以反映旅游可持续发展能力的动态变化。一些指标，如旅游地面积（Pérez et al.，2013），虽然会限制旅游地的可持续性，但它在旅游地可持续旅游的动态变化和决策中并不能发挥效用，因此，这些指标也被排除在外。

（6）边界性原则。本节选取的评价指标局限在旅游系统内，而不是无限扩大，针对已有的研究中涉及的能源消费、通信、金融等指标，本节的研究并不纳入。但旅游可持续发展系统作为一个开放的社会经济系统，其运行会很明显地受到这些因素的影响，这个问题会在决策分析中加以提及。

（7）独特性原则。相比其他的旅游目的地，西藏旅游业有着较多的特殊之处。

季节性差异、可进入性、教育水平等都严重地制约着西藏旅游业的发展，因此，本章研究将季节性差异、可进入性、创新能力等指标都纳入西藏旅游可持续发展能力的评价系统中。

　　根据以上的标准，本章研究确定西藏旅游可持续发展能力的 13 个评价指标。为了确认这 13 个指标的可靠性，本章研究参考 Gain 和 Giupponi（2015）的研究，将这 13 个指标向西藏旅游可持续发展的利益相关者群体进行求证。利益相关者群体包括旅游研究专家、旅游企业人员、决策制定者和当地居民。结果表明本章研究确定的 13 个指标具有较高的代表性，可以很大程度上反映西藏旅游的可持续发展状况。并且在西藏旅游可持续发展中，经常会有一些突出的问题和劣势需要去面对，典型的，如居民的态度、环境衰退和资源消耗、旅游创新能力弱、气候环境和交通问题等（陈立健和王珂，2005；柳应华等，2011；章杰宽，2015）。本章选定的 13 个指标与这些问题都有着密切的关系，因此，综上分析，我们认为这些指标对于评价西藏的旅游可持续发展能力是能够胜任的，结果如表 3-5 所示。

表 3-5　西藏旅游可持续发展评价指标系统

	子系统	指标	指标说明
西藏自治区旅游地可持续发展评价指标系统	人口	居民旅游认知度	对西藏旅游发展的总体认知态度，包括对旅游业环境影响的认知、对旅游增加就业的认知、对旅游业提高收入水平的认知、对旅游业发展冲击正常生活秩序的认知等方面
		旅游拥挤指数	反映旅游业发展的社会心理容量
		季节性差异	淡旺季旅游流量的差异
	经济	旅游收入	旅游对当地经济发展的直接效益
		旅游企业固定资产总额	随着旅游业发展，旅游企业规模也呈增加趋势，最直观的就是固定资产总额的增加
		旅游从业人口	旅游业发展对当地就业的影响
		游客人次	全年接待的游客人次
	环境	污染存量	西藏每年的污染物排放，包含旅游业引起的污染物排放
	资源	旅游资源存量	旅游资源总量及旅游业发展对旅游资源的影响
	社会	旅游创新能力	旅游产业产品创新及相关科学研究能力的体现，对当下西藏旅游发展非常重要
		公路里程	旅游业相关的内部道路基础设施建设，有利于游客的区域内分流
		公共服务投资	旅游业相关的公共服务投资建设
		可进入性	游客进出西藏的交通建设状况

　　由此，本部分分别从人口、经济、环境、资源和社会五个方面论述西藏旅游可持续发展系统的内部结构。作为开放的复杂巨系统，影响旅游可持续发展系统协调发展的因素是十分复杂的。尽管如此，搞清楚系统内各子系统之间的相互作用是认识旅游可持续发展系统并促进其可持续发展的基本前提。深入分

析它们之间的内在关联，探讨整个系统协调发展的机制，对了解旅游可持续发展系统的演进过程，发挥调控政策的作用具有重要意义。系统的基本结构是进行西藏自治区旅游可持续发展系统研究的基础，章杰宽（2011）的研究是对西藏旅游可持续系统的首次较为全面的分析，但由于作者的研究前提更多的是基于对西藏旅游可持续发展系统的感性认知，因此，在系统构成要素及结构的认定方面仍然落于窠臼，针对性不足。2012 年 7~8 月及 2003 年，笔者深入西藏旅游市场，进行了深入细致的调研，调研范围包括了当前西藏旅游开发较为成熟的拉萨、林芝、山南及日喀则等地区。根据调研结果，以及参考相关学者对可持续旅游发展系统的研究成果，本节认为西藏自治区旅游可持续发展系统拓扑结构如图 3-3 所示。

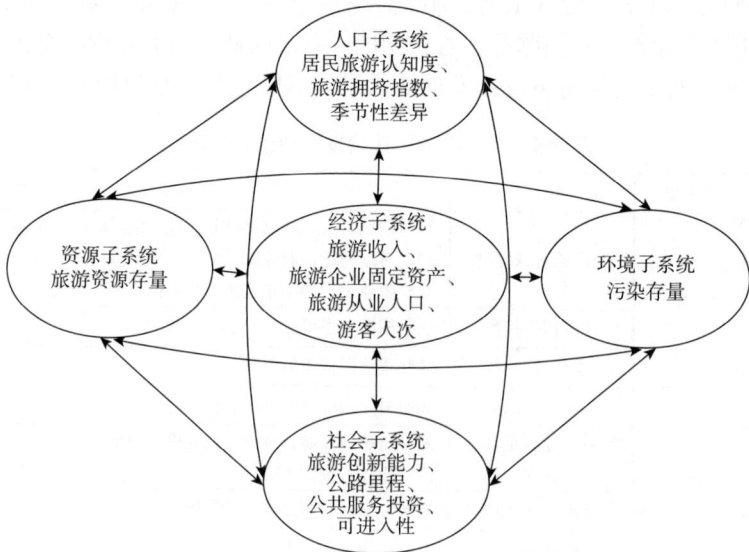

图 3-3　西藏自治区旅游可持续发展系统拓扑结构

3.3.1　人口子系统

人口子系统为旅游业的发展提供一定数量与质量的劳动力，即人力资源，它是旅游业可持续发展的必要与最基本的条件，尤其在当今人才竞争日益激烈的背景下，掌握一定科学技术与服务技能的劳动力是实现旅游可持续发展的根本动力。但人是具有自然属性的，即人的动物本性。作为人来说，从出生、成长、繁殖、衰落直到死亡的过程，都持续地需要生存空间与物质支持，从而形成了对环境系统与资源系统的巨大依赖。体现在旅游可持续发展系统中，人们总是试图通过对旅游资源和旅游环境的附加行为来谋取更多的经济利益，从而造成对旅游地环境与资源的消费。一方面，人们向自然界排放污物，过度地开发利用旅游资源，但由于大部分旅游资源是不可再生的，因此，人们的这种行为对环境系统与资源系统造成一定的危害，甚至有时候这种危害是非常严重的。另一方面，受可持续发展理念的影响，人们又会或多或少地对资源和环境进行保护。无论是开发还是保护，都会对整个可持续旅游系统造成一定的影响。在旅游业发展中，居民是可持续旅游发展的重要利益相关群体，同时，游客行为特征及其与当地居民的关系也会影响区域旅游可持续发展水平。此外，人在具有自然属性的同时也具有社会属性，人在成长过程中，需要社会服务、对外交往、商品消费及各种政策调控等，而社会与经济子系统在旅游可持续发展系统中充当了这样的角色，如图 3-4 所示。

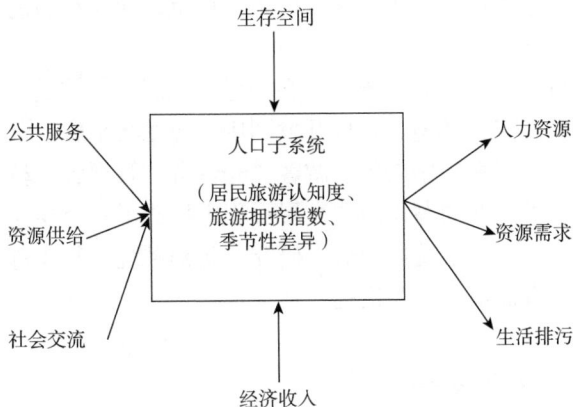

图 3-4　人口子系统的输入和输出

对西藏自治区而言，由于其独特的生态环境，工矿企业等吸纳较多就业的行业部门在区域内的发展受到很大的限制，并且相对封闭的自然环境也限制了内部人群与外部群体的各种交流。而依托高品级的旅游资源，劳动密集型特征明显、人际交流频繁的旅游产业的发展就得到了更多的重视。尤其在传统农牧业的背景下，发展旅游业，使农村劳动力在小地域范围内有步骤地从农业生产中转移出来，成为西藏农村劳动力实现转移的一个重要而有效的途径（安平，2010），这样就使得相当一部分居民转变成了旅游经营者。据统计，2010 年西藏每 15 个就业人员中，就有一个从事与旅游直接相关的工作（张阿兰等，2012）。并且，发展旅游业也成为西藏产业结构优化的重要举措，旅游经济的发展也成为很多地区的主要或重要扶贫手段，其对于提高当地居民收入，增强与外界的交流具有重要的促进作用。

但在积极参与旅游业的同时，资金与技能的缺乏、语言障碍及对当地政府对居民参与旅游开发态度的缺乏信心（Tang et al., 2012），却使得西藏自治区居民的旅游业参与大都处于低层次阶段，并且往往导致他们与游客矛盾冲突的发生。调研结果显示，目前西藏居民的旅游业参与方式，基本表现为提供藏族特色住宿餐饮、表演藏族歌曲和销售旅游商品等几个方面，在这种情况下，参与人员需要相关技能的培训和政府政策的支持，尤其是基础设施建设方面资金的扶持。尽管传统的西藏文化追求人与自然的和谐统一，造就了无数神山圣湖等风景名胜，但是在旅游经济大潮之下，很多居民往往缺乏基本的环境与资源保护意识，导致某些自发的旅游开发中存在着一定的资源与环境破坏行为，这点在外来从业人口中表现得尤为突出。通过对西藏自治区外来旅游就业人员的观察和访谈，有相当一部分人对西藏资源和环境的破坏持较为淡薄的态度，他们只是把西藏旅游业当成自身谋生的工具。这也需要相应的法规政策的规范，而这在当前西藏旅游业发展中却是较为薄弱的环节。

因此，在旅游可持续发展系统中，必须考虑控制人口数量、提高人口素质、转变人们传统观念，保护环境、合理开发利用资源尤其是旅游资源，提升旅游服务意识。此外，人口子系统中居民、游客、经营者、管理者、教育科研人员及非政府组织等利益相关者在西藏旅游业发展过程中构成了一个相互关联并博弈进化的动态系统，对于这样的系统如何进行研究，认知系统的基本特征及演化过程就成为摆在科研工作者面前的重要论题。

3.3.2   经济子系统

不可否认，通过发展旅游业增加当地收入是任何一个旅游地得以开展的根本动力。因此，经济子系统是旅游可持续发展系统的中心环节，对增加旅游地的经济收入，提高旅游地人们生活水平具有显著的作用。正如前文所述，旅游业的可持续发展，就是要使经济在人口、社会、资源与环境四个约束条件下持久、协调、健康的发展。

图 3-5 呈现的经济子系统与其他各要素之间的逻辑关系。经济子系统的发展需要基础设施、科学技术、人力资源、资源供给、环境空间、外部资金、公共服务与管理的输入。基础设施、科学技术、公共服务与管理都来源于社会子系统，自然资源来源于资源子系统，空间环境来源于环境子系统，人力资源来源于人口与社会子系统。以上的要素投入是一个地区发展旅游经济的前提条件，也是将来实现旅游经济跨越式发展的推动力。

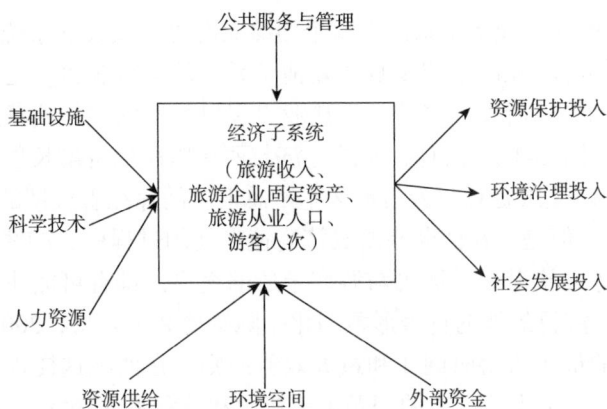

图 3-5　经济子系统的输入和输出

此外，经济子系统以其创造的巨大经济效益，为资源及旅游资源的开发利用、环境治理、教育科研、基础设施建设等提供大量的资金投入。经济子系统通过物质和资金的支持，促进社会子系统结构的完善，从而发挥更大的功能，如发展教育、促进科研、提高人口素质。经济子系统对环境子系统的稳定也做出了巨大贡献，尤其对以旅游业作为支柱产业的地区，发展旅游业的同时可以大大降低对环境的破坏，还可以为环境治理提供资金。发展旅游业，可以有效降低对本地自然资源的损耗，与此同时，可以投入更多的资金购买外部资源，减轻资源子系统的压力。对人口子系统而言，经济子系统可以提高人们生活水平，可以开拓人们眼界，可以促进旅游地居民的对外交流等，提升人口子系统的竞争力。因此，经济子系统通过对其他四个子系统的作用力，促进了这四个子系统的发展，反过来，发展了的四个子系统又通过自身的方式推动经济子系统的进步，从而达到系统的可持续发展。

当然，经济子系统与上述四个子系统之间也存在着矛盾，也可以形成恶性循环，从而遏制旅游可持续发展系统的发展。例如，旅游业的深度开发，过度追求经济效益，加大对旅游资源的开发利用，会对当地的资源与环境造成破坏；游客的大量涌入，会冲击当地居民的正常生活，削弱当地的传统文化，造成污染环境、消耗资源等。这些在旅游业发展中都有着很多现实的案例，需要去重视。因此，有效地规避经济子系统与其他子系统之间的矛盾，促进各子系统之间的协调发展，最终实现经济效益、社会效益与环境效益的统一，是实现系统可持续发展的必由之路。

由于历史原因和长期较为封闭的地理环境，西藏自治区一直以来都是我国经济发展水平较为落后的地区。因此，无论如何强调环境与资源保护的重要性，在市场经济条件下，无可否认，经济利益都是驱动旅游产业在西藏迅速发展的第一源动力①。因此，经济子系统在整个西藏旅游可持续发展系统中居于核心地位，其内部结构与功能决定或影响着其他子系统的运行态势，是西藏旅游可持续发展的核心动力。所以，当前一直让业界引以为傲的就是西藏旅游收入的指数型增长态势（图 3-1）。而且，旅游经济与西藏国民经济增长也有着重要的关联，研究显示，西藏旅游总收入与地区生产总值之间存在着长期的因果关系（钟高峥等，2012）。但是，在西藏旅游经济高速发展的过程中，游客的大量涌入、相应的配套服务设施滞后、居民与游客矛盾的突显，都有可能使西藏旅游产品吸引力减弱，旅游目的地的符号形象弱化（陈娅玲和孟来果，2007）。而且，旅游开发中存在的最小旅游时间比和最大效益原则，在西藏这样幅员辽阔的旅游目的地反而成了一个十分突出的问题（王亚欣和曹利平，2009）。还有，在对拉萨旅游生态足迹的计算过程中，张约翰等（2010）认为拉萨的旅游产业发展十分不均衡，旅游产业中娱乐、购物等高生态效率组别比重过低，基础物质消费项目过多。调研结果也显示，这种现象不仅存在于拉萨旅游产业中，也是整个西藏旅游产业的共性。

在这种情形下，经济子系统中旅游企业的作用显得至为关键。如何去满足游客的期望，合理利用旅游资源，优化旅游产品的空间布局和地域组合，加快传统旅游产品升级，培育高品质、高附加值的旅游产品是未来旅游企业及相关部门应重点考虑的问题。相关学者，如陈丹（2012）对西藏旅游发展过程中藏族传统民族手工业的研究、姬梅和朱普选（2010）对西藏非物质文化遗产旅游产品化模式的研究，都给西藏旅游产品的更新升级提供了一定的参考。当然无论是针对怎样的产品设计，都需要相应的管理体制及人才培养作为支撑，这也是西藏旅游产品升级过程中急需解决的问题。因此，产品的优化升级、游客行为的规范及满意度的提高、旅游企业的经营行为等都需要资源子系统、环境子系统、社会子系统和人口子系统的积极支持。

3.3.3　环境子系统

环境是各种生物存在和发展的空间，是资源的载体，是人们的生存空间。环境质量水平直接关系到人类的生活条件和身体健康，影响资源的存量水平和质量水平，关乎社会的正常发展，也是旅游业健康稳定发展的基础。

由图 3-6 可知，环境子系统的输出功能主要体现在两个方面，一方面为经济、人口、社会、资源子系统提供空间支持，另一方面要承纳经济、人口、社

---

① 这个也许与当前政府的相关政策相左，但我们在对西藏旅游市场进行调研的过程中，当地居民及从业人员最为关注的就是期望通过发展旅游业提升自身的经济条件，这也是吸引他们成为旅游从业人员的最根本原因。

会、资源子系统所排放的污染物。在旅游业发展过程中，大量游客的进入，给旅游地环境带来一定的影响，主要表现为游客及旅游从业人员的生活垃圾，在很多地区甚至已经严重影响了景区的正常运营。当环境污染超出环境承载力与恢复力时，会使旅游地环境逐渐恶化，因此，为了旅游可持续发展系统的持续发展，除了规范人们行为、转变观念之外，必须加强环境治理工作，这尤其需要科学技术进步与大量的资金投入。需要指出的是，这里所指的环境除了指旅游业的环境影响之外，整个旅游地的环境变化都会对旅游业的可持续发展造成一定的影响。因此，在研究环境子系统的时候，必须将其置于整个区域环境的框架之下。

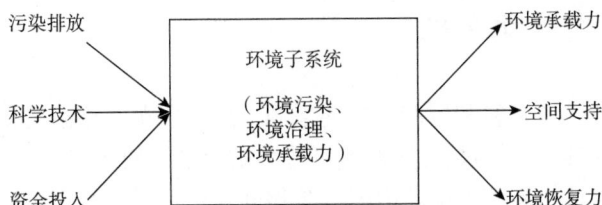

图 3-6 环境子系统的输入和输出

环境子系统对区域旅游可持续发展系统而言主要起着空间支持作用。环境子系统一方面通过自身的改变影响着其他子系统乃至整个可持续发展系统的运行，另一方面也承担者其他子系统带来的各种环境保护与破坏的结果，依靠自身的净化功能来吸收污染物。作为特殊的高原生态旅游目的地，西藏的生态环境一直以来都受到足够的重视。钟祥浩等（2010）的研究认为，西藏生态环境脆弱度在中度以上（含中度）的区域面积达西藏面积的 86.11%，其中极度脆弱和高度脆弱占中度脆弱以上面积的 65.14%，在生态安全方面，目前处于不安全和较不安全状态区域面积占西藏面积的 48.10%。正是由于西藏脆弱的生态环境，孙鸿烈先生在接受媒体采访时就表示："西藏的生态一旦破坏的话，几乎是不可逆转的。"在提到西藏旅游开发时，他也强调："……西藏的旅游，……应该有一个明确的规划。在制定规划的过程中，应该有环境和生态研究方面的专家，明确各个领域的环境问题，采取相应的具体措施。"

因此，在环境子系统中，测算环境容量，控制旅游污染排污并加大污染治理投入是西藏旅游业发展中必须要直面的问题，但由于西藏地域辽阔，不同区域的生态环境有着巨大的差异。例如，林芝地区森林覆盖率较大，具有较高的环境容量和较好的可持续发展状态，而前文提及的生态环境高度和极度脆弱区则主要分布于羌塘高原和藏东及藏东南的高山峡谷区；虽然张约翰等（2010）的研究认为拉萨市人均生态承载力是城市人均旅游生态足迹的 7.6 倍，并认为拉萨的旅游业处于可持续发展态势。但值得注意的是，作为特殊的高原生态城市，城市人均旅游生态足迹的参考意义并不大，正如孙鸿烈先生所强调的，西藏的生态环境一经破坏，很难逆转。因此，为了环境子系统的可持续发展，社会子系统必须有相关的政策法规与之配套，并且要政策先行。此外，环境意识在人口子系统中的普及也刻不容缓。需要强调的是，西藏旅游可持续发展系统中的环境子系统和经济子系统之间的对立关系也需要更深入的研究。任何地区的环境都有一个承载力，如果将旅游经济发展的影响控制在西藏环境承载力范围内，则通常认为这种发展是可持续的。因此，环境保护在西藏尽管是一条不可逾越的红线，但是也绝不能采取所谓的"一票否决制"，这也不是我们要建立重要的世界旅游目的地的初衷。

3.3.4　资源子系统

资源是人类生活资料和生产资料的来源，旅游资源是旅游可持续发展系统得以发展的物质基础①。因为是关于西藏可持续旅游系统的研究，因此，文中的资源如非特别说明都特指旅游资源。由图 3-7 得知，资源子系统在旅游可持续发展系统发展过程中，持续不断地向其他几个子系统输出资源，从而推动其他几个子系统不断地向前发展。但资源的持续输出会导致资源存量的减少，尤其是那些不可再生资源。在旅游开发中，相当一部分旅游资源是属于不可再生资源，一旦破坏就永远失去。当然，对资源的保护可以通过输入其他几个系统的主要功能来实现，如依靠经济子系统的资金、社会子系统的科技进步、合理的开发利用、寻找新的旅游资源等。

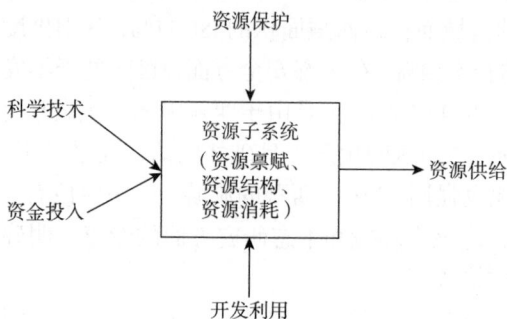

图 3-7　资源子系统的输入和输出

当然旅游资源的损耗是客观存在的。这一方面是不合理的旅游开发导致的，另一方面，自然灾害及一些自然界的物理作用也会对旅游资源造成一定的破坏，尤其是一些物质资源。因此，在旅游发展中，必须考虑到旅游地资源的承载能力，

---

① 当然，一些非物质性旅游资源同样是旅游业得以持续发展的重要基础。尤其像西藏这样的旅游欠发达地区，深厚的文化底蕴是实现西藏旅游业持续、高速发展的重要推动力，具有非常大的发展潜力。

合理利用旅游资源与其他资源，提高资源利用率，还要从各个方面做到对资源的科学保护，才能保证资源子系统与其他子系统的协调发展。

关于西藏旅游资源的品级和特征已有众多的科普性乃至研究性文章提及，这里只是做一简单陈述。"地球第三极""人间净土""雪域佛国"等构成了普通游客对西藏旅游资源的直观认识。世界上海拔最高的大湖——纳木错，世界上最高的宫殿——布达拉宫，世界上最大的峡谷——雅鲁藏布大峡谷，世界最清澈的湖泊之一——玛旁雍错，世界上最大的佛教寺庙之一——哲蚌寺，等等，再加上神秘无比的藏传佛教文化，无一不表明西藏自治区是我国乃至全球旅游资源禀赋最为丰富的旅游目的地。所以，西藏这样的旅游目的地才能成为全世界游客所向往的圣地，同样的，国内旅游市场的发展速度更是超出学界和业界的预测。

旅游资源是一个地区发展旅游业的基本前提，正是如此众多的高品级及垄断性旅游资源才有了当下西藏旅游业的飞速发展，同时，这些资源也是西藏建设成为重要乃至一流的世界旅游目的地的基础。然而，在旅游系统中，所要考虑的是如何通过保障旅游资源的可持续存在与发展来推动西藏旅游业的可持续发展。而在全球气候变迁及人为因素的影响下，西藏旅游资源面临的形势也日益严峻，据骆高远和唐兰兰（2008）的研究，都市化带来的污染和酸雨使西藏城内的古建筑受到一定的破坏。而在调研过程中，笔者也发现不协调的基础设施建设、过浓的商业化气氛使西藏的自然和人文景观遭到不同程度的破坏，如在纳木错和雅鲁藏布大峡谷都可以看到不同程度的污水乱排现象。此外，地理环境、交通条件、社会经济水平等对边远地区某些特色旅游资源开发也有一定影响，如西藏的温泉旅游资源和阿里神山圣湖（冈仁波齐峰和玛旁雍错及其周边地区）旅游景区的开发等。西藏温泉旅游资源主要分布在东部的昌都地区和南部的日喀则地区，由于区位偏远，在当前开发中仍属于刚起步的状态。而阿里虽然有世界级的神山圣湖，但地处高海拔（平均 4 500 米以上，处于西藏高原的高原）、位置偏远（距离西藏自治区首府拉萨 1 200 千米以上，车程 2~3 天），导致能够进入的游客数量很少。此外，宗教民族问题对藏传佛教文化旅游资源的和平开发的影响，也使西藏旅游业发展的可持续性受到一定限制。上述分布于不同子系统的因素，都会影响西藏旅游资源的可持续开发。

因此，针对以上分析，西藏自治区资源子系统的可持续发展首要依赖社会子系统的有关功能，如基础设施建设、相关政策法规制定、新技术的研发与应用等多个方面。此外，由于旅游资源总是存在于一定的空间环境里，环境子系统也对资源子系统有着巨大的影响，我们有理由相信，西藏生态环境的保护对于西藏旅游资源的可持续开发与保护起着重要的作用，要将"净土"①的理念持久地深入游客心里。而这种开发和保护的实践者当然又要依赖人口子系统和经济子系统。

3.3.5　社会子系统

由图 3-8 可以看出，社会子系统通过提供旅游创新、公路里程、公共服务投资等服务于旅游地旅游可持续发展系统。社会子系统通过基础设施建设向人口与经济子系统提供其发展的物质基础；通过教育、科研等提高人口子系统的人口素质，向经济及其他子系统提供高素质的人才，并把高新技术用于环境保护、资源开发，从而提高环境及资源利用率；通过社会保障解决劳动力的后顾之忧，更好地为其他子系统服务；通过政策体系的设计与实施，如政治权利与利益分配关系的确定来维护自身的稳定，通过人口政策、经济政策、环境政策、资源政策等来调节社会子系统与其他子系统之间的关系。

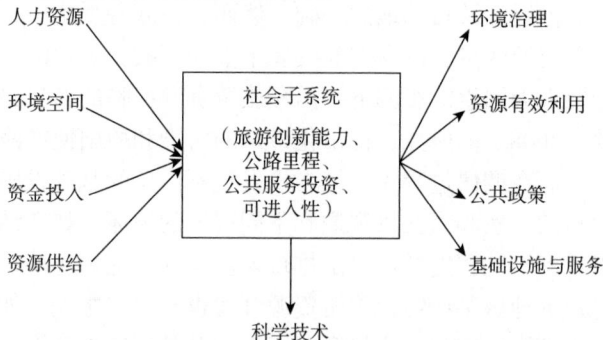

图 3-8　社会子系统的输入和输出

社会子系统的输入包括资金、人口、环境与资源等，它们分别来自经济子系统、人口子系统、环境子系统与资源子系统。概括来说，社会子系统依靠自身的功能为其他子系统的持续发展提供高素质的人才、先进的管理理念、完善的基础设施、良好的社会服务、优良的发展环境及科学的发展政策。

因此，为了维持旅游可持续发展系统的可持续发展，必须充分研究社会子系统的结构与功能，发展生产力，提高科学技术，继续加大旅游基础设施建设，制定一系列人口、环境、资源与经济发展的相关政策。

社会子系统在西藏旅游可持续发展中起着重要的保障作用，通过各种政策法规、发展规划等，对其他四个子系统的旅游企业的经营、旅游规划的制定、

① 我们一直认为，西藏所谓的"净土"不仅仅表现在自然环境上，还根植于人的心灵中。很多游客将西藏奉为"心灵家园"，这就是精神层面的"净土"。

相关法律法规的制定与执行、基础设施建设、公共服务提供、教育科研的投入及各利益关系的协调等多个方面起着促进或者限制的作用。而在社会子系统中，政府管理部门的角色至关重要。西藏自治区旅游业发展是典型的政府主导型发展模式，大部分管理创新、产品创新及营销手段都是采用自上而下的方式。刘小芳（2012）认为，在西藏旅游形象建设方面，必须形成政府主导、企业参与的旅游形象宣传体系，才能真正提高西藏的知名度。王颖（2008）认为，在西藏区域旅游合作、精品旅游建设、旅游产业集群建设方面，政府应当起着主导性的作用。罗华（2012）也指出在西藏旅游业发展过程中，政府主导模式在生态环境保护方面非常必要。因此，像西藏这样的旅游欠发达地区，无论在旅游形象提升、服务水平提高、资源环境保护、区域旅游合作还是在旅游企业与景区农牧民利益协调方面，政府部门都应起着主导性的作用，而这种作用的体现就在于各种政策法规的制定和执行。

　　基础设施建设对西藏旅游业发展的作用也至关重要，如前文所述，"进的来、散的开、出的去"已经成为国内外游客对西藏旅游发展的重要诉求。一直以来，基础设施的不断完善都是西藏旅游业跨越式发展的前提，尤其是 2006 年青藏铁路通车以后，入藏游客的数量呈井喷式发展趋势。因此，在社会子系统方面，应当继续加强基础实施尤其是跟西藏旅游业相关的基础设施建设，其建设主要体现在旅游接待设施和旅游交通两个方面。要使西藏主要旅游景区的接待能力及可进入性有更高的提升，是世界旅游目的地建设中要重点关注的问题。

　　除了政府管理和基础设施建设之外，社会子系统中还有两个角色的作用非常重要，一个是教育科研部门，另一个是一些非政府组织。在人口子系统中，他们都是极为重要的利益相关群体，但他们同时也是社会子系统提供社会保障功能的重要主体。无论是人口子系统中旅游从业人员素质的提高、经济子系统中旅游产品的创新，还是资源与环境两个子系统中的资源与环境保护，都需要相应的教育及科技的进步。因此，社会子系统为西藏旅游可持续发展系统的健康运营提供了必需的高素质人才与相应的科学技术及智力支持，这也极大提高了西藏的旅游创新能力，这在西藏自治区日益加大旅游人才的培养及旅游科研的投入的现状中得到了很好的体现。关于非政府组织，如西藏自治区烹饪餐饮饭店业协会、拉萨旅游行业协会（包含旅行社分会、星级宾馆饭店分会等）等，到目前为止已经对西藏旅游业发展中游客服务水平的提升、资源环境保护意识的普及起了巨大的推动作用。我们有理由相信，在西藏旅游市场日渐成熟以后，非政府组织的作用将会越来越大。

3.4　旅游可持续发展系统的演变

由前文的分析可知，西藏自治区旅游可持续发展系统的各子系统之间存在着相互制约、相互促进的关系。当各子系统之间呈现相互制约关系时，旅游可持续发展系统发展缓慢甚至停滞不前、系统崩溃；当各子系统相互促进时，旅游可持续发展系统达到理想状态，和谐统一，持续发展。根据生命周期理论，任何一个系统的发展都要经历形成、发展、成熟到衰退的发展过程，而对区域可持续旅游系统来说，同样如此。本节就从理论层面来分析西藏旅游可持续发展系统将要经历一个怎样的发展历程，以及在可持续理念的要求下，如何实现系统的可持续发展。

3.4.1　西藏旅游可持续发展系统发展的阶段分析

现代西藏旅游活动的发展包括两个时期。一是 1951 年西藏和平解放到 1979 年西藏自治区旅行游览事业管理局（筹备处）与中国国际旅行社拉萨分社成立间的旅游业萌芽时期。二是 1979 年至今西藏现代旅游产业的大发展时期。

新中国成立初期由于社会经济发展等多种因素的限制，1951~1979 年西藏并没有成立旅行社，但新中国成立后，西藏社会经济、交通及基础设施的大发展为 1979 年后西藏现代旅游业的大发展奠定了良好的物质基础，因此，该时期被称为西藏旅游业的初步发展阶段。该阶段，除了旅行社行业仍是个空白外，在旅游业中起重要作用的交通业、饭店业及其他相关行业都开始逐步发展。

（1）交通业。公路交通方面包括 1954 年青藏公路和康藏公路的先后通车，1957 年新藏公路、1965 年中尼公路、1976 年滇藏公路的建成。航空交通方面，由于海拔高，气候恶劣，西藏历来被世界航空界视为"空中禁区"，但在该阶段及其之后的二十多年间，国家投入了大量资金，先后建成了当雄机场、贡嘎机场、和平机场和邦达机场，其中 1967 年建成的贡嘎机场自建成后至今一直是通往拉萨各航线的主要起降机场。该时期青藏铁路也在筹备中，1979 年，西宁到格尔木段建成通车。这些交通设施的修建改变了西藏对外交通封闭的状况，为旅游者进入西藏提供了便利的通道。

（2）在旅游饭店方面，20 世纪 50 年代以前，西藏的旅馆数量极少，仅在较大城镇开设少数旅馆和饭店，在广大农牧区则只有具有帐篷设备的驿站。1951 年以后，虽然可以用来接待游客的招待所、宾馆偶有修建，但数量极少，且规模极小。1951~1978 年，西藏只有迎宾馆一家宾馆可以接待外宾，自治区第一招待所、第三招待所和军区第三招待所等则只接待国内到西藏的人员。这一时期，西藏旅游业尚未作为一项经济产业而发展，外宾进出西藏控制比较严格，因此，没有形成大规模的国际旅游群体，一家涉外宾馆尚可满足需要，而 1979 年以后，现代旅游业发展迫切需要投入大量人力、物力兴建具有先进设备的宾馆和饭店。

20 世纪 80 年代，西藏旅游业开始正式发展。1979 年 12 月，西藏自治区西藏旅行游览事业管理局（筹备处）和中国国际旅行社拉萨分社成立，隶属于西藏自治区外事办公室，从此，西藏出现专门负责管理和组织旅游的机构。大批国际游客的入藏，使得 20 世纪 80 年代初期西藏的旅游宾馆数量和规模已不能满足旅游者的需要。由于宾馆床位的限制，西藏在 20 世纪 80 年代初期，每年只接待海外旅游者 1 500 人次左右，宾馆业成为西藏旅游业发展的"瓶颈"。

为了适应西藏旅游发展的需求，20 世纪 80 年代中央决定投资建设拉萨饭店、西藏宾馆、泽当饭店、江孜饭店、那曲饭店、狮泉河宾馆和昌都饭店。并且在自治区党委、自治区人民政府的大力号召和各级人民政府的支持下，1984 年以来，西藏掀起了群众集资、贷款办旅游的热潮。到 1986 年，已先后建成了八朗学、雪域、吉日、高原和北京东路民族旅馆等多家集体性质的旅馆，这些旅馆均附设食堂和商店，缓解了旅游者增多而带来的食宿方面的压力。这些国有和集体宾馆、饭店的建成为接待旅游者提供了硬件基础，解决了旅游六环节（吃、住、行、游、购、娱）中最重要的两个基础环节，即吃、住问题，为西藏旅游业的大规模发展奠定了基础。

1984 年 2 月，西藏自治区人民政府批准成立西藏体育国际旅游公司，专门负责登山、体育旅游的接待工作。旅行社的成立使西藏旅游业的经营走向正规化。但 1980~1984 年，西藏自治区只有中国国际旅行社拉萨分社和西藏体育国际旅游公司两家旅行社负责接待旅游者，而且由于国家将进藏人数控制在 1 500~2 000人，旅游业的经营规模很小。1985 年 11 月，西藏旅游总公司成立，标志着西藏自治区旅游开始从事业接待型向经济产业型转变，为西藏自治区旅游业的发展做了组织机构与接待设施的准备，也标志着西藏自治区旅游业正式形成。

1986 年 5 月，西藏旅游总公司与香港招商局集团有限公司签订《关于合作开发西藏旅游事业的意向书》，决定合资建立"中国西藏珠穆朗玛峰有限公司"，同年 8 月，中国西藏珠穆朗玛峰旅游有限公司在香港正式成立，成为西藏第一家驻外地组团机构。1986 年 11 月，西藏自治区撤销旅游总公司，成立地厅级的西藏自治区旅游局，代表自治区政府对全区旅游业实行行业管理。1987 年，西藏自治区人民政府正式将旅游业纳入西藏自治区经济和社会发展计划，从而确定了旅游业在国民经济中的地位，并提出"定好基础、创造条件、积极发展、稳步前进"的指导思想。至此，西藏旅游业基本上完成了从外事接待型向经济产业型的转变，开始了从计划经济向市场经济的转变，初步形成了产业基础。1996 年 5 月，《西藏自治区国民经济和社会发展"九五"计划和 2010 年远景目标纲要》确定旅游业是全区六大特色支柱产业之一,把旅游业作为"跨世纪战略产业和支柱产业培育"。2000 年,西藏自治区党委五届六次全委会议确定了旅游业作为全区六大特色支柱产业之首的地位。

在这种政策的引导下,西藏旅游企业的数量得到了较快的增加。在旅行社方面,1987 年 9 月,中国职工旅行社拉萨分社成立;11 月,中国金桥旅游公司拉萨分公司、中国国际旅行社日喀则支社、中国国际旅行社山南支社、中国青年旅行社西藏分社相继成立;1988 年 10 月,国家旅游局批准西藏自治区成立西藏旅游总公司,直接归西藏自治区旅游局管理,并具有对外招徕并接待国际旅游者的权力。西藏旅行社数量的增加,对西藏旅游业的发展起了重要的促进作用,使西藏旅游业经营规模迅速扩大。进入 21 世纪后,西藏旅游业在国民经济中的支柱地位越发明显,在各个方面都取得了显著的成就(见 3.2 节西藏旅游业发展概况及分析)。总体而言,相关数据表明西藏旅游业从新中国成立到现在经历起步、发展、高速发展几个阶段后,如今仍然处于高速上升的态势。

在旅游地发展的阶段分析中,生命周期理论有着重要的应用。如图 3-9 所示,它所显示的是一个完整的旅游地系统演变的生命周期曲线。O 表示旅游地系统的起点,即旅游业开始起步。从 O 到 A 表示可持续旅游系统的飞速发展阶段,这一阶段旅游系统呈现指数型增长态势。因此,从图 3-9 呈现的旅游地系统生命周期的 Logistic 曲线来看,当前的西藏旅游发展系统处于从 O 到 A 的发展阶段。通过前文分析可以得知,西藏自治区政府从新中国成立到 20 世纪 80 年代,尤其是 21 世纪以来,对西藏旅游业投入了大量人力、财力、物力,依托西藏高品级的旅游资源,使旅游可持续系统高速发展。当然,这一阶段也是对环境、资源、劳动力、政策、基础设施等高度需求的阶段,以上各要素的大量投入促使 OA 阶段的出现。但在系统内部及外部要素的约束下,如旅游承载力、旅游产品开发状况、经济水平、游客旅游偏好等的变化,旅游地系统的指数型增长是有阶段性的。Logistic 曲线表明,指数型增长衰落后旅游地系统会进入阈限型增长阶段,即图 3-9 所示的 A 到 B 的发展阶段。

点 A 为旅游可持续发展系统发展的第一个拐点,它表示旅游业从 OA 阶段的指数型增长到 AB 阶段阈限型增长的转变。这种转变的产生主要是先期旅游业优先发展的指导对经济效益的过度重视,使人们忽视了环境保护、资源合理开发、提升服务水平等要素。这种状况积累到一定程度后,先前的促进因素变成了制约因素,从而减缓了旅游业的发展。调研显示,这些制约因素在西藏旅游业发展过程中已经或多或少的开始显现,如在旅游资源开发中的粗放式经营、旅游服务水平的长期低下、旅游行业人力资源水平的止步不前、旅游地污染排放的日益加剧、旅游产品类型的单一化乃至西藏高原整体自然环境的变化所带来的影响等都可能导致在未来的某个时间,当前西藏旅游业这种指数式增长的衰弱。衰弱只是说明发展速度有所减缓，但整体而言系统仍然处于上升阶段，即上述制约因素的合力还没有使系统达到式微的程度，这就是所谓的阈限型增长 *AB* 阶段。当然，我们有理由相信，在现有的发展模式下，西藏未来旅游发展也会面临这样的阈限型增长现象。

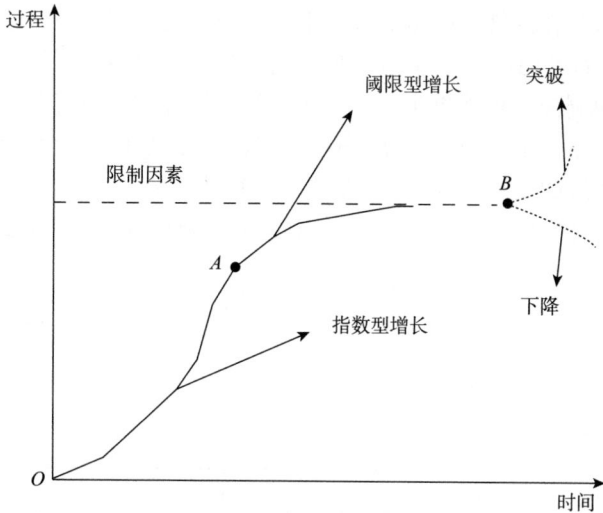

图 3-9　旅游地系统完整生命周期的 Logistic 曲线

资料来源：杨春宇等（2009a）

点 *B* 表示整个旅游可持续发展系统进入了一个"彷徨期"，在人口、社会、环境、资源等各子系统中的诸多制约因素下，旅游业已经达到了一个完整生命周期的极致。如不改变当前的状况，改变可持续旅游系统内部各要素之间的关联机制及系统的拓扑结构，（或者因外力的作用，）会导致整个旅游业系统的停滞不前甚至下降。因此，*OB* 表示在系统内部各要素较为固定的综合作用下，旅游地系统发展的一个完整周期的发展特征。但是，重点要看到的是，第二个拐点 *B* 之后的两个发展路径：一个是突破，另一个是下降。这表明，如果采取适当的措施、科学的管理方法，旅游地系统能够达到一个更高的发展层次，这对于西藏自治区建设世界重要的旅游目的地的目标具有极大的理论价值。也就是说，可以通过相应的措施，在现有的落后的旅游产业基础上，实现西藏旅游系统的蜕变，而这种蜕变或许会发生多次，并最终将西藏建设成为世界一流的旅游目的地。这种蜕变，可以通过下文得到展现。但同时，如果管理不当，则系统发展同样会面临更为糟糕的境地，从而导致系统绩效的下降。

3.4.2　西藏旅游可持续系统的可持续发展分析

如果说图 3-9 反映的是旅游可持续发展系统的一个量变发展过程,那么图 3-10 所示则是旅游可持续发展系统的质变或者是跨越式发展。OO_1 到 O_1O_2 反映的是旅游可持续发展系统在内外部因素的改变下,完成了发展的突破,达到了一个新的高速发展时期,O_1O_2 到 O_2O_3 同理。质变的产生主要是由于人们依靠社会子系统的改变,如宏观调控、科技进步、人才培养等,这种改变使得资源子系统、环境子系统和人口子系统都再次继续朝着有利于旅游业发展的方向改变,从而使得旅游可持续发展系统的发展突破人口、资源、环境子系统的束缚,向更高水平发展,达到系统的可持续发展。A_1、A_2、A_3 表示旅游可持续系统在各阶段的拐点。

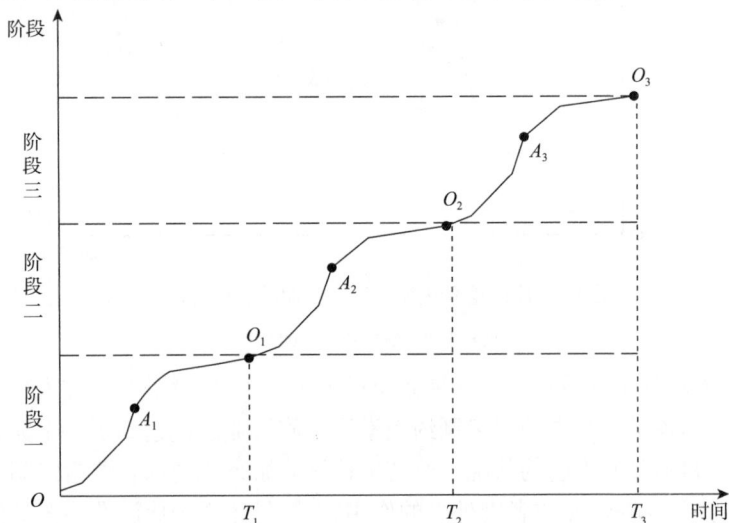

图 3-10　系统可持续发展的 Logistic 曲线

虽然中央提出要将西藏建设成为重要的世界旅游目的地,但考虑到当前西藏的社会经济基础及旅游业发展现状,本小节认为首先要做到的是使西藏的旅游各项事业在现有的基础上更上一个台阶,更接近于国内的一些旅游发达省份,这个可以理解为图 3-10 中的 OO_1 阶段。从 OO_1 阶段到 O_1O_2 阶段,可以理解为西藏从一个较为成熟的国内旅游目的地发展到有一定影响力的世界旅游目的地的过程。O_1O_2 阶段到 O_2O_3 阶段为西藏从有一定影响力的世界旅游目的地发展到一流的世界旅游目的地的过程。图 3-10 显示的三个阶段的跨越,需要西藏自治区在人口、资源、环境、经济和社会五个子系统中持续实施管理创新、人才培养、环境保护、资源开发等一系列举措。这既需要对系统当前发展特征的分析,又需要对未来发展特征及政策创新的深度考量,才能实现西藏由国内成熟旅游目的地到有影响力的世界重要旅游目的地再到世界一流旅游目的地的发展。而对系统当前及未来的预测和管理，正是系统动力工具所赋予我们的强大手段。在第 4 章，本书就将通过对西藏旅游业发展全面深入的考察，厘清西藏旅游可持续发展系统的相关影响变量和变量间的数理关系，建立西藏旅游可持续发展系统的 SD 模型，为实现西藏建成重要的世界旅游目的地的发展目标提供较为科学的决策参考。

第4章 西藏旅游可持续发展 SD模型构建

　　由前文分析可知，西藏旅游可持续发展能力评价有13个基本指标构成，即旅游从业人口、旅游企业固定资产总额、污染存量、居民旅游认知度、旅游收入、季节性差异、可进入性、游客人次、旅游资源存量、公共服务投资、公路里程、旅游拥挤指数和旅游创新能力。这13个指标也构成了西藏旅游可持续发展系统SD模型的基本变量，围绕这13个变量，再辅助其他相关变量，可构建西藏旅游可持续发展SD模型，在这13个变量之间，存在着复杂的正负反馈关系。以游客人次为例，其影响因素包括可进入性、公共服务投资、污染存量、居民旅游认知度、季节性差异、公路里程、旅游创新能力和旅游资源存量。其他方面，居民旅游认知度又受污染存量、旅游从业人口、旅游收入和旅游拥挤指数影响；旅游从业人口受旅游企业固定资产总额的影响；旅游企业固定资产总额受旅游收入的影响；旅游收入受游客人次的影响；旅游资源存量受旅游收入的影响；污染存量受旅游收入的影响。并且不同的影响属性也存在正负的差异，根据这样的逻辑关系，本章给出西藏旅游可持续发展系统的因果关系图，见图4-1。其中"+"表示正相关，"–"表示负相关。在图4-1中，▭表示西藏旅游可持续发展SD模型中的积累变量。

　　根据图4-1中13个变量，下文运用流率基本入树建模法（贾仁安和丁荣华，2002），分别从经济、人口、社会、环境和资源5个子系统构建13个流率基本入树模型，并建立模型中各变量间的数理关系，然后通过嵌运算，最终建立西藏旅游可持续发展系统的SD模型。

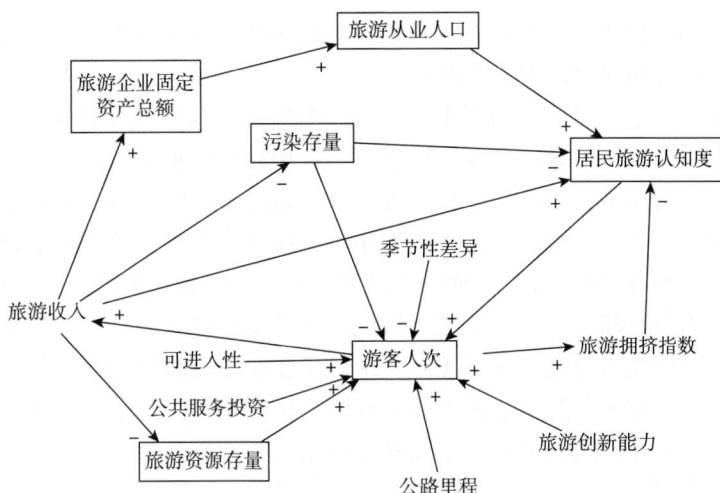

图 4-1　西藏旅游可持续发展系统因果关系图

4.1　流率基本入树建模法

　　流率基本入树建模法是南昌大学贾仁安教授针对 SD 建模方法中复杂而且模糊的中间建模过程，提出的一个较为规范化的 SD 建模方法。贾仁安教授认为 SD 结构模型对应一个微分方程组（这将在下文涉及），而一个微分方程对应着一棵入树，只要先建立各微分方程对应的入树，就可得到整个结构模型。每一个微分方程对应一个 SD 模型的积累变量，除了积累变量之外，其他关键变量也可以通过入树的方式反映。如前文给出的西藏旅游可持续发展系统的 13 个变量，本节可以通过流率基本入树建模的思想给出 13 个流率基本入树。该方法对于复杂系统建模及系统内部反馈环分析清晰化具有重要的作用，同时也有利于 SD 建模思想的认识深化。为了便于下文的分析，在此，对流率基本入树建模法做一简单介绍，详细内容可以参照《系统动力学——反馈动态性复杂分析》一书。

4.1.1　相关概念

1）入树的概念

　　在一个动态有向图 $T(t)=(V(t),X(t))$（$t\in T$）中，存在一个点 $v(t)\in V(t)$，使得图中的任何一点 $u(t)\in V(t)$，有且只有一条由 $u(t)$ 至 $v(t)$ 的有向通道，则此有

向图 $T(t)$ 称为一棵入树，且 $v(t)$ 为树根，满足入度 $d^-(u(t))=0$ 的 $u(t)$ 为树尾，从 $u(t)$ 至 $v(t)$ 的有向通道称为一条树枝。

在 SD 流图中，以流率为树根，以流位为树尾的入树 $T(t)$ 称为流率入树，流位的个数称为入树的阶数，从树尾沿着某一根树枝到树根的流位个数，称为该枝的枝阶长度，入树中最大的枝阶长度称为该入树的阶长度，各枝阶长度为 1 的流率入树称为流率基本入树。在 SD 模型中，系统动态变化的关键环节是由流率变量控制流位（积累变量）变化，而由于流率变量不断变化，因而产生系统的变化。因此，依据这一原理，可知一个 SD 流图，不管简单还是复杂，它的基本单元都是积累变量直接或通过辅助变量控制流率的子图，即流图是由这些基本单元复合而成。这些基本单元子图就是流率基本入树，从而在 SD 建模中，可以通过简单易懂且极具实际意义的基本单元生成复杂的流图。

2）嵌运算

因为在不同流率基本入树中经常会存在相同的变量，所以若干个流率基本入树生成 SD 模型的整个流图还需要一个嵌运算的过程。关于嵌运算，贾仁安教授也给出了若干关于嵌运算过程的定义，简述如下。

流图中任何一个子图都可称为半子流图。若满足含流位 $\mathrm{LEV}(t)$ ，并也含 $\mathrm{LEV}(t)$ 的流率 $R(t)$ ［流入率 $R_1(t)$ 或者流出率 $R_2(t)$ ］的半子流图称为子流图。

已知 $t \in T$ ，半子流图 $G_1(t)=(Q_1(t),E_1(t),F_1(t))$ ， $G_2(t)=(Q_2(t),E_2(t),F_2(t))$ ，则

$$G_1(t) \bigcup G_2(t) \tag{4-1}$$

并保持 $F_1(t)$ 、 $F_2(t)$ 确定的映射关系。

若流率 $R_p(t)$ 及其对应流位 $L_p(t)$ 在 $G_i(t)(i=1,2)$ 中，则在上述基础上再增加一条弧，构成因果链

$$R_p(t) \to L_p(t) \tag{4-2}$$

同时给出实际意义下的因果链极性。

由式（4-1）、式（4-2）得到一个新的半子流图 $G(t)$ ，定义这种运算为嵌运算，记为 $\vec{\bigcup}$ ，则

$$G(t)=G_1(t) \vec{\bigcup} G_2(t) \tag{4-3}$$

并且嵌运算满足交换律和结合律，即

$$G_1(t) \vec{\bigcup} G_2(t)=G_2(t) \vec{\bigcup} G_1(t)$$

$$G_1(t) \vec{\bigcup} G_2(t) \vec{\bigcup} G_3(t)=(G_1(t) \vec{\bigcup} G_2(t)) \vec{\bigcup} G_3(t)$$

4.1.2　流率基本入树建模步骤

步骤一：通过系统分析，建立流位流率系，即建立积累变量和流率变量。

$$\{(L_1(t),R_1(t)),(L_2(t),R_2(t)),\cdots,(L_n(t),R_n(t))\}$$

步骤二：分别建立以 $R_i(t)$（$i=1$，2，$\cdots$，n）为根，以流位变量 $L_i(t)$（$i=1$，2，$\cdots$，n）为尾的，且流位变量直接或仅通过辅助变量控制流率变量 $R_i(t)$ 的流率基本入树，可得如图 4-2 所示的流率基本入树模型。

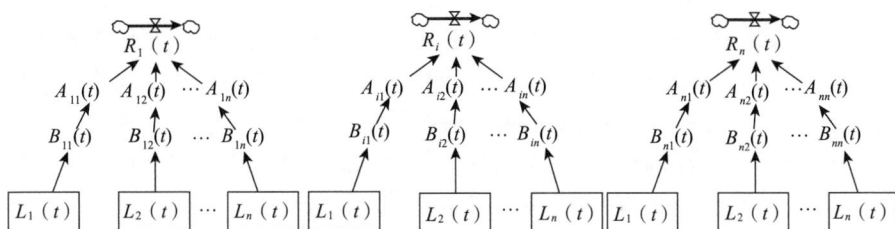

图 4-2　流率基本入树模型

图 4-2 中，$A_{ij}(t)$ 和 $B_{ij}(t)$（i，$j=1$，2，$\cdots$，n）是多个辅助变量构成的有向链。若 $R_i(t)$ 存在流入率和流出率，可分别做流入、流出率的流率基本入树。

将流率基本入树模型中入树按上文提及的嵌运算进行运算，即将有向图 $T_i(t)$ 的所有顶点和弧做并运算，并将对应的流率和流位变量按流图符号相连，就可以得到对应的 SD 流图 $G(t)$。

建立流率基本入树模型与直接建立流图模型是建立系统结构模型的两个等价方法，是两种等价的建模过程，不同的是，流率基本入树建模法使得其对变量之间的控制更清晰化、更规范化。系统结构分析是进行流率基本入树建模的基本依据，在第 3 章中，本书已经对西藏旅游可持续发展系统进行了详尽的分析。下文就运用流率基本入树建模法对西藏旅游可持续发展系统的 SD 结构模型进行分析，除了六个积累变量之外，本书将其他七个评价指标（系统变量）的流率基本入树模型一并给出。

4.2　经济子系统变量及关系

经济影响是旅游业发展的基本影响因素之一，经济效益也是发展旅游业的基本追求。旅游业发展在西藏居民扶贫中的地位日益凸显，对于增加居民尤其是农牧民收入具有重要的推动作用。张阿兰等（2014）研究指出，旅游业发展对西藏经济的拉动作用越来越明显，同时对就业的吸纳能力也逐渐增强，并且西藏旅游业与第一产业和第二产业的关联度也比较高。笔者从之前的研究中，遴选出重要的最具代表性的旅游收入、旅游企业固定资产总额、旅游从业人口和游客人次作为西藏旅游可持续发展系统中经济子系统的评价指标。本节就围绕这四个基本指标展开讨论，深入研究西藏旅游经济子系统的系统结构及其内部反馈关系，进而通过大量的数理统计量化内部各变量之间的关系。

4.2.1　系统变量分析

经济子系统中，旅游收入、旅游从业人口和游客人次是衡量区域旅游业发展水平的惯用指标（李天元，2014），因此也构成了经济子系统中的关键变量。旅游收入是指一定时期内旅游目的地销售旅游产品所获得的货币收入的总额，它反映了某一国家或地区旅游业总体规模和发达程度，是一项重要的综合性指标。通常而言，影响旅游收入的因素包括旅游产品价格水平、汇率、通货膨胀率、游客人次等多个方面。但具体到西藏旅游业而言，在 SD 模型中，综合考虑上述因素来衡量旅游收入的变化是很难的，而且在调研中也发现，上述常见因素对西藏旅游收入的影响也不像其他旅游目的地那么明显，如 2000~2012 年，西藏居民消费品价格指数变化率是 33%，远远小于旅游收入变化率。此外，由于入藏游客构成一直以国内游客为主（近些年国内游客人次占入藏总人次的比例一直维持在 95%以上），因此，汇率也难以成为影响西藏旅游收入的重要变量。由此，通过比较分析，将影响西藏旅游收入的变量简化为游客人次和游客人均消费额，并得出旅游收入流率基本入树模型，见图 4-3。在该模型中，游客人均消费额根据往年的统计数据，结合灰色预测模型的计算结果，将其设定为以时间为变量的表函数。

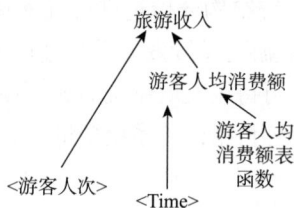

图 4-3　旅游收入流率基本入树模型

作为另一种最常用的基本测量指标，游客人次一般有境外来访者的入境游客人次、本国（本地）居民的出境游客人次和本国（本地）居民的国内（区域内）游客人次等。在西藏可持续旅游经济子系统中，考虑到无论是入境游客人次还是本地游客人次占总体旅游人次的比例都很小，文中不区分具体类别的游客人次，而统称为游客人次，以表述一年内西藏所接待的所有游客人次。游客人次取决于游客的变化量，而游客变化量取决于游客变化率。关于游客变化率则有较多影响因素，包括季节性、收入、价格、汇率、竞争对手、政治环境、社会文化、交通、基础设施、营销等。章杰宽和朱普选（2013）在针对西藏的旅游需求预测建模中，通过人均国民收入、旅游价格、旅游基础设施建设和旅游营销费用外加一个虚拟变量共五个变量的设定，对入藏国内游客人次进行预测。而根据对入藏游客的调研，在上述研究的基础上，得出游客最为关注的西藏旅游的几个方面，即居民态度、可进入性、内部交通、季节性、旅游资源、产品设计、环境状况及相关基础设施等。由此，建立如图 4-4 所示的游客人次流率基本入树模型。在模型中，游客变化率是关键变量，而其影响因子包括公路里程游客影响因子、旅游创新能力游客影响因子、污染游客影响因子、居民旅游认知游客影响因子、旅游资源游客影响因子、季节性差异游客变化影响因子、可进入性游客影响因子、公共服务投资游客影响因子。每个影响因子都以表函数的形式的呈现，对应的影响变量分别为公路里程指数、旅游创新能力、污染指数、居民旅游认知指数、旅游资源指数、季节性差异指数、可进入性和公共服务投资指数，从而使经济子系统和其他四个子系统发生相应的联系。

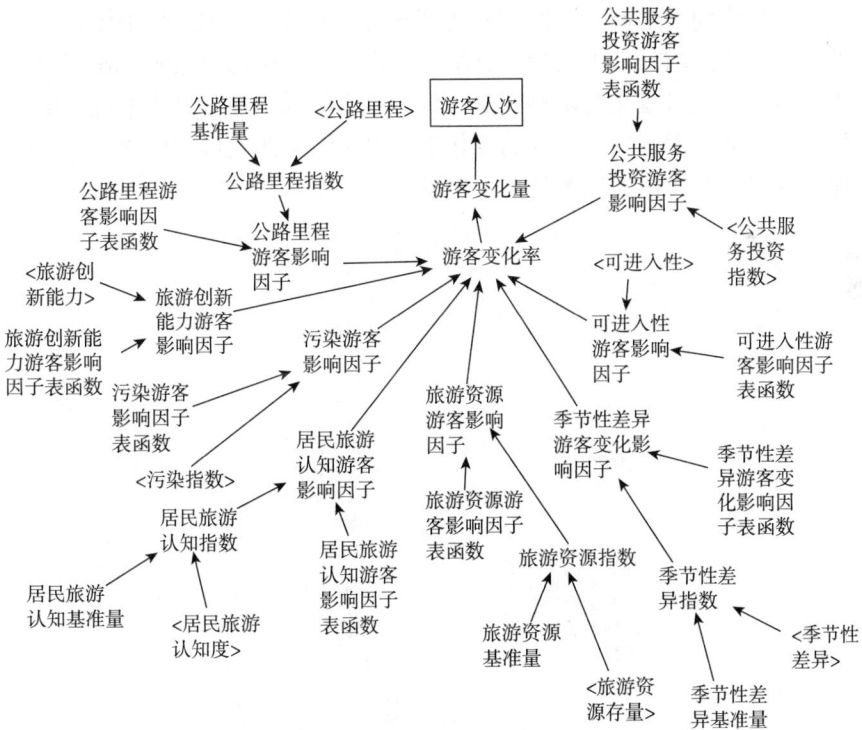

图 4-4　游客人次流率基本入树模型

　　增加就业已经成为西藏旅游业发展的重要动力（张阿兰等，2012）。西藏的旅游业直接就业人口已经从2000年的13.88万人增加到2012年的20.65万人，因此，随着西藏旅游产业的不断发展，越来越多的劳动力选择从事旅游行业。但同时，由于行业特征，最主要在于旅游行业的报酬低及工作不稳定性，每年也有相当一部分的员工从旅游行业流出，这也是笔者在西藏调研中所发现的普遍现象。调研过程中的访谈显示，旅游企业员工对自身工作及企业的负面评价基本包括如下几个方面：报酬低，其基本薪资大约是西藏公务员队伍的一半；工作稳定性较差，尤其在旅游淡季的时候，相当一部分员工处于半失业状态，导致能够从企业获得的报酬更低；社会地位低，西藏传统社会的重仕轻商思想，导致企业单位员工的自身认可度较差。在这样的背景下，抽样调查显示，西藏酒店部门的员工流出率达到18%左右。因此，旅游业流出人口和新进旅游从业人口就构成流位变量旅游从业人口的两个流率变量。旅游业流出人口根据抽样调查得出的旅游行业人员流出率计算得到，而新进旅游从业人口则决定于旅游企业固定资产总额。首先，旅游从业人员大部分集中在各旅游企业部门，其次，旅游从业人员的增加是随着西藏旅游产业规模的增加而变化的，而西藏旅游产业规模增加的集中体现就在于旅游企业固定总额的增加。下文的仿真结果也表明，文中选择旅游企业固定资产总额作为旅游从业人口变化的影响变量，具有相当的科学性。具体来说，旅游企业固定资产总额通过固定资产指数的变化来反映旅游从业人口的变化。综上分析，可以建立旅游从业人口的流率基本入树模型，见图4-5。

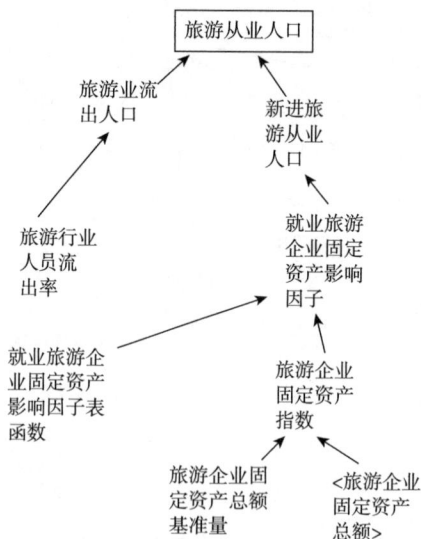

图4-5　旅游从业人口流率基本入树模型

西藏旅游业的飞速发展导致旅游企业固定资产总额的增加，表明越来越多的资本，无论是官方还是民间，区内还是区外，逐渐投入西藏旅游事业中。资本的迅速涌入，对于行业的可持续发展具有重要的促进作用（Ellison et al.，2007），因此，在经济子系统中，引入旅游企业固定资产总额这一关键变量，某种程度上也反映了西藏旅游的可持续性。与其他行业一样，旅游企业内部也面临着不断的淘汰和扩张，新的旅游企业成立和旧的旅游企业消亡在西藏旅游业发展中也经常发生，表明旅游固定资产总额总是在动态的减少和增长中。旅游企业固定资产总额减少通过旅游企业淘汰率来反映，而旅游企业淘汰率则为旅游企业平均生命周期的倒数。旅游企业固定资产总额增加额度由旅游业发展企业影响因子决定。西藏旅游业的高速发展态势、西藏旅游产业的巨大潜力，以及世界旅游目的地建设战略的伟大号召，导致更多的企业家和资本进入西藏旅游产业。本小节用旅游收入占西藏地区生产总值的比重来反映西藏旅游业的发展现状，也表明旅游产业在西藏整个区域经济中的地位。比重越大，说明旅游产业在西藏经济中的地位越高，从而会有更多的资本进入旅游行业，继而促使西藏旅游企业规模的不断扩大，反之亦然。但严格来说，旅游收入与地区生产总值的比值这样的计算方式是不科学的。因为旅游收入表示的是一个行业的收入水平，而地区生产总值则表示的是地区经济的增加值。在学术研究中，有的学者通过核算旅游增加值，即旅游生产总值的方式来科学地衡量旅游业发展对国民经济的贡献率。但由于旅游生产总值的核算涉及大量的工作且由于西藏旅游统计体系的极端不完善，本小节仍然用传统的、直观的计算方式来反映旅游业对西藏经济的促进作用。从比值的动态变化来看，旅游业在西藏国民经济中的地位也是越来越高。旅游企业固定资产总额的流率基本入树模型见图 4-6。

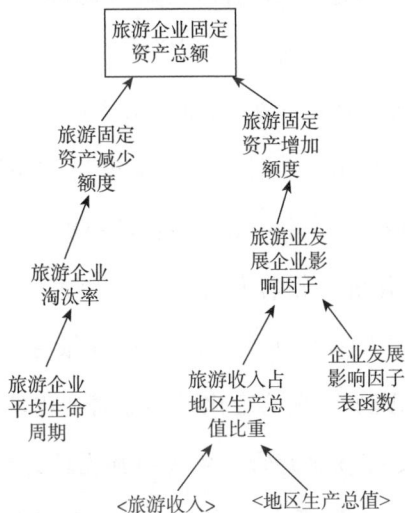

图 4-6　旅游企业固定资产总额流率基本入树模型

4.2.2 反馈关系分析

根据上述流率基本入树模型，可以得出以经济子系统四个基本指标为首尾的 SD 反馈环，为了便于理解系统变量间的正负反馈关系，本小节分别列出与各指标相关的反馈环，其中"$\xrightarrow{+}$"表示正相关，"$\xrightarrow{-}$"表示负相关，下文同。

旅游收入 $\xrightarrow{+}$ 旅游资源消耗量 $\xrightarrow{-}$ 旅游资源存量 $\xrightarrow{+}$ 旅游资源指数 $\xrightarrow{+}$ 旅游资源游客影响因子 $\xrightarrow{+}$ 游客变化率 $\xrightarrow{+}$ 游客变化量 $\xrightarrow{+}$ 游客人次 $\xrightarrow{+}$ 旅游收入。

旅游收入 $\xrightarrow{+}$ 旅游研究经费 $\xrightarrow{+}$ 旅游研究经费指数 $\xrightarrow{+}$ 旅游创新能力 $\xrightarrow{+}$ 旅游创新能力游客影响因子 $\xrightarrow{+}$ 游客变化率 $\xrightarrow{+}$ 游客变化量 $\xrightarrow{+}$ 游客人次 $\xrightarrow{+}$ 旅游收入。

旅游收入 $\xrightarrow{+}$ 旅游收入指数 $\xrightarrow{+}$ 居民旅游认知增加幅度 $\xrightarrow{+}$ 居民旅游认知度 $\xrightarrow{+}$ 居民旅游认知指数 $\xrightarrow{+}$ 居民旅游认知游客影响因子 $\xrightarrow{+}$ 游客变化率 $\xrightarrow{+}$ 游客变化量 $\xrightarrow{+}$ 游客人次 $\xrightarrow{+}$ 旅游收入。

旅游收入 $\xrightarrow{+}$ 旅游研究经费 $\xrightarrow{+}$ 旅游研究经费指数 $\xrightarrow{+}$ 旅游创新能力 $\xrightarrow{-}$ 季节性差异 $\xrightarrow{+}$ 季节性差异指数 $\xrightarrow{+}$ 季节性差异游客变化影响因子 $\xrightarrow{-}$ 游客变化率 $\xrightarrow{+}$ 游客变化量 $\xrightarrow{+}$ 游客人次 $\xrightarrow{+}$ 旅游收入。

旅游收入 $\xrightarrow{+}$ 旅游收入占地区生产总值比重 $\xrightarrow{+}$ 旅游业发展企业影响因子 $\xrightarrow{+}$ 旅游企业固定资产总额增加额度 $\xrightarrow{+}$ 旅游企业固定资产总额 $\xrightarrow{+}$ 旅游企业固定资产指数 $\xrightarrow{+}$ 就业旅游企业固定资产影响因子 $\xrightarrow{+}$ 新进旅游从业人口 $\xrightarrow{+}$ 旅游从业人口 $\xrightarrow{+}$ 旅游就业指数 $\xrightarrow{+}$ 居民旅游认知增加幅度 $\xrightarrow{+}$ 居民旅游认知度 $\xrightarrow{+}$ 居民旅游认知指数 $\xrightarrow{+}$ 居民旅游认知游客影响因子 $\xrightarrow{+}$ 游客变化率 $\xrightarrow{+}$ 游客变化量 $\xrightarrow{+}$ 游客人次 $\xrightarrow{+}$ 旅游收入。

游客人次 $\xrightarrow{+}$ 游客变化量 $\xrightarrow{+}$ 游客人次。

游客人次 $\xrightarrow{+}$ 旅游收入 $\xrightarrow{+}$ 旅游资源消耗量 $\xrightarrow{-}$ 旅游资源存量 $\xrightarrow{+}$ 旅游资源指数 $\xrightarrow{+}$ 旅游资源游客影响因子 $\xrightarrow{+}$ 游客变化率 $\xrightarrow{+}$ 游客变化量 $\xrightarrow{+}$ 游客人次。

游客人次 $\xrightarrow{+}$ 旅游收入 $\xrightarrow{+}$ 旅游研究经费 $\xrightarrow{+}$ 旅游研究经费指数 $\xrightarrow{+}$ 旅游创新能力 $\xrightarrow{+}$ 旅游创新能力游客影响因子 $\xrightarrow{+}$ 游客变化率 $\xrightarrow{+}$ 游客变化量 $\xrightarrow{+}$ 游客人次。

游客人次 $\xrightarrow{+}$ 旅游拥挤指数 $\xrightarrow{+}$ 居民旅游认知降低幅度 $\xrightarrow{-}$ 居民旅游认知度 $\xrightarrow{+}$ 居民旅游认知指数 $\xrightarrow{+}$ 居民旅游认知游客影响因子 $\xrightarrow{+}$ 游客变化率 $\xrightarrow{+}$ 游客变化量 $\xrightarrow{+}$ 游客人次。

游客人次 $\xrightarrow{+}$ 旅游收入 $\xrightarrow{+}$ 旅游收入指数 $\xrightarrow{+}$ 居民旅游认知增加幅度 $\xrightarrow{+}$ 居民旅游认知度 $\xrightarrow{+}$ 居民旅游认知指数 $\xrightarrow{+}$ 居民旅游认知游客影响因子 $\xrightarrow{+}$ 游客变化率 $\xrightarrow{+}$ 游客变化量 $\xrightarrow{+}$ 游客人次。

游客人次 $\xrightarrow{+}$ 旅游收入 $\xrightarrow{+}$ 旅游研究经费 $\xrightarrow{+}$ 旅游研究经费指数 $\xrightarrow{+}$ 旅游创新能力 $\xrightarrow{-}$ 季节性差异 $\xrightarrow{+}$ 季节性差异指数 $\xrightarrow{+}$ 季节性差异游客变化影响因子 $\xrightarrow{-}$ 游客变化率 $\xrightarrow{+}$ 游客变化量 $\xrightarrow{+}$ 游客人次。

游客人次 $\xrightarrow{+}$ 旅游收入 $\xrightarrow{+}$ 旅游收入占地区生产总值比重 $\xrightarrow{+}$ 旅游业发展企业影响因子 $\xrightarrow{+}$ 旅游企业固定资产总额增加额度 $\xrightarrow{+}$ 旅游企业固定资产总额 $\xrightarrow{+}$ 旅游企业固定资产指数 $\xrightarrow{+}$ 就业旅游企业固定资产影响因子 $\xrightarrow{+}$ 新进旅游从业人口 $\xrightarrow{+}$ 旅游从业人口 $\xrightarrow{+}$ 旅游就业指数 $\xrightarrow{+}$ 居民旅游认知增加幅度 $\xrightarrow{+}$ 居民旅游认知度 $\xrightarrow{+}$ 居民旅游认知指数 $\xrightarrow{+}$ 居民旅游认知游客影响因子 $\xrightarrow{+}$ 游客变化率 $\xrightarrow{+}$ 游客变化量 $\xrightarrow{+}$ 游客人次。

旅游从业人口 $\xrightarrow{+}$ 旅游业流出人口 $\xrightarrow{-}$ 旅游从业人口。

旅游从业人口 $\xrightarrow{+}$ 新进旅游从业人口 $\xrightarrow{+}$ 旅游从业人口。

旅游从业人口 $\xrightarrow{+}$ 旅游就业指数 $\xrightarrow{+}$ 居民旅游认知增加幅度 $\xrightarrow{+}$ 居民旅游认知度 $\xrightarrow{+}$ 居民旅游认知指数 $\xrightarrow{+}$ 居民旅游认知游客影响因子 $\xrightarrow{+}$ 游客变化率 $\xrightarrow{+}$ 游客变化量 $\xrightarrow{+}$ 游客人次 $\xrightarrow{+}$ 旅游收入 $\xrightarrow{+}$ 旅游收入占地区生产总值比重 $\xrightarrow{+}$ 旅游业发展企业影响因子 $\xrightarrow{+}$ 旅游企业固定资产总额增加额度 $\xrightarrow{+}$ 旅游企业固定资产总额 $\xrightarrow{+}$ 旅游企业固定资产指数 $\xrightarrow{+}$ 就业旅游企业固定资产影响因子 $\xrightarrow{+}$ 新进旅游从业人口 $\xrightarrow{+}$ 旅游从业人口。

旅游企业固定资产总额 $\xrightarrow{+}$ 旅游企业固定资产总额增加额度 $\xrightarrow{+}$ 旅游企业固定资产总额。

旅游企业固定资产总额 $\xrightarrow{+}$ 旅游企业固定资产总额减少额度 $\xrightarrow{-}$ 旅游企业固定资

产总额。

旅游企业固定资产总额$\xrightarrow{+}$旅游企业固定资产指数$\xrightarrow{+}$就业旅游企业固定资产影响因子$\xrightarrow{+}$新进旅游从业人口$\xrightarrow{+}$旅游从业人口$\xrightarrow{+}$旅游就业指数$\xrightarrow{+}$居民旅游认知增加幅度$\xrightarrow{+}$居民旅游认知度$\xrightarrow{+}$居民旅游认知指数$\xrightarrow{+}$居民旅游认知游客影响因子$\xrightarrow{+}$游客变化率$\xrightarrow{+}$游客变化量$\xrightarrow{+}$游客人次$\xrightarrow{+}$旅游收入$\xrightarrow{+}$旅游收入占地区生产总值比重$\xrightarrow{+}$旅游业发展企业影响因子$\xrightarrow{+}$旅游企业固定资产总额增加额度$\xrightarrow{+}$旅游企业固定资产总额。

4.2.3 数量关系分析

SD 工具分析系统的问题，最终要通过建立定量仿真模型的方式，来对系统的运行进行情景模拟。前文所讲的系统变量分析及反馈环分析都属于模型的定性分析，本部分就将在此基础上，对西藏旅游可持续系统经济子系统内部各变量之间的定量关系做进一步阐述。

与其他模型不同，SD 模型中的数学方程的建立是为了能够更好地在计算机上对整个系统进行模拟仿真，因此，各数学方程需满足仿真计算的必要条件，如仿真时间为 Time，整个系统的自变量为 t，且 $t \geqslant 0$，增量 $\Delta t \geqslant 0$，Δt 对应仿真步长。在本书建立的西藏旅游可持续发展系统 SD 模型中，仿真步长为 1 年。SD 仿真必须给出初始值，且初始值对应积累变量。仿真的主要类型包括积累变量方程、流率变量方程、常量方程、初始值方程和辅助变量方程，而方程的形式可以是线性的、非线性的，可以是一元的、多元的，也可以是能够精确表达的、只能用或者最好用表函数的形式表达的。

这部分先给出经济子系统的主要方程，继而对其进行分析。

1）经济子系统中主要方程式

Ⅰ. 旅游收入=游客人次×游客人均消费额，单位：亿元。

Ⅱ. 游客人均消费额=游客人均消费额表函数（Time），单位：万元。

Ⅲ. 游客人均消费额表函数=（［（2000，0）-（2050，4）］，（2000，0.110 8），（2005，0.107 4），（2010，0.104 2），（2015，0.145），（2020，0.23），（2025，0.39），（2030，0.61），（2035，0.96），（2040，1.2），（2045，1.7），（2050，2.5））。

Ⅳ. 游客人次= INTEG （游客变化量，60.83），单位：万人次。

Ⅴ. 游客变化量=游客人次×游客变化率，单位：万人次。

Ⅵ. 游客变化率=0.31×公路里程游客影响因子+0.14×旅游资源游客影响因

子+0.08×居民旅游认知游客影响因子–0.3×污染游客影响因子+0.16×旅游创新能力游客影响因子+0.13×公共服务投资游客影响因子–0.24×季节性差异游客变化影响因子+0.51×可进入性游客影响因子，单位：Dmnl[①]。

Ⅶ. 公路里程游客影响因子=公路里程游客影响因子表函数（公路里程指数），单位：Dmnl。

Ⅷ. 公路里程指数=公路里程/公路里程基准量，单位：Dmnl。

Ⅸ. 公路里程游客影响因子表函数=（[（1，0）-（8.24，1）]，（1，0.14），（1.5，0.16），（2，0.2），（2.5，0.23），（3，0.27），（4，0.35），（5，0.4），（6，0.49），（7.5，0.61），（8.24，0.7）），单位：Dmnl。

Ⅹ. 公路里程基准量=22 503，单位：千米。

Ⅺ. 旅游创新能力游客影响因子=旅游创新能力游客影响因子表函数（旅游创新能力），单位：Dmnl。

Ⅻ. 旅游创新能力游客影响因子表函数=（[（0，0.1）-（4，0.3）]，（0.2，0.1），（0.5，0.12），（1，0.13），（1.5，0.15），（2，0.16），（2.5，0.18），（3，0.185），（3.5，0.2），（4，0.23）），单位：Dmnl。

ⅩⅢ. 污染游客影响因子=污染游客影响因子表函数（污染指数），单位：Dmnl。

ⅩⅣ. 污染游客影响因子表函数=[（0.8，0）-（5，1）]，（0.8，0.2），（0.84，0.25），（0.9，0.3），（0.95，0.32），（1，0.4），（2，0.3），（3，0.2），（4，0.1），（5，0.05）），单位：Dmnl。

ⅩⅤ. 居民旅游认知游客影响因子=居民旅游认知游客影响因子表函数（居民旅游认知指数），单位：Dmnl。

ⅩⅥ. 居民旅游认知指数=居民旅游认知度/居民旅游认知基准量，单位：Dmnl。

ⅩⅦ. 居民旅游认知基准量=3.65，单位：Dmnl。

ⅩⅧ. 居民旅游认知游客影响因子表函数=（[（0.8，0）-（1.4，0.4）]，（0.8，0.21），（0.85，0.22），（0.9，0.23），（0.95，0.24），（1，0.25），（1.05，0.26），（1.2，0.3），（1.25，0.33），（1.37，0.35）），单位：Dmnl。

ⅩⅨ. 旅游资源游客影响因子=旅游资源游客影响因子表函数（旅游资源指数），单位：Dmnl。

ⅩⅩ. 旅游资源指数=旅游资源存量/旅游资源基准量，单位：Dmnl。

ⅩⅩⅠ. 旅游资源基准量=$1×10^8$，单位：资源单位。

ⅩⅩⅡ. 旅游资源游客影响因子表函数=（[（0.87，0）-（1，0.4）]，（0.87，0.1），（0.9，0.12），（0.918 286，0.144 561），（0.945 636，0.18 386），（0.971 299，0.207 719），（1，0.25）），单位：Dmnl。

---

① Dmnl 表示单位是无量纲，下文同。

XXXⅢ. 季节性差异游客变化影响因子=季节性差异游客变化影响因子表函数（季节性差异指数），单位：Dmnl。

XXIV. 季节性差异指数=季节性差异/季节性差异基准量，单位：Dmnl。

XXV. 季节性差异基准量=0.67，单位：Dmnl。

XXVI. 季节性差异游客变化影响因子表函数=（[（0.5，−1）-（1.2，0.5）]，（0.5，−0.6），（0.574 545，−0.378 947），（0.687 273，−0.242 105），（0.845 455，−0.178 947），（0.949 091，−0.042 105 3），（1，0.15），（1.074 55，0.288 421），（1.132 73，0.465 263），（1.2，0.5）），单位：Dmnl。

XXVII. 可进入性游客影响因子=可进入性游客影响因子表函数（可进入性），单位：Dmnl。

XXVIII. 可进入性游客影响因子表函数=（[（0.002 5，0）-（0.67，0.5）]，（0.002 5，0.11），（0.075 318 2，0.131 579），（0.144 669，0.164 912），（0.236 558，0.208 772），（0.326 714，0.256 14），（0.425 539，0.340 351），（0.527 831，0.385 965），（0.583 312，0.449 123），（0.619 721，0.473 684），（0.67，0.5）），单位：Dmnl。

XXIX. 公共服务投资游客影响因子=公共服务投资游客影响因子表函数（公共服务投资指数），单位：Dmnl。

XXX. 公共服务投资游客影响因子表函数=（[（1，0）-（1000，0.15）]，（1，0.03），（10，0.04），（100，0.05），（200，0.06），（300，0.07），（400，0.08），（500，0.09），（800，0.1），（900，0.11），（1 000，0.12）），单位：Dmnl。

XXXI. 旅游从业人口= INTEG（+新进旅游从业人口–旅游业流出人口，13.88），单位：万人。

XXXII. 新进旅游从业人口=旅游从业人口×就业旅游企业固定资产影响因子，单位：万人。

XXXIII. 旅游业流出人口=旅游从业人口×旅游行业人员流出率，单位：万人。

XXXIV. 旅游行业人员流出率=0.18，单位：Dmnl。

XXXV. 就业旅游企业固定资产影响因子=就业旅游企业固定资产影响因子表函数（旅游企业固定资产指数），单位：Dmnl。

XXXVI. 旅游企业固定资产指数=旅游企业固定资产总额/旅游企业固定资产总额基准量，单位：Dmnl。

XXXVII. 旅游企业固定资产总额基准量=10.4，单位：亿元。

XXXVIII. 就业旅游企业固定资产影响因子表函数=（[（0，0）-（50，0.8）]，（3，0.124），（5，0.15），（10，0.173），（15，0.18），（20，0.2），（25，0.26），（30，0.35），（40，0.5），（50，0.6）），单位：Dmnl。

XXXIX. 旅游企业固定资产总额= INTEG（旅游企业固定资产总额增加额度–旅游企业固定资产总额减少额度，35 000.3），单位：万元。

XL. 旅游企业固定资产总额增加额度=旅游企业固定资产总额×旅游业发展企业影响因子，单位：万元。

XLI. 旅游企业固定资产总额减少额度=旅游企业固定资产总额×旅游企业淘汰率，单位：万元。

XLII. 旅游企业淘汰率=1/旅游企业平均生命周期，单位：Dmnl。

XLIII. 旅游企业平均生命周期=9.45，单位：年。

XLIV. 旅游业发展企业影响因子=企业发展影响因子表函数（旅游收入占地区生产总值比重），单位：Dmnl。

XLV. 旅游收入占地区生产总值比重=旅游收入/地区生产总值，单位：Dmnl。

XLVI. 企业发展影响因子表函数=（[（0，0）-（0.4，0.6）]，（0.02，0），（0.05，0.08），（0.08，0.12），（0.12，0.18），（0.15，0.2），（0.2，0.25），（0.25，0.28），（0.3，0.35），（0.4，0.5）），单位：Dmnl。

2）计算说明

游客人均消费额表函数的确定主要参考现有的入藏游客人均消费额变化状况及国内城镇居民人均可支配收入的变化状况，运用灰色预测模型，近似模拟未来一段时间游客在西藏的人均消费水平及其变化趋势。

灰色预测模型是一种特殊的时间序列预测技术，由邓聚龙教授提出，该模型克服了一般时间序列预测模型的一些典型问题。例如，当时间序列变化趋势不明显时，很难建立较精确的预测模型；当未来产生一些不确定因素时，难以保证时间序列预测的精度；等等问题。而灰色预测模型采用累加的方法生成趋势明显的时间序列，并且考虑灰色因子对预测模型的影响，使其预测效果有了很大的提升。因此，灰色预测模型在本书的研究中有着较多的应用，这里对其基本原理做简单的介绍。

设原始时间序列为 $X^{(0)} = \left\{ x^{(0)}(1), \quad x^{(0)}(2), \quad \cdots, \quad x^{(0)}(n) \right\}$，其累加生成序列为 $X^{(1)} = \left\{ x^{(1)}(1), \quad x^{(1)}(2), \quad \cdots, \quad x^{(1)}(n) \right\}$。

按照累加生成序列建立微分方程模型为

$$\frac{\mathrm{d}X^{(1)}}{\mathrm{d}t} + aX^{(1)} = u$$

其解的离散形式为

$$X^{(1)}(t+1) = \left(X^{(0)}(1) - \frac{u}{a} \right) \mathrm{e}^{-at} + \frac{u}{a}$$

在确定参数 a 和 u 后，按此模型递推，可以得到预测的累加数列，通过检验后，再累减即可得到预测值。

如图 4-7 所示，从 2009 年以后，入藏游客人均消费额与城镇居民人均可支配收入呈现较为相近的变化趋势，表明从 2010 年中央第五次西藏工作座谈会之后，西藏旅游业发展才开始步入一个相对稳定的发展阶段，且入藏游客的构成以国内游客为主，人均游客消费额和城镇居民人均可支配收入有着较大的相关性。因此，通过对国内城镇居民人均可支配收入的变化来预测入藏游客人均消费额的变化。

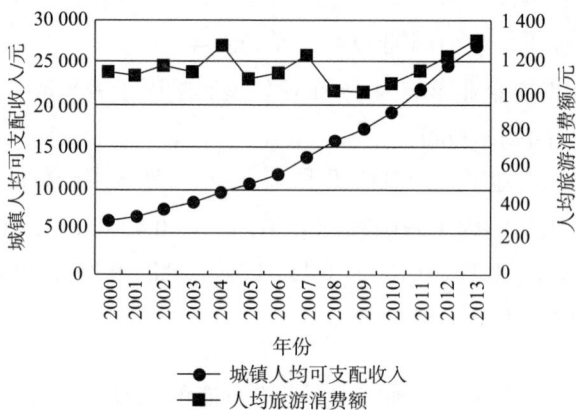

图 4-7　中国城镇人均可支配收入和入藏游客人均消费额

资料来源：《中国统计年鉴》和《西藏统计年鉴》

通过回归分析，人均旅游消费额=0.029×城镇居民人均可支配收入+498.223，通过灰色预测模型，城镇居民人均可支配收入累加序列为

$$X^{(1)}(t+1) = 54\,986.72^{0.116t} - 48\,706.72$$

利用累减，可以得到原始序列 $X^{(0)}$ 的预测值，同时，根据历年城镇居民可支配收入增长状况，设定其年增长率不超过 13%作为灰因子条件。通过计算，可得出各时间节点国内城镇居民人均可支配收入，进而可确定入藏游客人均消费额。

游客人次是经济子系统中的积累变量，其初始值为 2000 年的 60.83 万人次。

游客变化率由 8 个影响因子构成，不同影响因子对其有正负相关影响，各影响因子系数通过多元回归分析方法确定，而各影响因子对游客的影响则是通过表函数的方式确定。

公路里程基准量是 2000 年的西藏自治区内公路里程数，为 22 503 千米。居民旅游认知基准量是 2000 年西藏居民对旅游业发展的认知状况，分值为 3.65。关于居民旅游认知度的测量，详见 4.6 节"人口子系统变量及关系"部分内容。

旅游资源存量是参考 SD 之父 Forrester 在世界模型 II 中对全球资源的统一计算方式得出。西藏的旅游资源存量在旅游业发展初期变化不大，因此，其对游客变化率影响也不明显，但随着旅游业的深入发展，各种旅游开发活动及旅游者行为对资源影响的增加，资源状况变化对游客人次变化的影响也逐渐加剧，这在表函数中可以得到很好地体现。设定 2000 年西藏旅游资源存量为 10^8 资源单位。季节性差异和可进入性的详细计算方式将在下文相关章节再行论述。

　　西藏自治区旅游行业人员流动相比其他省份而言，较为频繁。调研发现，主要原因在于三个方面：一是西藏旅游产业部门的经济效益相对较差。以西藏旅游股份有限公司为例，作为西藏自治区为数不多的旅游上市公司，长期以来都处于亏损状态。业绩不佳，导致企业内部员工待遇相比其他行业要低很多，因此，相当一部分员工尤其是年轻员工选择离开旅游行业，导致旅游行业人员流出率长期居高不下。二是西藏自治区独特的就业背景。由于自治区公务员招录规模较大，使得大量高校毕业生有更多的机会进入稳定的公务员队伍，从而降低了旅游行业的吸引力。三是西藏旅游事业的快速发展，以及政府各级部门对西藏旅游产业的大力扶持，又同时使得一部分人源源不断地进入旅游行业。因此，一方面员工从旅游行业流出，另一方面又不断有人员进入，使西藏旅游行业人员流动较其他省份频繁。2000 年，西藏旅游从业人口约为 13.88 万人。需要特别指出的是，该数据显示的是直接就业人员，而由旅游业发展引起的间接就业人员本小节未做统计。但由于西藏旅游产业的综合性特征及其显著的乘数效应，可以得出西藏旅游业引起的间接从业人员的规模应该更大，这也表明旅游发展对增加西藏就业的巨大促进作用。

　　新进人员状况本小节用企业固定资产总额的变化状况来衡量。旅游产业的扩张必然导致西藏旅游企业投资的增加，从而导致旅游就业的增加。通过计算历年旅游企业固定资产额度和旅游就业人员数量的变化状况，发现二者之间有着显著的正相关，如图 4-8 所示。

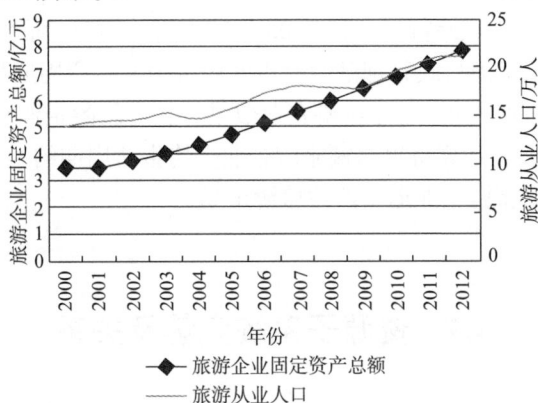

图 4-8　西藏旅游企业固定资产总额和旅游从业人口变化

本小节选择其变化指数趋势线进行比较，在总体趋势方面，可以发现随着旅游企业固定资产总额的增加，旅游从业人口的人数也在逐渐增加，二者之间具有较高的拟合度

　　由此，通过旅游企业固定资产指数的变化状况本小节用表函数形式近似表达出旅游就业人员的增加率，旅游人员流出率以常数的形式反映。研究发现，历年

西藏旅游行业人员的流出比例大致相同，通过对酒店、旅行社等有关单位的抽样调查确定其比例大约为18%。

旅游企业固定资产主要包括对旅行社、酒店两个部门的统计数据，而对于旅游交通和旅游景区等旅游产业部门，未做统计。因为调研发现无论是自然景区还是人文类景区，在西藏的旅游开发中，都很少做基础设施建设。并且其有限的固定资产投资对旅游发展影响也不大。此外，旅游交通和公共交通在西藏旅游事业发展中，难以严格区分和剥离，所以在实际统计中也没有纳入这部分资产。2000年，西藏旅游企业固定资产总额为3.5亿元。固定资产数额的增加依赖于旅游产业的发展，而衡量西藏旅游产业发展的指标仍然用常见的旅游收入/地区生产总值来表示。尽管当前有相关旅游增加值（旅游生产总值）的计算（李江帆和李美云，1999；智瑞芝和卢妍，2003；曾国军和蔡建东，2012），但由于国内旅游统计事业尤其是旅游卫星账户研究的滞后，旅游收入和地区生产总值的比值仍然是衡量一个地区旅游业发展在国民经济中地位的重要指标。调查发现，旅游收入占地区生产总值的比重越高，西藏旅游企业固定资产总额的增加额度就越大。但由于难以精确衡量二者之间的数量关系，仍然用表函数的形式表示西藏旅游企业固定资产总额增加额度和旅游收入占地区生产总值比重二者之间的关系。

在西藏旅游业发展中，由于经营不善或者合并重组等经营行为，旅游企业也面临着一定的淘汰现象。通过表3-1和表3-2的相关数据，也可以发现这样的现象。例如，在星级饭店方面，2009年的星级饭店总数是149家，而到2010年则下降到105家，到2011年则降低到85家。同样，在旅行社方面同样如此。2003年西藏自治区共有45家旅行社，到2006年减少为37家，到2012年则又猛增到99家。通过对西藏工商行政管理部门提供的旅游企业生命周期数据的集中分析，包括注册时间、注销时间、各年旅游企业数量、新进旅游企业、退出旅游企业等（陈晓红等，2009），计算得出西藏旅游企业平均生命周期约为9.45年，即表明每年约有10.58%的旅游企业退出西藏旅游市场。

4.3　资源子系统变量及关系

资源子系统刻画的是西藏旅游活动开展对西藏旅游资源的影响状况。尽管旅游资源存在不可移动性、可重复消费性等众多特征，但实践证明，旅游活动对旅游资源的消耗是客观存在的（俞金国等，2002；韦新良，2003；唐文跃，2011；徐清，2014）。通常而言，旅游资源可分为自然旅游资源、文化旅游资源和社会旅游资源，但无论哪一种旅游资源，基本上都是以一定的载体形式呈现在游客面前，都可以称为物质类旅游资源。当然也有一些旅游资源是无法物质化的，如文化习俗、宗教哲学等。为了便于对旅游资源的度量，文中所涉及的旅游资源专指物质类旅游资源，这也是考虑到西藏旅游可持续发展评价指标选择原则中"可衡量性"的需要。参考 Forrester（1973）世界模型 II 中对自然资源的衡量，本节将西藏旅游资源作为一个整体加以衡量。

4.3.1 系统变量分析

与世界模型 II 中对全球自然资源的度量一样，假定西藏旅游资源总量是一定的。严格来说，这种假设可能与旅游业发展的实践有一定的出入。例如，在旅游资源开发中，除了一些现实的旅游资源外，还有一些潜在的旅游资源。也就是说，在旅游资源开发中可能会产生一些新的旅游资源，如人造景观，而这种行为会导致旅游资源量的增加。但对于西藏旅游业而言，旅游开发的重点在于对现有资源服务水平的提升，对于潜在资源的开发并不是旅游业发展的重点，因此，本小节对西藏旅游资源存量的假设是可信的。即便在世界模型 II 中，对自然资源的假设，在某种程度上，资源量也存在增加的可能性，如淡水资源。气候变迁在一定时间段内会导致全球淡水资源的增加，但这并不妨碍世界模型 II 中对全球自然资源极度消耗的假设。因此，这个道理同样适用于本小节对西藏旅游资源的假设。在后期的环境变化和旅游开发中，由于自然损耗和人为因素的影响，西藏的旅游资源总是呈不断减少的趋势。当然，对于自然损耗而言，这是一个相对长期且缓慢的过程，且可以通过各种保护措施延缓甚至暂时中止这种破坏行为。相比之下，旅游经营行为和游客行为对旅游资源的影响却呈逐渐加剧的趋势，因为入藏游客的数量激增和在市场经济中经营管理者的短视行为总是会发生，而这加剧了旅游资源的消耗。因此，资源子系统中，西藏旅游资源存量的影响因素就包括旅游资源自然损耗和旅游活动的损耗两个方面。旅游活动损耗由于方式各异、类型较多，本小节设定旅游收入的增加和旅游资源的损耗之间是有内在关联的，如前文所述，旅游收入的增加源于游客人次的增加和人均旅游消费额的增加。游客人次的增加给西藏旅游资源的接待能力提出了更高的要求，如布达拉宫，游客数量的增加对宫殿整体建筑以及建筑内的壁画等都造成了一定的压力，这才有了将布达拉宫每天客流量限制在 2 300 人次以内的管理措施。因此，游客人次增加会增加西藏旅游资源的损耗。人均消费额的增加意味着平均每一人次旅游者在西藏消耗了更多的旅游产品（假定旅游产品价格保持不变，在西藏旅游调研中，尽管产品价格总体保持上升趋势，但显然西藏旅游收入的增加不是通过提价而得）。而旅游产品是旅游资源开发的最终结果，即旅游资源总是通过旅游产品化的方式让游客去消费，这表明消费了更多的旅游产品即消费了更多的旅游资源。排除旅游资源可重复消费的特性，消费过程中旅游资源也是客观地减少着。因此，以旅游资源存量为积累变量，西藏旅游可持续发展系统中资源子系统的流率基本入树模型如图 4-9 所示。

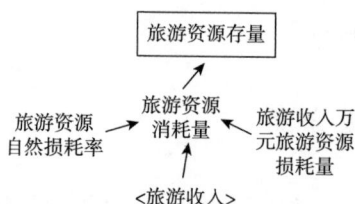

图 4-9　旅游资源存量流率基本入树模型

4.3.2　反馈关系分析

资源子系统的反馈关系相对简单，以积累变量旅游资源存量为首尾的主要反馈环如下。

旅游资源存量 $\xrightarrow{+}$ 旅游资源消耗量 $\xrightarrow{-}$ 旅游资源存量。

旅游资源存量 $\xrightarrow{+}$ 旅游资源指数 $\xrightarrow{+}$ 旅游资源游客影响因子 $\xrightarrow{+}$ 游客变化率 $\xrightarrow{+}$ 游客变化量 $\xrightarrow{+}$ 游客人次 $\xrightarrow{+}$ 旅游收入 $\xrightarrow{+}$ 旅游资源消耗量 $\xrightarrow{+}$ 旅游资源存量。

4.3.3　数量关系分析

资源子系统中由于只有一个关键变量——积累变量旅游资源存量，因此其包含的方程式也相对简单，如下。

Ⅰ. 旅游资源存量=INTEG（-旅游资源消耗量，1×10^{8}），单位：资源单位。

Ⅱ. 旅游资源消耗量=旅游资源存量×旅游资源自然耗损率+旅游收入×旅游收入万元旅游资源损耗量，单位：资源单位。

Ⅲ. 旅游收入万元旅游资源损耗量=1，单位：资源单位。

Ⅳ. 旅游资源自然耗损率=0.001，单位：Dmnl。

旅游资源存量表示方法同 Forrester（1973）世界模型Ⅱ中对自然资源存量的衡量，以资源单位作为衡量旅游资源存量的基本单位，以每万元旅游收入资源消耗量为 1 资源单位。本小节确定 2000 年西藏地区旅游资源存量为初始值，数量为 1×10^{8} 资源单位。在旅游资源的存在过程中，因为各种自然原因，如地震、风化、气候变迁等导致的旅游资源损耗是客观存在的。西藏的众多物质类旅游资源同样面临着这些问题,如纳木错水位的逐渐降低、萨迦寺壁画的逐渐暗淡、哲蚌寺僧舍的逐渐荒废等,尽管这些损耗可能对旅游者的旅游动机没有决定性的影响,但仍将其考虑作为西藏旅游可持续发展中的一个重要辅助变量。因为在对入藏游客的抽样访谈中,有较多游客对拉萨三大寺之一藏传佛教格鲁派祖寺甘丹寺游览兴趣不大。不是因为游客对甘丹寺不熟悉或者该寺远离拉萨市区,只是因为他们听闻该寺在历史上受到的毁灭性破坏。因此,本书认为,尽管不同于人为破坏那么明显,旅游资源的自然损耗同样会对游客动机有着一定的负面影响。通过对冰川、湖泊及寺院等相关旅游资源的考察,抽样调查确定西藏物质类旅游资源的年自然损耗率为 0.001[①]。

关于西藏旅游资源存量的确定,本节只是给出一个数值,并不存在明确的计算依据。这个数值的确定完全只是出于计算的方便,理论上,可以将其确定为任何数值,如 1 万、10 万、100 万资源单位等。但为了直观其见,同时也仅仅是出于对西藏旅游资源赋存的极度乐观,本书将其值设定为 1×10^8。

4.4 环境子系统变量及关系

环境问题一直以来都是制约旅游业可持续发展的重要因素。对于大众旅游消费者而言,总是向往自然环境优美、令人心情愉悦的旅游目的地,这也是近些年生态旅游日渐红火的重要原因。作为我国重要的高原生态旅游目的地,西藏自治区始终以蓝天、白云、碧湖、绿草等自然旅游资源为广大旅游者所向往。但不能忽视的是,随着旅游业的深入开展、居民人口数量的增长、工矿企业的增加及青藏高原整体自然环境的变迁,西藏的环境问题已经开始引起业界及学术界的关注。根据《中国环境统计年鉴》的数据,西藏无论是固体污染物还是废水、废气等的排放,都是呈逐年增加的趋势,从而某种程度上对西藏世界旅游目的地建设的进程造成威胁。因此,本节将环境子系统作为西藏旅游可持续发展系统的重要组成部分,并加以分析。

环境是旅游业得以开展的空间载体,因此,无论环境问题是由旅游业还是其他行业引起的,同样会对旅游业造成影响。无论是工业污染还是生活污染,抑或旅游产业自身的发展造成的污染,对于游客而言,所能感知到的都是旅游地的环境问题,都会对他们的旅游决策造成影响,如雾霾对我国北方城市旅游的影响。

---

① 这并不意味着千年以后西藏的旅游资源将损耗殆尽,这只是表明在无人为干预状态下,随着环境变化,西藏旅游资源的一个衰减过程,这也符合物理学中著名的"熵定律",即一个封闭系统容易走向无序,从而导致其瓦解和衰亡。

尽管雾霾非旅游业产生，但却会大大制约旅游需求的产生。此外，从实践的角度来看，很难将旅游污染从旅游地的整体污染中剥离出来，就像有时候很难严格区分旅游交通和公共交通一样。因此，也较难获得旅游污染的相关数据。此外，对于西藏自治区而言，一个奇怪的现象也让本节的研究没有必要区分污染和旅游污染。调研显示，西藏当地居民对污染的认知存在着严重的扭曲，很多人认为西藏污染量的增加源于旅游业的发展，认为是外地游客的大量涌入加剧了西藏自然环境的变迁。无论这污染是由工业发展还是日常生活引起的，他们统统将其归属于旅游业的发展。基于上述分析，本节研究用污染代替旅游污染来考察环境问题对西藏旅游可持续发展的影响。在污染子系统中，参照 Forrester（1973）世界模型Ⅱ中对污染排放的衡量，不区分污染的类型，而将其作为一个整体研究。污染子系统中，只有一个积累变量，即污染存量。

4.4.1　系统变量分析

作为一个积累变量，污染存量的变化由污染处理量和污染增加量两个流位变量决定。污染的处理主要由两个变量确定：一是环境保护措施对污染物的处理。每年，西藏自治区会投入一定的资金用于污染排放的处理，在一定程度上缓解了地区生产总值增长对西藏环境问题带来的影响。因此，在这个意义上，很容易理解为环保投资金额越大，则能够处理的污染物就越多。环保投资在西藏地区生产总值中占有一定的比重，尽管当前占的比重较小，但是纵观近十年的相关数据，以及未来西藏环境治理工作的需要，其数值呈现逐渐增加的趋势。一方面因为社会经济的发展给西藏环境带来的压力逐渐增大，另一方面西藏的环境问题越来越受到足够的重视，并且环境问题已经成为政府和企业考核的重要指标。二是环境自净能力对污染物的处理。环境自净能力是环境的一种特殊功能，受污染的环境，经过一些自然过程及生物的参与，都具有恢复原来状态的能力。在环境科学中，通常认为环境自净能力是指自然环境可以通过大气和水流的扩散、氧化及微生物的分解作用，将污染物化为无害物的能力，它的主要机理有物理作用、化学作用和生物作用。当然，在 SD 模型中，便于研究的需要，本小节综合考虑西藏的环境自净能力，并将其自净能力设置为一常数。在我国当前的发展模式下，地区生产总值的增加导致区域环境污染的增加已经成为共识，因此，在环境子系统中，本小节也认为西藏污染量的增加是由西藏地区生产总值的增加引起的。综上分析，西藏旅游可持续发展系统中环境子系统的流率基本入树模型如图 4-10 所示。

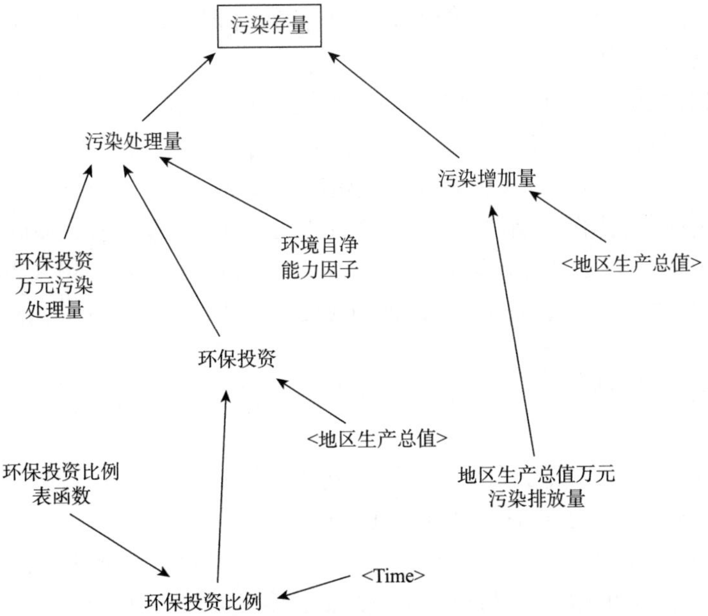

图 4-10　污染存量流率基本入树模型

4.4.2　反馈关系分析

与其他子系统不同，在西藏旅游可持续发展系统中，环境子系统不再局限于旅游系统范围内，而是将旅游业发展依赖的整体自然环境都纳入其中。因为自然环境是旅游地开展旅游业的空间载体，在旅游实践中，游客所能感知到的本身就是旅游地的整体自然环境，环境质量的高低对于游客的旅游满意度有着直接的影响，所以本小节研究用污染存量代替旅游污染作为系统中的一个重要变量。这也导致了尽管污染存量在西藏旅游可持续发展系统中发挥着重要的作用，但在反馈环计算中，却没有相应的逻辑关系。环境子系统是整体作为一个外生系统嵌入西藏旅游可持续发展系统中，其通过对西藏旅游可持续发展系统的相关变量产生影响进而影响到西藏的旅游可持续发展能力。

4.4.3　数量关系分析

同资源子系统一样，污染子系统中也只包含一个积累变量——污染存量，因此，其包含的方程式也是以污染存量为中心的，相对简单。

Ⅰ. 污染存量=INTEG（污染增加量−污染处理量，8.2×10^6），单位：污染单位。

Ⅱ. 污染处理量=环境自净能力×污染存量+环保投资×环保投资万元污染处理量，单位：污染单位。

Ⅲ. 环保投资万元污染处理量=0.4，单位：污染单位。

Ⅳ. 环保投资=地区生产总值×环保投资比例，单位：亿元。

Ⅴ. 环保投资比例=环保投资比例表函数（Time），单位：Dmnl。

Ⅵ. 环保投资比例表函数=（[（2000，0）-（2050，0.095）]，（2000，0.000 2），（2005，0.001 9），（2 010，0.000 6），（2015，0.01），（2020，0.035），（2025，0.05），（2030，0.072），（2035，0.08），（2040，0.085），（2045，0.092），（2050，0.095）），单位：Dmnl。

Ⅶ. 污染增加量=地区生产总值×地区生产总值万元污染排放量，单位：污染单位。

Ⅷ. GDP 万元污染排放量=1，单位：污染单位。

Ⅸ. 环境自净能力=0.031，单位：Dmnl。

由 2001~2014 年《中国环境年鉴》与《西藏统计年鉴》的数据得出 2000~2013 年西藏地区污染物的排放量与地区生产总值的变化趋势，通过比较单位地区生产总值所引起的污染排放量发现，总体而言，地区生产总值和污染排放之间呈现较为固定的比值关系。以每万元地区生产总值引起的平均污染排放量作为 1 污染单位，确定 2000 年西藏自治区污染存量的初始值为 8.2×10^{6} 污染单位，确定环保投资万元污染处理量为 0.4 污染单位。前文提及环境自净能力是自然环境所具有的基本功能之一，但不同的地域由于不同的地理环境特征，其自净能力也不尽相同。本部分抽样调查了旅游活动比较集中的城市和乡村区域，设定西藏环境自净能力因子为 0.031。

环保投资是西藏处理污染、降低污染排放的主要措施。当然，由于西藏特殊的产业结构，工业比重相对较小，因此，环保投资占整个地区生产总值的比重也要远远低于其他地区。但同时，也需认识到，随着社会经济的发展，西藏的工业进步也非常明显，再加上人口增长所带来的生活排污、相关基础设施建设及其运用过程中的污染排放，西藏的总体污染排放呈逐年增加的趋势。通过对比历年环保投资占地区生产总值的比重也可以发现，总体而言，西藏的环保投资比例也呈逐年增加趋势，这也与当前中央和地方政府格外重视西藏环境建设有关。因此，假定西藏自治区的环境保护投资比例随着时间的变化而变化，并且呈现逐年增加的趋势，本小节采用表函数的形式刻画时间发展状态下西藏环保投资比例的变化。

4.5　社会子系统变量及关系

社会子系统是西藏旅游可持续发展的重要支撑系统，在社会子系统中有大量相关要素对旅游可持续发展有着极大的推动作用。尽管西藏旅游资源的品级和数量优于其他区域，但长期以来，制约西藏旅游业发展或者跨越式发展的因素较多，这些因素基本都在社会子系统中，导致西藏旅游产业长期处于较为落后的境地。无论是旅游收入还是游客人次与西藏旅游资源禀赋相比，都显得较为滞后。典型的，如旅游业发展的相关基础设施建设就难以适应西藏旅游业高速发展的需求。所以在中央提出将西藏建设成重要的世界旅游目的地之后，社会子系统的发展成为支持西藏旅游跨越式发展的关键所在。在社会子系统中，主要变量包括可进入性、公路里程、旅游创新能力和公共服务投资。

4.5.1　系统变量分析

交通问题一直以来都是制约西藏旅游业快速发展的主要因素（潘基斌和刘澜，2006；田荣燕和王建华，2013）。所以近些年，中央和西藏自治区政府都高度重视西藏的交通基础设施建设，其中的标志性事件就是 2006 年青藏铁路的通车，自此西藏旅游业迅速跨入一个新的增长时期。但是，通过调研仍然发现，交通票据一直都是大量游客对进藏旅游十分关注的问题。因此，可进入性就成为衡量西藏旅游可持续发展水平的重要指标。在交通科技领域，可进入性有广义和狭义之分。广义的可进入性指的是旅游者进入旅游地的交通难易程度及在旅游目的地内部的交通便捷程度（Pooler，1995；Israeli and Mansfeld，2003；Martínez and Viegas，2009），而狭义的可进入性通常认为是旅游资源所在地同外界交通往来的通畅和便利程度（Ozmen-Ertekin et al.，2007；Silva et al.，1998），也就是说旅游目的地不仅要方便游客的来访，而且要方便游客结束访问后的离开。本小节的可进入性指的是狭义的可进入性，即游客出入西藏的便利程度。而至于游客在旅游地内部的交通问题，在"公路里程"环节再行论述。关于可进入性的衡量，一直都是交通地理领域研究的热点问题。Hansen（1959）在其研究中给出了经典的测量可进入性的方程

$$A_i = \sum_J a_{ij} \cdot f(t_{ij}) \tag{4-4}$$

其中，A_i 表示 i 地居民到 j 地的可进入性；a_{ij} 表示 j 地对 i 地居民的吸引力；t_{ij} 是 i 地居民到 j 地的旅行时间；$f(t_{ij})$ 是一个阻抗函数。

式（4-4）衡量的是 i 地居民到不同区域的潜在可进入性。但由于本小节研究

的是外来游客进出西藏的便利程度，所以实际上是不同区域的游客到西藏这个旅游目的地的可进入性，与式（4-4）正好相反。在实际操作中，很难也没有必要计算不同的旅游客源地到西藏的可进入性，而是要获得一个理论上可以应用的平均值，即一个整体上的外来游客到西藏的可进入性，这也可以理解成是点对点之间的进出便利性。这样式（4-4）中的 a_i 就没有必要存在，因为已经假定外地和西藏这两个点之间的必然到达性。西藏对外地游客的吸引力是显而易见的，式（4-4）中的 a_i 可以看做 1，所以西藏的可进入性可直接用式（4-5）表示。

$$A = f(t) \tag{4-5}$$

其中，t 表示外来游客到西藏的旅行时间。在可进入性研究中，有很多方法来估算阻抗函数。代表性的，如 Karou 和 Hull（2014）在其研究中提出用负指数函数来表达，其式如下：

$$f(t) = e^{-\beta \cdot t} \tag{4-6}$$

其中，β 是旅行时间 t 的敏感度参数，其取值范围在 0~1。

在他们的研究中，因为研究区域是一个相对较小的区域，人们出行以公共交通为主，即人们对出行时间并不是十分敏感，所以他们取 β 值为 0.1。而由于西藏的可进入性是一个相对宏观的区域，人们对旅行时间非常敏感，因此才有以往的"出国容易进藏难"的感叹，本小节取 $\beta \geq 0.5$，并且通过不同的 β 值代表不同情形下入藏游客对旅行时间的敏感程度。这里旅行时间是以时间为变量的表函数。随着交通科技的发展和入藏交通基础设施建设的进步，入藏旅行时间总体上呈下降趋势。

可进入性流率基本入树模型如图 4-11 所示。

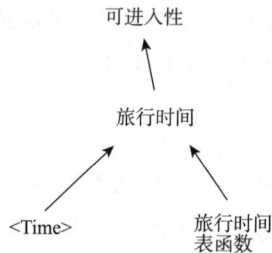

图 4-11　可进入性流率基本入树模型

作为广义上可进入性的一部分，公路里程反映的是游客在西藏内部的交通便利程度。虽然当前在西藏自治区内部有铁路交通（2014 年 10 月拉萨到日喀则铁路通车）、航空运输（目前为止，西藏每个市级行政区都建有机场，并且开辟了各机场间的航线）等多种交通方式，但旅游者在西藏内部的交通运输主要还是靠公路交通，且整体比例在 95% 以上。当然，不仅是促进旅游业发展，公路建设在过去的 10 年中对促进自治区内部人员流动和社会经济发展也做出了巨大的贡献。

2010~2012 年，西藏的公路通车里程由 22 503 千米增加到 65 198 千米，有效地促进了游客在自治区内部的流动，也使得"散的开"的实现概率大幅增加。

统计显示，西藏公路里程的增加和地区生产总值的增长之间存在着显著的正相关关系，如图 4-12 所示。因此，地区生产总值的变化状况可以显著地反映公路里程的变化。公路里程的流率基本入树模型见图 4-13。

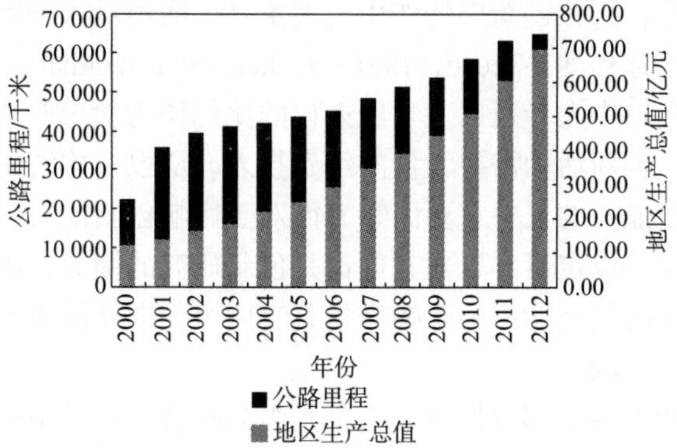

图 4-12　西藏公路里程和地区生产总值的年度变化

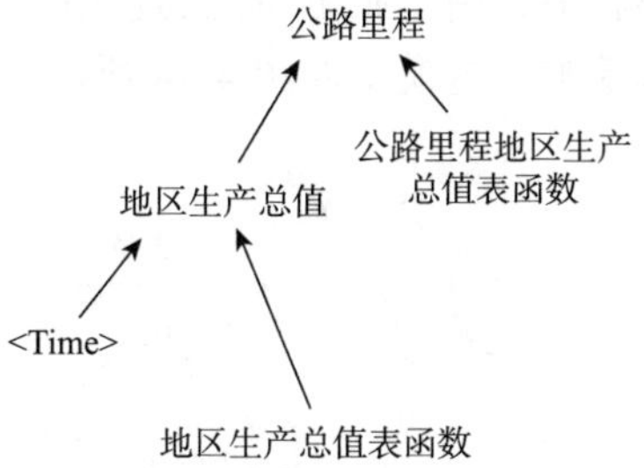

图 4-13　公路里程流率基本入树模型

旅游创新是旅游研究领域的新兴方向。传统而言，创新通常集中在制造业领域，但随着创新概念的不断拓展，从产品到管理制度到思想意识都成为创新研究的主要内容。创新指的是新的观点、过程、产品和服务等的生成、接受和运用。在旅游学研究中，目前大量的研究是一种探索性的、定性的，都是基于对某些案例的分析，而对旅游创新没有一个严格的定义（Hjalager，2010；Moscardo，2008）。从内容而言，旅游创新主要包括流程创新、管理创新、产品创新、营销创新和制度创新。无论是哪一方面，旅游创新对于西藏旅游业发展的促进作用都是显而易见的，如西藏自治区旅游局到旅游发展委员会的转变、西藏旅游文化国际博览会的组织、布达拉宫客流量的控制、纳木错旅游规划的编制等，都表明旅游创新能力已经成为西藏旅游可持续发展系统中的重要因素。

国内外关于旅游创新能力衡量的研究并不多。Camisón 和 Monfort-Mir（2012）

在研究旅游企业创新绩效的过程中指出，应该综合考虑企业的创新能力，并且设置了一系列衡量企业创新能力的指标。与研究旅游企业不同，本小节所考察的是整个西藏旅游行业的创新能力，因此，它所包含的要素和部门更加复杂，Camisón和 Monfort-Mir 的方法显然不太适用。既然创新是一项宏观的系统工程，本小节也从宏观的层次来研究西藏旅游的创新能力。创新主要是一种智力活动，关键是由人来参与，因此，人在创新中的作用至关重要。而衡量人创新能力的基本方面就在于他们的受教育程度（Teece，1986；Cohen and Levinthal，1990），所以本书将西藏旅游从业人口中大专及以上学历人口的比例作为衡量西藏旅游创新能力的重要因素。另外，创新活动需要大量的经费投入，所以"旅游研究经费"就构成影响西藏旅游创新能力的又一重要因素。而对于影响创新能力的其他要素，如技术、政策等，因为难以定量，以及它们都是创新研究的绩效，本部分没有加以考虑。因此，西藏旅游创新能力的影响变量就有两个，即旅游研究经费和从业人员大专以上学历人口比例。

旅游研究经费由两个部分构成，一个是纵向经费，就是由政府科研管理部门所拨付的用于西藏旅游研究的相关费用。另一个是横向费用，是企业与相关研究机构联合或者是企业内部着手，用于旅游研究的费用。

旅游创新能力的流率基本入树模型如图 4-14 所示。

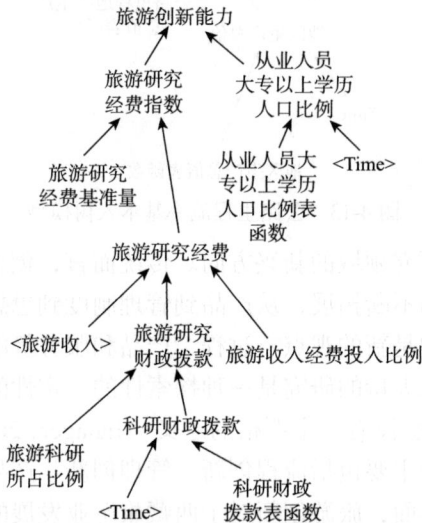

图 4-14　旅游创新能力流率基本入树模型

西藏自治区特殊的高原环境，游客对于入藏旅游总是有各种危机认知，如章杰宽（2011）指出，游客入藏旅游的风险认知维度包括财务风险（指所购买旅游产品或服务的金钱成本超过预期时所感受到的风险）、绩效风险（指旅游产品质量不能达到期望值所感受到的风险）、身体风险（指因环境变化、意外事件、治安等因素对身体造成伤害的风险）、社会心理风险（指选择的旅游产品不被别人认同而导致自我形象或自我概念受损带来的风险）、便利风险（指消费者从事购买旅游产品以获得满足时，所可能发生的时间精力不确定损失带来的风险）和设施设备风险（指旅途中各种设施设备的安全性引发的风险）等。其中，因为高原缺氧这样的气候环境，身体风险的认知度最高。此外，广大消费者对跟旅游相关的其他配套服务，如便利风险，即金融、医疗卫生服务，也表现出一定的担忧。上述这些都可以通过增加公共服务设施的建设得以解决或者降低影响，从而提高旅游地的服务水平，这就涉及公共服务投资的问题。广义上的公共服务投资项目包括教育类投资、基础设施投资（包括公共房屋、污水处理、垃圾处理、供排水、道路、港口等）、国有保护土地投资、农业和渔业投资等。本书提出的公共服务投资主要指的是与旅游产业发展相关的，能够给广大游客带来便利的，并且提升旅游满意度的相关投资，具体包括邮电运输、卫生医疗、金融保险、市内交通等。公共服务投资的流率基本入树模型见图 4-15。

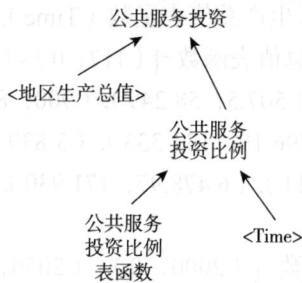

图 4-15　公共服务投资流率基本入树模型

4.5.2　反馈关系分析

社会子系统中，可进入性、公路里程、公共服务投资都是作为外生变量在系统的动态机制中发生作用，因此不存在首尾反馈关系。旅游创新能力的反馈关系如下。

旅游创新能力 $\xrightarrow{+}$ 旅游创新能力游客影响因子 $\xrightarrow{+}$ 游客变化率 $\xrightarrow{+}$ 游客变化量 $\xrightarrow{+}$ 游客人次 $\xrightarrow{+}$ 旅游收入 $\xrightarrow{+}$ 旅游研究经费 $\xrightarrow{+}$ 旅游研究经费指数 $\xrightarrow{+}$ 旅游创新能力。

旅游创新力 $\xrightarrow{+}$ 季节性差异 $\xrightarrow{+}$ 季节性差异指数 $\xrightarrow{+}$ 季节性差异游客变化影响因子 $\xrightarrow{-}$ 游客变化率 $\xrightarrow{+}$ 游客变化量 $\xrightarrow{+}$ 游客人次 $\xrightarrow{+}$ 旅游收入 $\xrightarrow{+}$ 旅游研究经费 $\xrightarrow{+}$ 旅游

研究经费指数 $\xrightarrow{+}$ 旅游创新能力。

4.5.3　数量关系分析

1）社会子系统中主要方程式

社会子系统中的主要方程式如下。

Ⅰ. 可进入性=e^（ $-\beta$ 旅行时间），单位：Dmnl。

Ⅱ. 旅行时间=旅行时间表函数（Time），单位：小时。

Ⅲ. 旅行时间表函数=（[（2000，20）-（2050，4）]，（2000，20），（2005，18.9），（2010，17.82），（2015，16.82），（2020，14.3），（2025，12.8），（2030，10.8），（2035，8.3），（2040，6.9），（2045，5.9），（2050，5）），单位：小时。

Ⅳ. 公路里程=公路里程地区生产总值表函数（地区生产总值），单位：千米。

Ⅴ. 地区生产总值=地区生产总值表函数（Time），单位：亿元。

Ⅵ. 公路里程地区生产总值表函数=[（117，0）-（7 700，200 000）]，（117.8，22 503），（248.8，43 716），（507.5，58 249），（900，86 368），（1 450，123 460），（2 047.81，129 123），（2 796.19，133 333），（3 839.97，144 561），（4 765.59，151 579），（5 632.13，164 211），（6 478.97，171 930），（7 700，185 263）），单位：千米。

Ⅶ. 地区生产总值表函数=[（2000，0）-（2050，7700）]，（2000，117.8），（2005，248.8），（2010，507.46），（2015，900），（2020，1 450），（2025，2 230），（2030，3 200），（2035，4 380），（2040，5 590），（2045，6 640），（2050，7 700）），单位：亿元。

Ⅷ. 旅游创新能力=0.467×从业人员大专以上学历人口比例+0.003 2×旅游研究经费指数，单位：Dmnl。

Ⅸ. 旅游研究经费指数=旅游研究经费/旅游研究经费基准量，单位：Dmnl。

Ⅹ. 旅游研究经费基准量=385.2，单位：万元。

Ⅺ. 旅游研究经费=旅游研究财政拨款+旅游收入×旅游收入经费投入比例，单位：万元。

Ⅻ. 旅游收入经费投入比例=0.000 015，单位：Dmnl。

ⅩⅢ 旅游研究财政拨款=科研财政拨款×旅游科研所占比例，单位：万元。

ⅩⅣ. 旅游科研所占比例=0.014，单位：Dmnl。

ⅩⅤ. 科研财政拨款=科研财政拨款表函数（Time），单位：万元。

ⅩⅥ.科研财政拨款表函数=（[（2000，0）-（2050，20 000）]，（2000，500），（2005，800），（2008，900），（2010，1 100），（2015，2 000），（2020，3 500），

（2025，4 500），（2030，7 000），（2035，10 000），（2040，14 000），（2050，20 000）），单位：万元。

XVII. 从业人员大专以上学历人口比例=从业人员大专以上学历人口比例表函数（Time），单位：Dmnl。

XVIII. 从业人员大专以上比例表函数=（[（2000，0）-（2050，0.55）]，（2000，0.003），（2005，0.0038），（2010，0.01），（2015，0.025），（2020，0.12），（2025，0.18），（2030，0.25），（2035，0.4），（2040，0.45），（2045，0.52），（2050，0.55）），单位：Dmnl。

XIX. 公共服务投资=地区生产总值×公共服务投资比例，单位：亿元。

XX. 公共服务投资比例=公共服务投资比例表函数（Time），单位：Dmnl。

XXI. 公共服务投资比例表函数=（[（2000，0）-（2050，0.16）]，（2000，0.01），（2005，0.03），（2010，0.05），（2015，0.085），（2020，0.09），（2025，0.11），（2030，0.125），（2035，0.135），（2040，0.14），（2045，0.146），（2050，0.16）），单位：Dmnl。

2）计算说明

如前文所述，可进入性是 e 为底的负指数函数，其中系数 β 反映了游客对入藏旅行时间的敏感程度。作为单调减函数，β 值越大，说明游客对入藏旅行越敏感，反之亦然。因此，在不同的发展战略下，设定不同的 β 值可以对可进入性进行不同情境下的仿真模拟，从而反映西藏旅游可持续发展系统的不同发展特征。随着社会经济的进步，尤其是西藏对外交通基础建设的快速推进，外部游客入藏时间呈逐渐减少的趋势。因此，在通过以往西藏对外交通建设及游客访谈的基础上，参考未来入藏交通建设规划预期及交通科技的发展趋势，研究设定如表函数所呈现的入藏旅行时间的变化趋势和特征。

如图 4-12 所示，公路里程和地区生产总值之间存在着显著的正相关关系。研究根据时间序列分析，确定未来一段时间西藏地区生产总值的增长状况，并以此确定西藏自治区公路里程在不同时间节点的变化状况。历年西藏地区生产总值的变化表明，其变化呈典型的指数增长趋势，因此，仍然用灰色预测模型并确定上下边界，预测其各个时间节点数值。通过计算，西藏地区生产总值累加序列为

$$X^{(1)}(t+1) = 427.45\mathrm{e}^{-54.18t} - 371.34$$

利用累减，可以得到原始序列 $X^{(0)}$ 的预测值，同时，根据历年地区生产总值增长状况，设定其年增长率不超过 18.1%，作为灰因子条件。通过计算，可得出各时间节点西藏自治区的地区生产总值，进而可确定各时间节点的公路里程数。

近些年随着西藏旅游教育发展及旅游研究投入的增加，西藏旅游业无论在管理理念、产品设计还是在组织架构方面都取得了长足的进步，反映出西藏旅游事

业创新能力的不断提高。高素质人才的不断增加，意味着企事业单位在管理、设计、营销等方面可以更好地运用相关理论知识，从而提高目的地竞争力。同时，无论是政府部门还是科研人员都关注到西藏旅游研究的重要性，因此，各种针对西藏旅游业发展实践及理论探索的纵向和横向科研项目在数量与层次上都有长足的进步。从业人员大专以上学历人口比例由对旅游企业的抽样调查及相关企业人力资源管理部门提供的数据得出，旅游研究经费的数额通过资料搜集（如对历年国家自然科学基金、国家社会科学基金、教育部人文社会科学项目、国家民族事务委员会项目及自治区相关类型项目的搜索）和抽样调查确定。2000~2012 年的西藏旅游创新能力由专家组采用定性评价的方式给定综合评分，根据结果通过回归分析确定旅游创新能力和从业人员大专以上学历人口比例和旅游研究经费指数的数量关系。

旅游研究经费基准量是 2000 年西藏旅游研究投入的经费数额。作为 R&D（research and development，即研究开发）投入的一部分，一直以来西藏旅游研究投入占西藏全部的科研投入比例并不高，根据统计显示，旅游科研所占比例约为 1.4%。同样的，旅游企业将旅游收入用于研发的就更少，调研显示有的单位甚至没有这一部分支出。根据抽样调研，确定西藏旅游产业各部门经费投入比例为 0.015%。而科研财政拨款的影响因素很多，这跟政府的战略取向及财政收入有很大的关系。但是，通过综合历年西藏自治区 R&D 投入状况，笔者发现科研拨款具有典型的时间序列特征，因此，基于方便考量的角度，本小节以时间为变量，将其设定为表函数形式。

在旅游业发展初期，作为规模扩张及粗放型发展的需要，旅游业从业人员中有大量的低学历人才。此外，旅游业本身就是一个综合性产业，相当多的部门其实并不需要高学历人才，加上西藏整体教育事业的落后，西藏旅游业发展中大专及其以上学历人才比例一直位居低位。近些年，随着自治区政府对旅游业的日益重视及旅游业本身的吸引力，一方面有相当的劳动力开始往旅游业流动，另一方面西藏旅游的高等教育发展也较快，每年的招生规模都在 200~300 人。总体上看，西藏旅游业中大专以上学历人才的比例呈一定的增加趋势。根据西藏旅游业发展态势及西藏旅游高等教育发展的趋势，本小节预测了到 2050 年西藏旅游业从业人员中大专以上学历人口的比例的变化状况，具体表现为以时间为变量的表函数形式。无论是为了提高人民生活水平还是为了更好地服务外来游客，西藏的公共服务投资一直呈逐年增加趋势。当然，无论出于什么目的，对于入藏游客而言，公共服务水平的提高，都使西藏作为旅游目的地的吸引力大大提高。同其他相关变量一样，也设定公共服务投资在地区生产总值中的比例是以时间为变量的表函数。

4.6　人口子系统变量及关系

　　人口子系统是从当地居民和游客行为两个方面来考量影响西藏旅游业可持续发展的相关变量。现代旅游业发展中，越来越重视社区的参与（刘静艳等，2008；陈飚和杨桂华，2008）。并且更多的研究表明，提升社区的参与性、让社区居民更多地从旅游业发展中获取利益已经成为当地旅游业可持续发展的关键要素之一（Amsden et al.，2011；Reed，1997；Richards and Hall，2003；郭华和甘巧林，2012；孙业红等，2011）。因此，人口子系统中引入居民旅游认知度指标，以综合考量西藏居民对旅游业发展认知程度的高低。游客的大量涌入给西藏旅游的各个方面都带来了巨大的影响，尤其体现在主客交互行为中。此外，由于旅游业自身淡旺季比较明显的特征，以及西藏高原环境的特殊性，入藏客流的季节性差异也十分突出。大量的客流集中在有限的时间内，给西藏的景区承载力、接待管理及居民的正常生活秩序都带来了一定的影响。因此，旅游拥挤指数和季节性差异也是人口子系统中的重要变量。下文就将从居民旅游认知度、季节性差异和旅游拥挤指数三个变量对西藏旅游可持续发展的人口子系统进行分析。

4.6.1　系统变量分析

　　旅游业发展已经给西藏的社会经济各方面带来了巨大的正面或负面影响，为了衡量这种影响，本书引入居民旅游认知度变量，用于考虑西藏居民对旅游业发展的总体认知状况。因为旅游业发展归根到底是为了让居民有一个更好的生活状态，这可能体现在生态环境方面，也可能体现在经济收入方面，还可能体现在思想观念方面等。本小节运用李克特 5 点量表，将居民旅游认知度采用 1~5 的分值进行评定。通过调研确定其主要影响因素包括旅游就业状况、旅游收入、游客拥挤指数和污染指数四个方面，进而研究居民旅游认知度和这四者之间的关系。在这四个要素中，污染指数和旅游拥挤指数对居民旅游认知度有着负面影响，旅游就业和旅游收入对居民旅游认知度有着正面影响。因此，居民旅游认知度流率基本入树模型如图 4-16 所示。

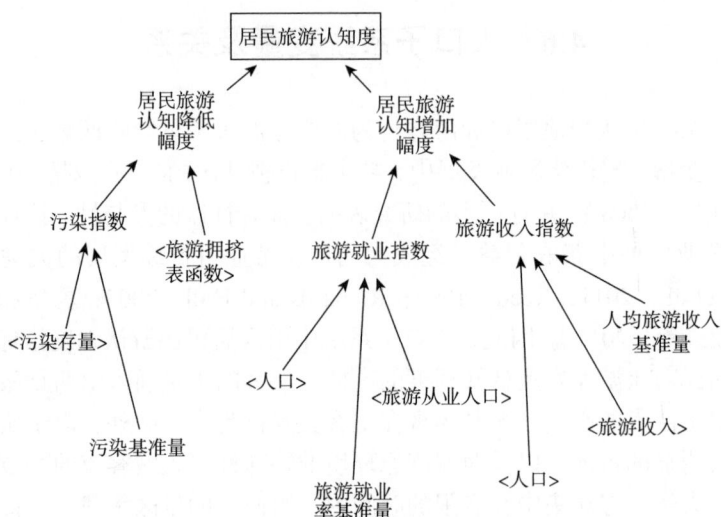

图 4-16　居民旅游认知度流率基本入树模型

关于居民旅游认知度和这四个要素之间的关系，研究采用问卷调研的方式确定。问卷由 5 个问题构成，问卷内容如下。

（1）旅游业对当地发展非常重要（总体旅游认知度）。

　□完全反对　　□反对　　□不确定　　□支持　　□完全支持

（2）旅游业提高了居民生活水平。

　□完全反对　　□反对　　□不确定　　□支持　　□完全支持

（3）旅游业增加了当地就业。

　□完全反对　　□反对　　□不确定　　□支持　　□完全支持

（4）旅游业影响了当地正常生活空间。

　□完全反对　　□反对　　□不确定　　□支持　　□完全支持

（5）旅游业发展影响了当地环境。

　□完全反对　　□反对　　□不确定　　□支持　　□完全支持

每个问题采用李克特 5 点量表来衡量，其中 0-1 表示完全反对，1-2 表示反对，2-3 表示不确定，3-4 表示支持，4-5 表示完全支持。问卷调研地点是拉萨北郊的娘热乡，是一个近些年开始发展旅游业的乡村。此次调研共发放了 230 份问卷，其中回收问卷 221 份，有效问卷 214 份，问卷的信度系数（Cronbach's α）是 0.884，效度是 0.811。根据问卷结果，运用多元回归分析确定居民旅游认知度和这四个方面的关系。上文 2000 年的居民旅游认知基准值 3.65 正是通过对当年上述四个要素的考察得出。

与其他旅游目的地相比，高原气候已经成为制约西藏旅游可持续发展的重要因素，并且使得西藏旅游业有着十分典型的季节性差异现象（耿香玲，2012）。而为了改变这种情形，自治区政府和旅游企业采取了各种措施，如价格优惠、增加公共服务供给、创新产品等，来增加西藏对游客的淡季吸引力，并且取得了一定的效果。然而，这并未从根本上改变季节性差异给西藏旅游业带来的负面影响。调研发现，在旅游淡季，西藏旅游业有大量的旅游接待设施闲置，相当一部分旅游企业员工处于待业状态，也导致了一些对旅游业发展依赖比较大的地区的经济发展受到较大影响。因此，季节性差异是西藏旅游可持续发展系统中的重要变量。其衡量采用旅游旺季的游客人次与全年游客人次的比值方式确定。比值越大，说明入藏游客的季节集中性越强，则季节性差异也越大；比值越小，说明季节性差异也越小。由于气候条件在西藏旅游管理中属于不可控因素，人们也难以对其进行有效的管理，因此，本小节并没有将其纳入西藏可持续发展系统中。抛开气候因素，提高旅游创新能力和增加公共服务投资可以有效地降低西藏旅游的季节性差异。季节性差异流率基本入树模型如图 4-17 所示。

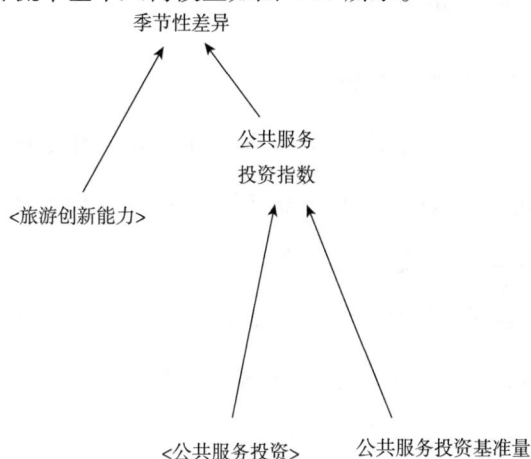

图 4-17 季节性差异流率基本入树模型

在以往的研究中，往往采用旅游者数量/旅游地面积的方式来衡量旅游业发展的拥挤效应（Pérez et al., 2013）。但是，考虑到西藏旅游地的自身特征——其拥有约 123 万平方千米土地，有限的游客量置于如此庞大的区域难以刻画旅游拥挤效应——本小节认为传统的方式不能客观地从居民视角，来衡量游客涌入所带来的社会心理容量问题。因此，本小节采用游客人次/人口数量的方式来反映居民对游客涌入的态度。旅游拥挤指数流率基本入树模型见图 4-18。

旅游拥挤指数表函数

<游客人次>

人口

<Time>

人口数量表函数

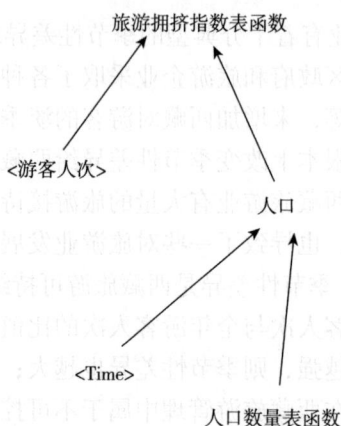

图 4-18   旅游拥挤指数流率基本入树模型

4.6.2   反馈关系分析

社会子系统的主要反馈关系如下。

季节性差异 $\xrightarrow{+}$ 季节性差异指数 $\xrightarrow{+}$ 季节性差异游客变化影响因子 $\xrightarrow{+}$ 游客变化率 $\xrightarrow{+}$ 游客变化量 $\xrightarrow{+}$ 游客人次 $\xrightarrow{+}$ 旅游收入 $\xrightarrow{+}$ 旅游研究经费 $\xrightarrow{+}$ 旅游研究经费指数 $\xrightarrow{+}$ 旅游创新能力 $\xrightarrow{+}$ 季节性差异。

旅游拥挤指数 $\xrightarrow{+}$ 居民旅游认知降低幅度 $\xrightarrow{+}$ 居民旅游认知度 $\xrightarrow{+}$ 居民旅游认知指数 $\xrightarrow{+}$ 居民旅游认知游客影响因子 $\xrightarrow{+}$ 游客变化率 $\xrightarrow{+}$ 游客变化量 $\xrightarrow{+}$ 游客人次 $\xrightarrow{+}$ 旅游拥挤指数。

居民旅游认知度 $\xrightarrow{+}$ 居民旅游认知指数 $\xrightarrow{+}$ 居民旅游认知游客影响因子 $\xrightarrow{+}$ 游客变化率 $\xrightarrow{+}$ 游客变化量 $\xrightarrow{+}$ 游客人次 $\xrightarrow{+}$ 旅游拥挤指数 $\xrightarrow{+}$ 居民旅游认知降低幅度 $\xrightarrow{+}$ 居民旅游认知度。

居民旅游认知度 $\xrightarrow{+}$ 居民旅游认知指数 $\xrightarrow{+}$ 居民旅游认知游客影响因子 $\xrightarrow{+}$ 游客变化率 $\xrightarrow{+}$ 游客变化量 $\xrightarrow{+}$ 游客人次 $\xrightarrow{+}$ 旅游收入 $\xrightarrow{+}$ 旅游收入指数 $\xrightarrow{+}$ 居民旅游认知增加幅度 $\xrightarrow{+}$ 居民旅游认知度。

居民旅游认知度 $\xrightarrow{+}$ 居民旅游认知指数 $\xrightarrow{+}$ 居民旅游认知游客影响因子 $\xrightarrow{+}$ 游客变化率 $\xrightarrow{+}$ 游客变化量 $\xrightarrow{+}$ 游客人次 $\xrightarrow{+}$ 旅游收入 $\xrightarrow{+}$ 旅游收入占地区生产总值比重 $\xrightarrow{+}$

旅游业发展企业影响因子→旅游企业固定资产总额增加额度→旅游企业固定资产总额→旅游企业固定资产指数→就业旅游企业固定资产影响因子→新进旅游从业人口→旅游从业人口→旅游就业指数→居民旅游认知增加幅度→居民旅游认知度。

4.6.3　数量关系分析

在社会子系统中，主要方程式有

居民旅游认知度=INTEG（+居民旅游认知增加幅度–居民旅游认知降低幅度，3.65），单位：Dmnl。

居民旅游认知降低幅度=0.66×污染指数+0.48×旅游拥挤指数，单位：Dmnl。

居民旅游认知增加幅度=0.62×旅游收入指数+0.55×旅游就业指数，单位：Dmnl。

污染指数=污染存量/污染基准量，单位：Dmnl。

污染基准量=$8.2×10^6$，单位：污染单位。

旅游就业指数=旅游从业人口/人口/旅游就业率基准量，单位：Dmnl。

旅游就业率基准量=0.053 4，单位：Dmnl。

旅游收入指数=旅游收入/人口/人均旅游收入基准量，单位：Dmnl。

人均旅游收入基准量=0.025 9，单位：万元/人。

季节性差异=0.325×旅游创新能力+0.621×公共服务投资指数，单位：Dmnl。

公共服务投资指数=公共服务投资/公共服务投资基准量，单位：Dmnl。

公共服务投资基准量=1.178，单位：亿元。

旅游拥挤指数=游客人次/人口，单位：Dmnl。

人口=人口数量表函数（Time），单位：万人。

人口数量表函数=（[（2000，0）-（2050，600）]，（2000，259.83），（2005，280.31），（2011，303.3），（2015，311.34），（2020，328.81），（2025，346.54），（2030，364.57），（2035，402.1），（2040，425.265），（2045，461.053），（2050，510）），单位：万人。

通过分析，居民旅游认知度 2000 年的值为 3.65。负面影响因素（污染和旅游拥挤）导致了居民旅游认知度的下降，正面影响因素（旅游收入和就业）导致了居民旅游认知度的增加。各因素变量的系数采用多元回归分析确定。

污染基准量是 2000 年的数值 $8.2×10^6$ 污染单位。旅游就业指数通过旅游就业率和旅游就业率基准值的比较得出。通过抽样调研的数据确定 2000 年西藏旅游就业人口在总体人口中的比重为 5.34%。

旅游收入指数衡量的是人均旅游收入的变化状况,而不是总体旅游收入的变化。因为随着社会经济的发展,西藏总体人口数量是不断增加的,只有通过计算人均旅游收入变化的状况,才能反映出旅游发展对西藏居民收入提升的贡献度。2000 年,西藏常住人口的人均旅游收入为 259 元人民币,以此为基准值,计算不同年份西藏的旅游收入指数。

根据不同年份旅游创新能力、公共服务投资和季节性差异的变化状况,采用多元回归分析计算出季节性差异和旅游创新能力、公共服务投资的数量关系。2000年,西藏公共服务投资的基准量为 1.178 亿元人民币。

在人口预测研究中,指数模型同样具有较大的适用性,因此,本小节仍然用灰色预测模型并确定上下边界,预测西藏自治区人口在各个时间节点的数值。通过计算,西藏人口数量累加序列为

$$X^{(1)}(t+1) = 16\,709.2\mathrm{e}^{0.0145t} - 16\,469.3$$

利用累减,可以得到原始序列 $X^{(0)}$ 的预测值,同时,根据历年人口增长状况,设定其年增长率不超过 2% 作为灰因子条件。通过计算,可得出各时间节点西藏自治区的人口数值。

4.7　西藏旅游可持续发展系统 SD 模型

根据上文中流率基本入树模型和相关变量方程,就可以建立西藏可持续旅游发展的 SD 模型。西藏地区旅游可持续发展 SD 模型由 5 个子系统(人口子系统、经济子系统、环境子系统、资源子系统和社会子系统)、6 个积累变量(污染存量、居民旅游认知度、旅游从业人口、旅游资源存量、游客人次和旅游企业固定资产总额)、10 个流率变量(污染处理量、污染排放量、居民旅游认知增加幅度、居民旅游认知降低幅度、旅游业流出人口、新进旅游从业人口、游客变化量、旅游企业固定资产总额增加额度、旅游企业固定资产总额减少额度和旅游资源消耗量)、19 个表函数(游客人均消费额表函数、可进入性游客影响因子表函数、公路里程游客影响因子表函数、污染游客影响因子表函数、游客公共服务投资游客影响因子表函数、居民旅游认知游客影响因子表函数、季节性差异游客变化影响表函数、企业发展影响因子表函数、就业旅游企业固定资产影响因子表函数、旅游创新能力游客影响因子表函数、旅游资源游客影响因子表函数、地区生产总值表函数、公路里程地区生产总值表函数、人口数量表函数、从业人员大专以上学

历人口比例表函数、环保投资比例表函数、公共服务投资比例表函数、科研财政拨款表函数、旅行时间表函数）、若干外生变量（地区生产总值、人口、旅行时间等）和常数（环境自净能力因子、旅游行业人员流出率、旅游企业平均生命周期、旅游资源自然耗损率等）构成。

至此，本节给出西藏旅游可持续发展系统的微分方程组，其反映了系统的基本运营特征。

$$\frac{\mathrm{d}\text{居民旅游认知度}(t)}{\mathrm{d}t} = \text{居民旅游认知增加幅度}(t) - \text{居民旅游认知降低幅度}(t)$$

$$= f_1(\text{认知增加旅游收入影响因子}(t),$$
$$\text{认知增加旅游就业影响因子}(t), \alpha_1)$$
$$- f_2(\text{认知降低旅游拥挤影响因子}(t),$$
$$\text{认知降低污染影响因子}(t), \alpha_2)$$

$$\frac{\mathrm{d}\text{旅游从业人口}(t)}{\mathrm{d}t} = \text{新进旅游从业人口}(t) - \text{旅游业流出人口}(t)$$

$$= f_3(\text{旅游企业固定资产总额}(t),$$
$$\text{旅游企业固定资产影响因子}(t), \alpha_3)$$
$$- f_4\text{旅游从业人口}(t),$$
$$\text{旅游行业人员流出率}(t), \alpha_4)$$

$$\frac{\mathrm{d}\text{旅游资源存量}(t)}{\mathrm{d}t} = \text{旅游资源消耗量}(t)$$

$$= f_5(\text{旅游资源自然损耗率}(t), \text{旅游资源存量}(t),$$
$$\text{旅游收入}(t), \text{旅游收入万元旅游资源损耗量}(t), \alpha_5)$$

$$\frac{\mathrm{d}\text{污染存量}(t)}{\mathrm{d}t} = \text{污染排放量}(t) - \text{污染处理量}(t)$$

$$= f_6(\text{地区生产总值}(t), \text{地区生产总值万元污染排放量}(t), \alpha_6)$$
$$- f_7(\text{环保投资}(t), \text{环保投资万元污染处理量}(t),$$
$$\text{污染存量}(t), \text{环境自净能力因子}(t), \alpha_7)$$

$$\frac{\mathrm{d}\text{旅游企业固定资产总额}(t)}{\mathrm{d}t} = \text{旅游企业固定资产总额增加额度}(t)$$

$$- \text{旅游企业固定资产总额减少额度}(t)$$
$$= f_8(\text{旅游业发展企业影响因子}(t),$$
$$\text{旅游企业固定资产总额}(t), \alpha_8)$$
$$- f_9(\text{旅游企业淘汰率}(t),$$
$$\text{旅游企业固定资产总额}(t), \alpha_9)$$

$$\frac{d游客人次（t）}{dt} = 游客变化量（t）= f_{10}（游客人次（t），游客变化率（t），\alpha_{10}）$$

模型的输入和计算都通过 SD 专业软件 Vensim PLE（Ventana Simulation Environment Personal Learning Edition）完成。Vensim PLE 是美国 Ventana 公司基于 Windows 操作平台开发的 SD 专用软件 Vensim 的个人学习版。Vensim PLE 提供了用因果关系、流位流率图模拟 SD 模型的简便方法。Vensim PLE 的用户界面是标准的 Windows 应用程序界面，使得用户操作非常方便。在启动 Vensim PLE 系统后得到的主窗口中，依据画图工具，在上述流率基本入树模型的基础上，可以很方便地画出西藏旅游可持续发展 SD 模型的流图，进而输入相关方程和参数。模型输入的整体界面如图 4-19 所示。

为了便于显示和交流，本小节将模型整体移出，通过图 4-20 可以清晰地看出西藏旅游可持续发展中的相关变量及各变量间的逻辑关系。如图 4-20 所示，游客变化率成为整个西藏旅游可持续发展系统的逻辑中心，也成为西藏旅游可持续发展的关键所在。说明在西藏旅游业中，大量的工作都是围绕游客人次的变化来进行，这也基本契合了当前西藏旅游业发展的诸多决策。但同时也表明当前西藏旅游治理思维中的一些问题。系统中的大部分变量都围绕着游客变化率，图 4-21 清晰地给出了直接作用于游客变化率上的所有变量。透过图 4-21 可以发现，当前西藏旅游业所做的努力的焦点在于吸引更多的旅游者进入，或者说西藏旅游业发展过多地依赖规模的扩张，而忽视了质的提升。这对西藏旅游业而言无疑是不利的，这也将成为制约西藏旅游可持续发展的重要方面。关于此问题，将在第 5 章相关部分做详细的分析。

西藏旅游可持续发展 SD 模型的基本设置为:模型的仿真初始时间为 2000 年，终止时间为 2050 年，共 51 年，仿真步长为 1 年。模型的主要数据都是采用田野调查的方式获得。包括居民旅游认知度、旅游研究经费、旅游从业人员大专以上学历人口比例、旅游从业人员流出率、旅游科研所占比例、旅游资源自然耗损率、环境自净能力因子、旅游企业生命周期等。此外，一些常用数据来源，如地区生产总值、污染存量、游客人次、公路里程、公共服务投资等可以通过《西藏统计年鉴（2001—2013）》、《中国旅游统计年鉴（2001—2013）》和《中国环境统计年鉴（2001—2013）》整理出。模型以 2000 年作为仿真的基准年，以相关变量 2000 年的数值作为仿真的基准值和初始值，从而计算出相关变量的指数。每个表函数的特征都是通过田野调查和统计年鉴的相关数据统计整理综合分析得出，在分析过程中，本章在表函数变量之间的制约关系、自变量变化范围和取值、函数的增减性及斜率方面征求了相关领域专家的意见，模型中涉及众多表函数方程，因此，此处对各表函数的建立过程做出总结。

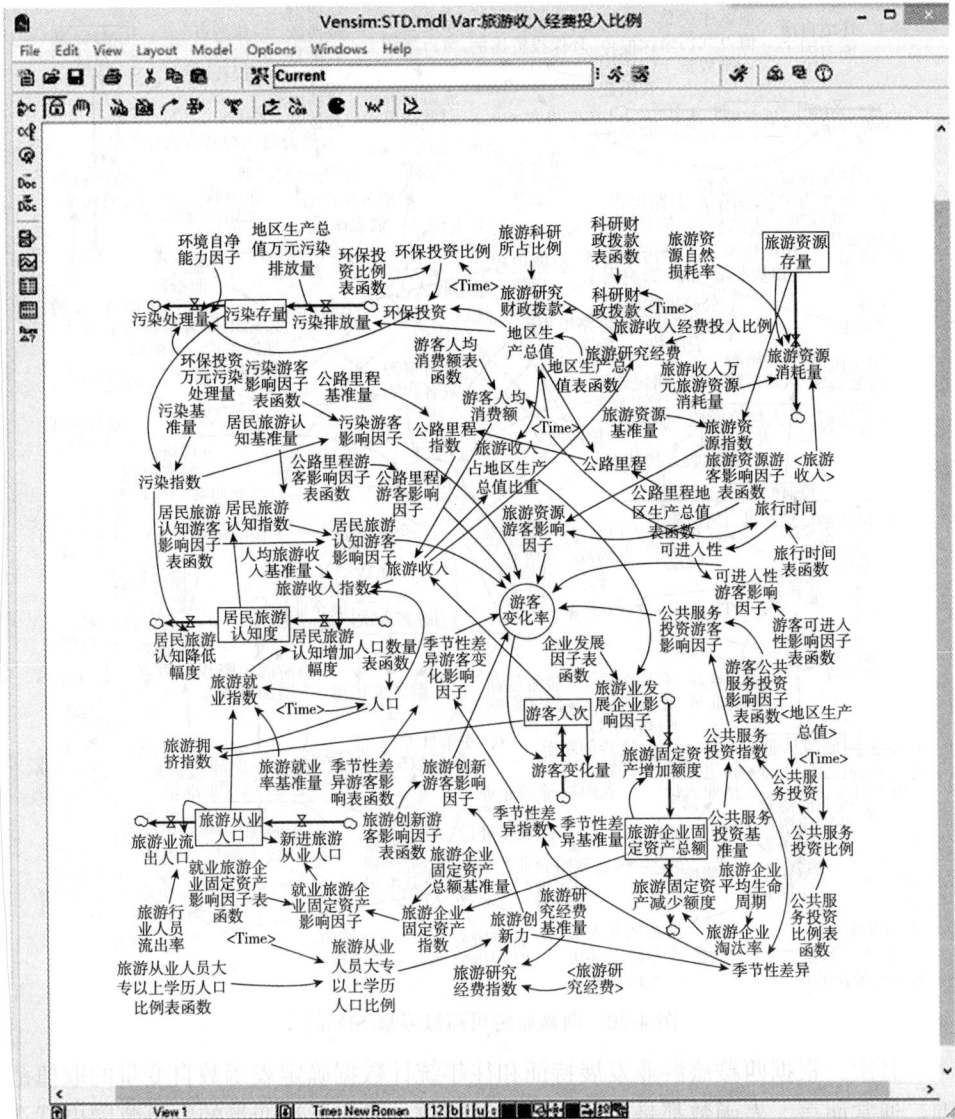

图 4-19　西藏旅游可持续发展 SD 模型界面

　　首先，根据质性分析，确定有关变量间的制约关系，对游客变化率和各影响因子之间的作用关系进行初步分析，即研究各因变量的自变量。表函数在系统动力学模型中因变量和自变量之间都是一一对应的。

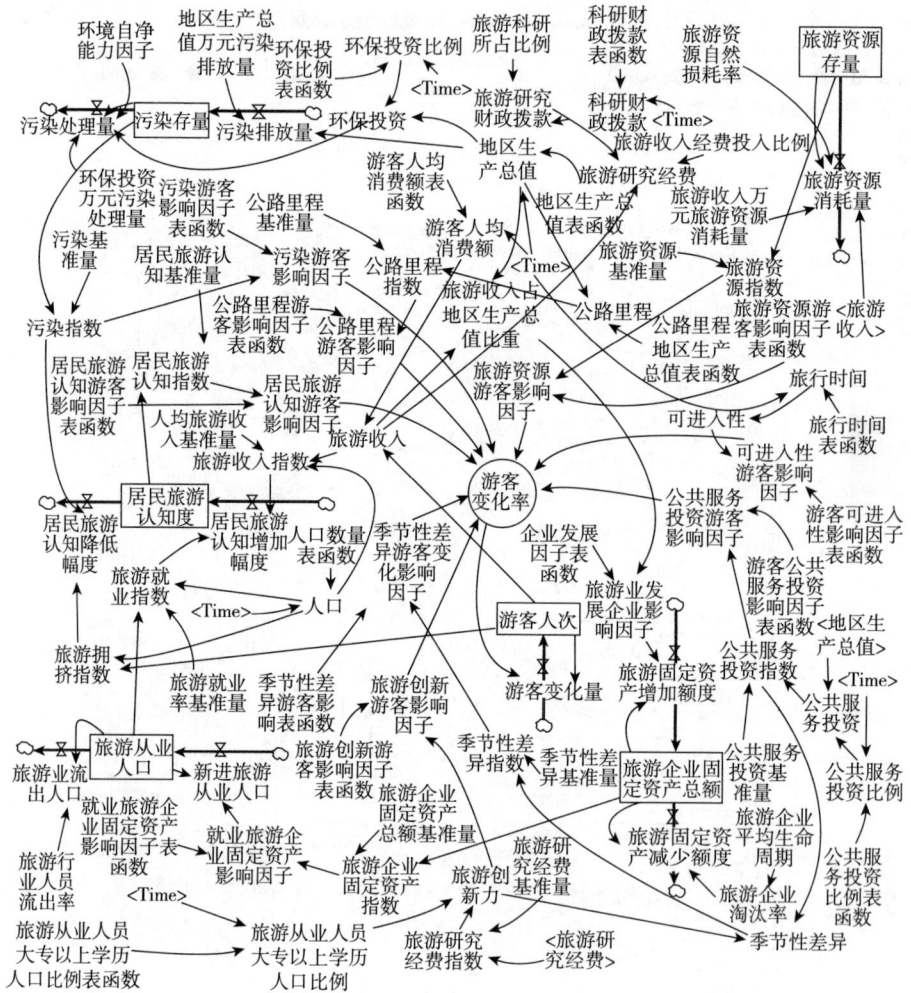

图 4-20　西藏旅游可持续发展 SD 流图

其次，根据西藏旅游业发展特征和往年统计数据确定表函数自变量的取值范围。通常而言，表函数都是区间上的单调函数。确定了自变量的取值范围也就意味着各因变量取值范围的确定。

再次，确定函数的增减性，尤其考虑自变量不同区间函数单调性的变化。对于某些特殊的变量而言，在自变量取值区间上，可能会引起因变量的不同属性的变化趋势。在本章的研究中，设定的表函数经确定，都是单调增函数或者单调减函数。

公共服务投资指数

公共服务投资游客影响因子表函数　　　公共服务投资游客影响因子

公路里程指数　　　公路里程游客影响因子

公路里程游客影响因子表函数

可进入性　　　可进入性游客影响因子

可进入性游客影响因子表函数

季节性差异指数　　　季节性差异游客变化影响因子

季节性差异游客变化影响因子表函数　　　游客变化率

居民旅游认知指数　　　居民旅游认知游客影响因子

居民旅游认知游客影响因子表函数

旅游创新力　　　旅游创新游客影响因子

旅游创新游客影响因子表函数

旅游资源指数　　　旅游资源游客影响因子

旅游资源游客影响因子表函数

污染指数　　　污染游客影响因子

污染游客影响因子表函数

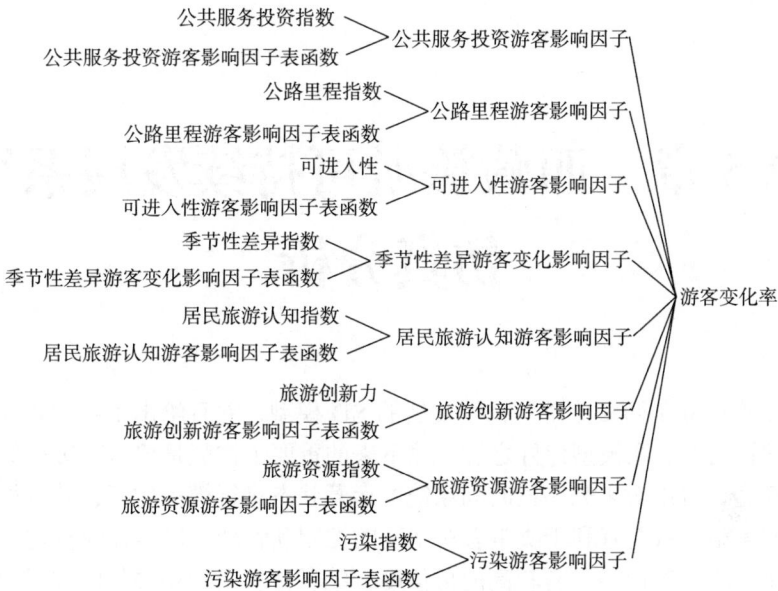

图 4-21　游客变化率因果树

　　最后，确定各表函数的一些特殊点和斜率。将表函数的最终结果向有关专家咨询意见，并做修改。

　　根据上述步骤，本章确定了西藏旅游可持续发展系统 SD 模型的 19 个表函数方程。

第 5 章　西藏旅游可持续发展系统
仿真分析

第 4 章建立了西藏旅游可持续发展的 SD 模型，并且给出了各主要变量之间的数理逻辑关系。在模型建好之后，接下来的重要工作就是要对其进行应用。通过 SD 模型，可以对未来一段时间系统的运营状态进行模拟仿真，并且得出一些针对性的策略，从而有利于决策者对系统的控制和管理。虽然在建模过程中为了保证所建立的 SD 模型具有较高的可信度，笔者曾多次到相关部门进行调查、搜集数据，并仔细核对、反复分析，但是，在模型应用之前，还是十分有必要对模型的科学性和有效性进行检验的。在有效的基础上，才能运用模型进行进一步的分析。本章将围绕旅游可持续发展控制的过程变化及当某一或某些要素发生变化时，西藏旅游可持续发展系统如何能够更好地去应对等核心问题展开讨论。根据相关敏感性要素，仍然按照惯用的现状、经济战略和资源环境战略三种情形（Guo et al.，2001；Hjorth and Bagheri，2006；Randers，2000；Boulanger and Bréchet，2005；章杰宽，2011），分别考虑这三种不同情形下西藏旅游可持续发展系统的动态变化特征。同时，在此基础上，本章还结合一些其他的管理科学方法，如神经网络评价、目标规划、网络层次分析（analytic network process，ANP）等，对西藏旅游可持续发展能力的评价和近期针对西藏旅游可持续发展所应采取的具体措施做深入细致的研究。

5.1　模型检验分析

在对 SD 模型的合理性和可靠性进行检验的研究中，历史检验是最为常用的方式。当然，作为社会实验的一种范式，SD 模型不可能是对历史现实的真实再现，模型检验的目的在于要求模型能够较为合理地解释某些社会经济现象，从而保证在其实践应用中是令人满意的。具体而言，历史检验是以历史时期的相关数据为参照系，将模型的仿真结果与历史数据进行对比，通过综合分析其误差和关联度来衡量模型是否科学。

　　基于篇幅及研究需要,本节用 2000~2013 年的数据对西藏旅游可持续发展 SD 模型进行检验。第 4 章提到,西藏旅游可持续发展 SD 模型共有 6 个积累变量,即居民旅游认知度、旅游从业人口、旅游企业固定资产总额、旅游资源存量、污染存量和游客人次,本节就用这 6 个变量的历史数据和仿真数据作对比,结果如表 5-1 所示。

表 5-1　西藏旅游系统的历史数据和仿真数据

年份	居民旅游认知度			旅游从业人口			旅游企业固定资产总额			旅游资源存量			污染存量			游客人次		
	H/Dmnl	S/Dmnl	E/%	H/万人	S/万人	E/%	H/亿元	S/亿元	E/%	H/亿资源单位	S/亿资源单位	E/%	H/亿污染单位	S/亿污染单位	E/%	H/万游客人次	S/万游客人次	E/%
2000	3.65	3.65	0.00	13.88	13.88	0.00	3.50	3.50	0.00	1.000 0	1.000 0	0.00	8.20	8.20	0.00	61	61	0.00
2001	3.79	3.72	−1.85	14.59	13.88	−4.87	3.57	3.50	−1.96	0.999 9	0.999 9	0.00	9.01	9.01	0.00	69	70	1.45
2002	3.67	3.81	3.81	14.54	14.20	−2.34	3.83	3.70	−3.39	0.999 8	0.999 8	0.00	1.002	1.002	0.00	87	82	−5.75
2003	4.03	3.91	−2.98	15.27	14.74	−3.47	4.10	3.98	−2.93	0.999 7	0.999 7	0.00	1.124	1.124	0.00	93	102	9.68**
2004	4.07	4.01	−1.47	14.63	15.35	4.92	4.22	4.32	2.37	0.999 6	0.999 6	0.00	1.264	1.264	0.00	122	127	4.10
2005	3.89	4.09	5.14	15.66	16.04	2.43	4.94	4.71	4.66	0.999 5	0.999 5	0.00	1.424	1.424	0.00	180	175	−2.78
2006	4.00	4.16	4.00	17.41	16.77	−3.68	5.33	5.14	−3.56	0.999 4	0.999 4	0.00	1.601	1.601	0.00	251	237	−5.58
2007	4.43	4.22	−4.74	18.17	17.46	−3.91	5.32	5.56	−4.51	0.999 3	0.999 3	0.00	1.819	1.819	0.00	403	380	−5.71
2008	4.45	4.28	−3.82	17.96	18.12	0.89	5.68	5.99	5.46	0.999 2	0.999 2	0.00	2.076	2.076	0.00	225	404	79.56**
2009	4.12	4.33	5.10	17.76	18.76	5.63	6.53	6.42	−1.68	0.999 1	0.999 1	0.00	2.369	2.369	0.00	561	505	−9.98**
2010	4.28	4.37	2.10	19.53	19.38	−0.77	7.20	6.85	−4.86	0.999 0	0.999 0	0.00	2.699	2.699	0.00	685	690	0.73
2011	4.60	4.42	−3.91	20.85	19.93	−4.41	7.65	7.31	−4.44	0.998 9	0.998 9	0.00	3.064	3.064	0.00	870	865	−0.57
2012	4.61	4.48	−2.82	21.29	20.65	−3.01	7.69	7.84	−1.95	0.998 8	0.998 8	0.00	3.486	3.486	0.00	1 058	1 054	−0.38
2013	4.30	4.55	5.81	21.10	21.46	1.71	8.77	8.46	−3.53	0.998 7	0.998 7	0.00	3.963	3.963	0.00	1 291	1 250	−3.18

**表示数据误差大于 6.00%

注:"H" 表示历史数据,"S" 表示仿真数据,"E" 表示误差

　　数据对比显示,除了游客人次,其他 5 个变量历史数据和仿真数据的误差都在 6.00% 的范围之内,这说明总体而言,所建立的西藏旅游可持续发展的 SD 模型具有一定的可靠性和信度。而对于游客人次的较大偏差,通过分析发现都跟西藏旅游业发展中所遭受的特殊事件有着较大的关联。2003 年,游客人次的误差幅度为 9.68%,2008 年游客人次的误差幅度高达 79.56%,2009 年其误差幅度为 9.98%。其中,2003 年我国发生了全国性的 SARS 事件,由于人员流动的限制,当年国内旅游市场基本处于停顿状态,国际旅游市场也遭受了巨大的破坏。对于主要依赖国内客源的西藏旅游业而言,旅游业所遭受的冲击也十分明显。而 2008

年为了维护社会稳定，当年尤其是上半年的旅游事业处于全面停业整顿状态，直到下半年才慢慢开始恢复。相应地，2009 年的误差也较大。除了这三个年份，本节发现，其他时间的仿真误差尽管略有起伏，但也都在较小的范围之内。此外，本节用指数平滑模型对这三个特殊年份的数据进行了计算（2003 年、2008 年和2009 年的数据分别是 1.01、3.81 和 4.79），将平滑数据和仿真数据再次对比分析，其误差也都在 6.00%左右。因此，抛开特殊事件对西藏旅游业的影响，本书所建立的模型在解释系统内部各变量之间的反馈关系及动态预测方面是具有较高的可靠性的。因而，可以将其应用于西藏可持续旅游的仿真研究。

5.2　模型预测和控制分析

5.2.1　灵敏性参数确定和设置

本小节将运用西藏地区旅游可持续发展 SD 模型对其旅游业发展进行仿真分析。首先，利用灵敏度分析确定对模型行为具有重要影响的相关参数。

SD 模型中，灵敏度分析的基本原理是通过变化模型参数值的方式，检验这种变化对模型运营的影响。设 SD 模型中某变量 V 的对参数 P 的敏感度为 S_V，则 S_V 的计算方式为

$$S_V = \left| \frac{\Delta V_{(t)}}{V_{(t)}} \frac{P_{(t)}}{\Delta P_{(t)}} \right| \tag{5-1}$$

其中，t 表示时间；$V_{(t)}$ 表示状态变量 V 在 t 时刻的值；$P_{(t)}$ 表示参数 P 在 t 时刻的值；$\Delta V_{(t)}$ 和 $\Delta P_{(t)}$ 分别表示状态变量 V 和参数 P 在 t 时刻的增长量。对于不同的状态变量（设 V_1，V_2，…，V_n），其灵敏度的均值为

$$S = \frac{1}{n} \times \sum_{i=1}^{n} S_{V_i} \tag{5-2}$$

其中，n 表示状态变量的个数；S_{V_i} 表示第 i 个状态变量 V_i 的灵敏度。

根据式（5-1）和式（5-2），模型中共有 10 个参数被认为是十分灵敏的，即这 10 个参数对西藏旅游可持续发展系统的运营行为有着显著的影响，见表 5-2。

表 5-2　西藏旅游可持续 SD 模型敏感参数

参数	单位
环保投资比例	Dmnl
地区生产总值万元污染排放量	污染单位
旅游收入万元旅游资源损耗量	资源单位
旅游科研所占比例	Dmnl
旅游收入经费投入比例	Dmnl
从业人员大专以上学历人口比例	%
公共服务投资比例	Dmnl
旅游行业人员流出率	%
旅游企业平均生命周期	年
β 值	Dmnl

　　这些参数构成了 SD 模型的决策变量。在模型中，污染存量由污染处理量和污染排放量决定，污染处理量决定于环保投资比例，而污染排放量决定于地区生产总值的数值。因此，环保投资比例和地区生产总值万元污染排放量就是环境子系统中的重要决策变量。在资源子系统中，旅游资源自然损耗率是常数，且通常不受人为干预。因此，旅游资源消耗量取决于旅游收入，从而旅游收入万元旅游资源损耗量成为重要的决策变量。在社会子系统中，旅游创新能力决定于旅游研究经费和旅游从业人员的受教育程度，因此，旅游科研所占比例、旅游收入经费投入比例和从业人员大专以上学历人口比例是重要的决策变量。季节性差异取决于旅游创新能力和公共服务投资，因此，公共服务投资比例是社会子系统中又一个决策变量。第 4 章提到，可进入性是由时间为变量的负指数函数，但是，对于变量的系数值 β 在不同的状态下游客有着不同的预期，而 β 取值的不同也会对可进入性造成一定的影响，因此，β 是社会子系统中的第 5个决策变量。社会子系统中的众多决策变量反映了社会子系统对于西藏旅游可持续发展的支撑保证作用的重要性，也表明对西藏旅游可持续系统的控制和科学管理是可能的。在旅游业发展中，高人员流动率是一个十分明显的现象，因此需考察旅游行业人员流出率对模型的影响。企业生命周期对于行业的可持续性有着重要的影响（Ny et al.，2006），因此，在经济子系统中，旅游企业平均生命周期长短从某种程度上反映了旅游业的可持续性，因而，其成为又一个重要的决策变量。在《西藏自治区旅游发展总体规划（2005—2020）》和《西藏自治区"十二五"时期国民经济和社会发展规划纲要》中，都提及了经济、资源和环境战略，因此，结合已有的研究，这里将不同参数的变化归纳为不同的发展战略，从而可以考察不同发展战略下西藏旅游业可持续发展系统的绩效变化状况。其中各参数的调整状况见表 5-3。

表 5-3　不同情景仿真下的参数调整策略

参数	发展战略		
	现有战略	经济战略	资源和环境战略
环保投资比例		↓0.2%	↑0.2%
地区生产总值万元污染排放量	1	1.05	0.95
旅游收入万元旅游资源损耗量	1	1.1	0.9
旅游科研所占比例	0.014	0.01	0.02
旅游收入经费投入比例	0.000 015	0.00 001	0.00 002
从业人员大专以上学历人口比例		↓5%	↑5%
公共服务投资比例		↓5%	↑5%
旅游行业人员流出率	0.18	0.185	0.175
旅游企业平均生命周期	9.45	9	10
β 值	0.9	0.7	0.8

注："↓"表示降低,"↑"表示增加

5.2.2　仿真结果及其分析

根据表 5-3 的参数调整策略,本部分仿真了西藏旅游发展可持续的 13 个评价指标的变化趋势,其中 6 个积累变量的变化可由图 5-1 清晰地看出,图中 Cu 表示现有战略,Ec 表示经济战略,Re & En 表示资源和环境战略。现有战略表示在当前的管理模式下未来西藏旅游可持续发展系统将会面临的变化过程。经济战略表示在以追求经济效益最大化为目标的前提下,未来西藏旅游可持续发展系统将会面临的状态。资源和环境战略是以保护旅游资源和注重生态环境治理为主要发展模式,探析在此路径下西藏旅游可持续发展系统的变化趋势。

所有 13 个指标的变化值由表 5-4 给出。

表 5-4　西藏旅游可持续发展系统的仿真结果

年份	居民旅游认知度 /Dmnl			旅游从业人口 /万人			旅游企业固定资产总额 /亿元		
	Re&En	Ec	Cu	Re&En	Ec	Cu	Re&En	Ec	Cu
2000	3.65	3.65	3.65	13.88	13.88	13.88	3.48	3.48	3.48
2001	3.72	3.72	3.72	13.88	13.20	13.88	3.50	3.50	3.50
2002	3.81	3.81	3.81	14.20	13.50	14.20	3.70	3.70	3.70
2003	3.91	3.91	3.91	14.74	14.01	14.74	3.98	3.98	3.98
2004	4.01	4.01	4.01	15.35	14.59	15.35	4.32	4.32	4.32
2005	4.09	4.09	4.09	16.04	15.24	16.04	4.71	4.71	4.71

续表

年份	居民旅游认知度 /Dmnl			旅游从业人口 /万人			旅游企业固定资产总额 /亿元		
	Re&En	Ec	Cu	Re&En	Ec	Cu	Re&En	Ec	Cu
2006	4.16	4.16	4.16	16.77	15.94	16.77	5.14	5.14	5.14
2007	4.22	4.22	4.22	17.46	16.60	17.46	5.56	5.56	5.56
2008	4.28	4.28	4.28	18.12	17.23	18.12	5.99	5.99	5.99
2009	4.33	4.33	4.33	18.76	17.83	18.76	6.42	6.42	6.42
2010	4.37	4.37	4.37	19.38	18.42	19.38	6.85	6.85	6.85
2011	4.41	4.42	4.42	19.93	18.95	19.93	7.31	7.31	7.31
2012	4.45	4.48	4.48	20.68	19.63	20.65	7.84	7.84	7.84
2013	4.48	4.55	4.55	21.55	20.40	21.46	8.46	8.46	8.46
2014	4.51	4.63	4.63	22.53	21.26	22.36	9.18	9.18	9.18
2015	4.54	4.71	4.71	23.62	22.19	23.34	9.99	9.99	9.99
2016	4.56	4.81	4.81	24.81	23.19	24.40	10.90	10.90	10.90
2017	4.58	4.88	4.88	26.12	24.29	25.55	11.99	11.99	11.92
2018	4.60	4.94	4.94	27.55	25.47	26.79	13.26	13.26	13.08
2019	4.62	4.99	4.99	29.06	26.73	28.12	14.69	14.69	14.36
2020	4.63	5.00	5.00	30.64	28.08	29.54	16.32	16.32	15.79
2021	4.64	5.00	5.00	32.32	29.52	31.05	18.15	18.15	17.37
2022	4.65	5.00	5.00	34.08	31.08	32.69	20.16	20.16	19.13
2023	4.67	5.00	5.00	35.95	32.75	34.45	22.38	22.38	21.08
2024	4.68	5.00	5.00	37.91	34.54	36.33	24.82	24.82	23.25
2025	4.70	5.00	4.99	39.98	36.43	38.32	27.51	27.51	25.66
2026	4.72	4.99	4.97	42.17	38.42	40.41	30.47	30.48	28.34
2027	4.74	4.98	4.95	44.47	40.52	42.62	33.71	33.78	31.28
2028	4.76	4.97	4.94	46.90	42.73	44.95	37.28	37.45	34.51
2029	4.78	4.96	4.92	49.47	45.05	47.39	41.18	41.52	38.05
2030	4.80	4.95	4.92	52.17	47.48	49.94	45.46	46.05	41.94
2031	4.81	4.94	4.92	55.02	50.01	52.61	50.15	51.04	46.21
2032	4.83	4.93	4.92	58.03	52.69	55.43	55.27	53.51	50.93
2033	4.84	4.91	4.92	61.20	55.53	58.41	60.92	60.49	56.13
2034	4.86	4.90	4.92	64.54	58.52	61.56	67.16	65.05	61.88
2035	4.87	4.88	4.93	68.07	61.69	64.89	74.04	70.22	68.22
2036	4.88	4.87	4.93	71.79	65.04	68.41	81.64	80.06	77.23
2037	4.90	4.85	4.93	75.71	68.56	72.12	89.95	92.59	88.94
2038	4.91	4.83	4.93	79.85	72.26	76.01	99.00	91.84	91.43

年份	居民旅游认知度 /Dmnl			旅游从业人口 /万人			旅游企业固定资产总额 /亿元		
	Re&En	Ec	Cu	Re&En	Ec	Cu	Re&En	Ec	Cu
2039	4.92	4.81	4.94	84.22	76.15	80.10	108.86	98.90	100.77
2040	4.93	4.79	4.94	88.82	80.23	84.39	119.61	105.76	111.06
2041	4.95	4.77	4.94	93.65	84.52	88.90	131.32	112.40	122.38
2042	4.96	4.74	4.94	98.75	89.04	93.65	144.03	125.92	134.85
2043	4.97	4.72	4.94	104.10	93.77	98.64	157.80	134.38	148.56
2044	4.98	4.70	4.93	109.73	98.74	103.86	172.80	143.83	163.63
2045	4.98	4.67	4.92	115.64	103.95	109.34	189.19	160.34	180.20
2046	4.99	4.65	4.91	121.86	109.41	115.09	207.11	180.98	198.42
2047	5.00	4.63	4.89	128.39	115.14	121.11	226.70	200.81	218.44
2048	5.00	4.60	4.88	135.25	121.14	127.43	248.09	220.91	240.45
2049	5.00	4.58	4.86	142.46	127.44	134.05	280.47	248.36	274.64
2050	5.00	4.56	4.83	150.04	134.05	141.00	310.02	280.24	295.21

年份	旅游资源存量 /亿资源单位			污染存量 /亿污染单位			游客人次 /万人次		
	Re&En	Ec	Cu	Re&En	Ec	Cu	Re&En	Ec	Cu
2000	1.000 0	1.000 0	1.000 0	0.082 0	0.082 0	0.082 0	61	61	61
2001	0.999 9	0.999 9	0.999 9	0.091 2	0.091 2	0.090 1	70	70	70
2002	0.999 8	0.999 7	0.999 8	0.102 8	0.102 8	0.100 2	80	83	82
2003	0.999 8	0.999 5	0.999 7	0.116 6	0.116 6	0.112 4	102	103	102
2004	0.999 7	0.999 4	0.999 6	0.132 6	0.132 5	0.126 4	124	128	127
2005	0.999 6	0.999 2	0.999 5	0.150 7	0.150 5	0.142 4	172	176	175
2006	0.999 5	0.999 1	0.999 4	0.170 8	0.170 5	0.160 1	236	238	237
2007	0.999 4	0.998 9	0.999 3	0.195 4	0.195 0	0.181 9	380	384	380
2008	0.999 4	0.998 8	0.999 2	0.224 4	0.223 8	0.207 6	404	404	404
2009	0.999 3	0.998 6	0.999 1	0.257 7	0.256 8	0.236 9	535	535	505
2010	0.999 2	0.998 5	0.999 0	0.294 9	0.293 8	0.269 9	690	690	690
2011	0.999 1	0.998 3	0.998 9	0.336 1	0.334 7	0.306 4	865	865	865
2012	0.999 0	0.998 2	0.998 8	0.391 7	0.382 0	0.348 6	1 054	1 054	1 054
2013	0.999 0	0.998 0	0.998 7	0.461 2	0.435 4	0.396 3	1 250	1 250	1 250
2014	0.998 9	0.997 9	0.998 6	0.544 1	0.494 8	0.449 3	1 453	1 453	1 453
2015	0.998 8	0.997 7	0.998 5	0.640 0	0.560 0	0.507 5	1 650	1 650	1 650
2016	0.998 7	0.997 6	0.998 4	0.748 3	0.630 8	0.570 6	1 820	1 820	1 820
2017	0.998 6	0.997 4	0.998 3	0.868 4	0.710 0	0.641 3	1 976	1 976	1 974

续表

年份	旅游资源存量 /亿资源单位			污染存量 /亿污染单位			游客人次 /万人次		
	Re&En	Ec	Cu	Re&En	Ec	Cu	Re&En	Ec	Cu
2018	0.998 5	0.997 3	0.998 2	1.000 0	0.797 4	0.719 4	2 132	2 132	2 124
2019	0.998 5	0.997 1	0.998 1	1.142 5	0.892 8	0.804 5	2 286	2 287	2 267
2020	0.998 4	0.997 0	0.998 0	1.225 7	0.995 8	0.896 4	2 436	2 437	2 400
2021	0.998 3	0.996 8	0.997 9	1.359 1	1.106 2	0.995 0	2 578	2 581	2 520
2022	0.998 2	0.996 7	0.997 8	1.436 8	1.228 3	1.103 9	2 712	2 715	2 625
2023	0.998 1	0.996 5	0.997 7	1.529 0	1.361 6	1.222 8	2 839	2 844	2 723
2024	0.998 1	0.996 4	0.997 6	1.735 2	1.505 7	1.351 4	2 963	2 971	2 816
2025	0.998 0	0.996 2	0.997 5	1.954 8	1.660 4	1.489 4	3 084	3 096	2 905
2026	0.997 9	0.996 1	0.997 4	2.181 1	1.825 3	1.636 5	3 200	3 218	2 988
2027	0.997 8	0.995 9	0.997 3	2.300 7	2.003 7	1.795 6	3 311	3 335	3 065
2028	0.997 7	0.995 8	0.997 2	2.514 0	2.195 3	1.966 3	3 416	3 448	3 135
2029	0.997 6	0.995 6	0.997 1	2.821 3	2.399 3	2.148 3	3 514	3 556	3 198
2030	0.997 6	0.995 5	0.997 0	2.922 7	2.615 6	2.341 0	3 603	3 657	3 253
2031	0.997 5	0.995 3	0.996 9	3.118 5	2.843 5	2.544 0	3 688	3 752	3 302
2032	0.997 4	0.995 1	0.996 8	3.313 3	3.074 5	2.749 7	3 770	3 839	3 351
2033	0.997 3	0.995 0	0.996 7	3.511 7	3.308 3	2.958 0	3 850	3 918	3 399
2034	0.997 2	0.994 8	0.996 5	3.813 5	3.544 9	3.168 5	3 928	3 988	3 447
2035	0.997 1	0.994 7	0.996 4	4.018 7	3.783 9	3.381 0	4 002	4 050	3 493
2036	0.997 1	0.994 5	0.996 3	4.227 0	4.025 2	3.595 5	4 073	4 103	3 539
2037	0.997 0	0.994 4	0.996 2	4.338 2	4.268 8	3.811 8	4 142	4 152	3 581
2038	0.996 9	0.994 2	0.996 1	4.551 0	4.524 6	4.039 0	4 210	4 227	3 620
2039	0.996 8	0.994 1	0.996 0	4.803 3	4.795 3	4.279 2	4 256	4 262	3 655
2040	0.996 7	0.993 9	0.995 9	5.075 2	5.080 3	4.532 1	4 291	4 290	3 687
2041	0.996 6	0.993 7	0.995 8	5.187 0	5.379 0	4.797 0	4 326	4 307	3 723
2042	0.996 5	0.993 6	0.995 7	5.259 9	5.690 7	5.073 2	4 340	4 336	3 760
2043	0.996 5	0.993 4	0.995 6	5.350 4	6.008 9	5.355 0	4 364	4 361	3 801
2044	0.996 4	0.993 3	0.995 5	5.401 4	6.330 8	5.639 9	4 377	4 381	3 845
2045	0.996 3	0.993 1	0.995 4	5.660 8	6.656 0	5.927 3	4 389	4 397	3 892
2046	0.996 2	0.993 0	0.995 3	5.898 3	6.984 3	6.217 3	4 401	4 409	3 943
2047	0.996 1	0.992 8	0.995 2	6.143 6	7.315 6	6.509 5	4 422	4 392	3 991
2048	0.996 0	0.992 6	0.995 1	6.356 2	7.650 6	6.804 7	4 441	4 345	4 034
2049	0.995 9	0.992 5	0.994 9	6.496 0	7.991 9	7.105 2	4 468	4 269	4 071
2050	0.995 9	0.992 3	0.994 8	6.704 5	8.339 3	7.410 7	4 483	4 166	4 103

续表

年份	旅游拥挤指数/Dmnl			季节性差异/Dmnl			旅游收入/亿元		
	Re&En	Ec	Cu	Re&En	Ec	Cu	Re&En	Ec	Cu
2000	0.23	0.23	0.23	0.912	0.912	0.912	6.74	6.74	6.74
2001	0.27	0.27	0.27	0.895	0.910	0.910	8.03	8.03	8.03
2002	0.30	0.31	0.31	0.884	0.908	0.908	9.73	9.73	9.73
2003	0.37	0.38	0.37	0.880	0.906	0.906	11.94	11.94	11.94
2004	0.45	0.46	0.46	0.859	0.904	0.904	14.76	14.75	14.75
2005	0.61	0.63	0.62	0.853	0.902	0.902	18.41	18.39	18.39
2006	0.83	0.83	0.83	0.846	0.891	0.897	23.17	23.14	23.14
2007	1.32	1.33	1.32	0.824	0.880	0.891	29.42	29.38	29.38
2008	1.38	1.38	1.38	0.806	0.868	0.886	37.71	37.65	37.66
2009	1.81	1.81	1.71	0.799	0.857	0.880	48.46	48.38	48.39
2010	2.30	2.30	2.30	0.790	0.846	0.875	62.39	62.28	62.30
2011	2.85	2.85	2.85	0.771	0.837	0.862	87.35	87.19	87.21
2012	3.43	3.43	3.43	0.753	0.828	0.849	122.29	122.07	122.10
2013	4.01	4.01	4.01	0.739	0.820	0.836	171.33	171.01	171.05
2014	4.58	4.58	4.58	0.728	0.811	0.823	196.16	196.16	196.16
2015	5.12	5.12	5.12	0.719	0.802	0.810	222.75	222.75	222.75
2016	5.57	5.57	5.57	0.710	0.792	0.802	245.70	245.70	245.70
2017	5.95	5.95	5.95	0.707	0.780	0.794	266.76	266.76	266.49
2018	6.33	6.33	6.30	0.704	0.767	0.785	298.48	298.48	297.36
2019	6.68	6.69	6.63	0.698	0.755	0.777	320.04	320.18	317.38
2020	7.02	7.02	6.92	0.688	0.743	0.769	341.04	341.18	336.00
2021	7.32	7.33	7.16	0.681	0.733	0.761	399.59	400.06	390.60
2022	7.60	7.61	7.35	0.675	0.723	0.753	431.21	431.69	417.38
2023	7.84	7.86	7.52	0.670	0.713	0.745	468.44	469.26	449.30
2024	8.07	8.10	7.67	0.665	0.704	0.737	503.71	505.07	478.72
2025	8.27	8.30	7.79	0.660	0.694	0.729	548.95	551.09	517.09
2026	8.44	8.49	7.88	0.655	0.685	0.718	576.00	579.24	537.84
2027	8.60	8.66	7.96	0.647	0.676	0.707	662.20	667.00	613.00
2028	8.74	8.82	8.02	0.638	0.667	0.696	717.36	724.08	658.35
2029	8.85	8.96	8.06	0.629	0.658	0.685	808.22	817.88	735.54
2030	8.94	9.07	8.07	0.627	0.649	0.674	875.89	889.02	790.80
2031	9.02	9.17	8.07	0.627	0.647	0.666	928.27	944.38	831.11
2032	9.06	9.23	8.06	0.623	0.644	0.659	983.97	1 001.98	874.61
2033	9.10	9.26	8.04	0.619	0.642	0.652	1 004.85	1 022.60	887.14

续表

年份	旅游拥挤指数 /Dmnl			季节性差异 / Dmnl			旅游收入 /亿元		
	Re&En	Ec	Cu	Re&En	Ec	Cu	Re&En	Ec	Cu
2034	9.13	9.27	8.02	0.614	0.639	0.645	1 104.55	1 121.43	969.30
2035	9.16	9.27	7.99	0.609	0.637	0.638	1 140.97	1 154.66	995.85
2036	9.17	9.24	7.97	0.604	0.632	0.632	1 200.31	1 209.15	1 042.94
2037	9.18	9.21	7.94	0.601	0.626	0.626	1 219.82	1 222.76	1 054.61
2038	9.19	9.23	7.90	0.597	0.620	0.620	1 257.11	1 262.18	1 080.93
2039	9.15	9.17	7.86	0.589	0.614	0.614	1 271.27	1 273.06	1 091.75
2040	9.09	9.09	7.81	0.581	0.608	0.608	1 330.21	1 329.90	1 142.97
2041	9.03	8.99	7.77	0.574	0.602	0.602	1 364.42	1 358.43	1 174.23
2042	8.93	8.92	7.74	0.570	0.592	0.589	1 406.16	1 404.86	1 218.24
2043	8.83	8.83	7.69	0.567	0.582	0.575	1 430.52	1 429.54	1 245.97
2044	8.72	8.73	7.66	0.562	0.571	0.561	1 469.80	1 471.14	1 291.15
2045	8.61	8.62	7.63	0.522	0.561	0.548	1 580.04	1 582.92	1 401.12
2046	8.50	8.51	7.61	0.511	0.557	0.539	1 667.54	1 670.57	1 494.00
2047	8.41	8.35	7.59	0.508	0.553	0.530	1 720.16	1 708.49	1 552.50
2048	8.32	8.14	7.55	0.505	0.548	0.521	1 777.29	1 738.87	1 614.41
2049	8.24	7.88	7.51	0.502	0.544	0.512	1 831.88	1 750.29	1 669.11
2050	8.15	7.57	7.46	0.500	0.539	0.503	2 017.35	1 874.70	1 846.35

年份	旅游创新能力 /Dmnl			公路里程 /万千米			公共服务投资 /亿元			可进入性 / Dmnl		
	Re&En	Ec	Cu	Re&En	Ec	Cu	Re&En	Ec	Cu	Re&En	Ec	Cu
2000	0.001	0.001	0.001	2.25	2.25	2.25	1.77	1.77	1.77	0.007	0.007	0.007
2001	0.002	0.001	0.002	2.71	2.62	2.67	3.02	1.92	2.02	0.007	0.008	0.007
2002	0.002	0.001	0.002	3.14	3.04	3.10	4.60	2.91	3.06	0.008	0.009	0.008
2003	0.002	0.001	0.002	3.57	3.45	3.52	6.48	4.10	4.32	0.010	0.010	0.009
2004	0.002	0.002	0.002	4.01	3.87	3.95	8.68	5.50	5.79	0.010	0.011	0.010
2005	0.002	0.002	0.002	4.44	4.33	4.37	11.20	7.09	7.46	0.011	0.012	0.011
2006	0.003	0.002	0.002	4.74	4.62	4.66	14.28	9.71	10.22	0.013	0.013	0.012
2007	0.004	0.003	0.003	5.03	4.90	4.95	17.61	12.72	13.39	0.013	0.014	0.014
2008	0.005	0.003	0.004	5.33	5.19	5.24	21.21	16.12	16.97	0.015	0.016	0.015
2009	0.006	0.003	0.004	5.63	5.48	5.53	25.07	19.92	20.96	0.017	0.017	0.017
2010	0.007	0.004	0.005	5.92	5.68	5.82	29.18	24.10	25.37	0.019	0.019	0.018
2011	0.009	0.005	0.006	6.49	6.23	6.39	37.62	31.64	33.40	0.023	0.024	0.020
2012	0.010	0.006	0.008	7.07	6.78	6.95	47.11	40.20	42.53	0.028	0.029	0.025
2013	0.011	0.007	0.009	7.64	7.32	7.51	57.66	49.78	52.75	0.034	0.035	0.030

续表

年份	旅游创新能力 /Dmnl			公路里程 /万千米			公共服务投资 /亿元			可进入性 / Dmnl		
	Re&En	Ec	Cu	Re&En	Ec	Cu	Re&En	Ec	Cu	Re&En	Ec	Cu
2014	0.013	0.008	0.010	8.19	7.87	8.07	69.25	60.38	64.08	0.042	0.043	0.037
2015	0.014	0.010	0.012	8.76	8.70	8.64	81.90	72.00	76.50	0.051	0.052	0.045
2016	0.026	0.017	0.021	9.51	9.45	9.38	93.12	81.71	86.86	0.063	0.064	0.055
2017	0.038	0.024	0.030	10.26	10.20	10.12	104.61	91.62	97.44	0.077	0.078	0.067
2018	0.051	0.031	0.039	11.00	10.95	10.86	116.36	101.72	108.24	0.093	0.095	0.082
2019	0.063	0.038	0.048	11.75	11.69	11.60	128.37	112.02	119.26	0.114	0.116	0.100
2020	0.075	0.045	0.056	12.50	12.63	12.35	140.65	122.53	130.50	0.126	0.129	0.111
2021	0.080	0.049	0.062	12.65	12.78	12.49	176.02	140.69	150.96	0.145	0.150	0.122
2022	0.085	0.054	0.068	12.80	12.93	12.64	215.32	159.81	172.68	0.160	0.165	0.135
2023	0.089	0.058	0.073	12.95	13.08	12.79	258.55	179.91	195.64	0.177	0.183	0.150
2024	0.094	0.062	0.079	13.09	12.53	12.93	305.71	200.97	219.84	0.196	0.202	0.165
2025	0.099	0.066	0.085	13.18	12.61	13.01	356.80	223.00	245.30	0.217	0.223	0.183
2026	0.106	0.072	0.091	13.29	12.72	13.12	382.99	247.25	273.91	0.239	0.247	0.202
2027	0.114	0.077	0.098	13.29	12.82	13.23	408.41	272.27	303.69	0.264	0.273	0.223
2028	0.121	0.083	0.104	13.40	12.94	13.35	433.05	298.07	334.63	0.273	0.301	0.247
2029	0.129	0.089	0.111	13.61	13.14	13.56	456.91	324.65	366.73	0.287	0.333	0.273
2030	0.137	0.094	0.118	13.82	13.24	13.77	480.00	352.00	400.00	0.289	0.333	0.281
2031	0.154	0.105	0.132	14.08	13.55	14.02	515.40	387.58	436.37	0.292	0.336	0.289
2032	0.172	0.115	0.146	14.67	13.80	14.28	550.80	424.48	473.69	0.301	0.346	0.298
2033	0.190	0.125	0.160	14.90	14.02	14.51	586.20	462.71	511.95	0.331	0.357	0.307
2034	0.208	0.136	0.174	15.09	14.21	14.69	621.60	502.25	551.15	0.341	0.368	0.317
2035	0.226	0.146	0.188	15.15	14.65	14.87	657.00	543.12	591.30	0.352	0.379	0.326
2036	0.228	0.155	0.193	15.33	14.83	15.05	716.41	578.67	628.59	0.362	0.391	0.336
2037	0.231	0.163	0.198	15.59	15.08	15.30	778.24	614.81	666.37	0.377	0.407	0.350
2038	0.233	0.172	0.203	15.95	15.26	15.65	842.49	651.53	704.63	0.393	0.423	0.364
2039	0.236	0.181	0.208	16.33	15.56	16.01	909.16	688.82	743.37	0.409	0.440	0.379
2040	0.239	0.190	0.214	16.85	15.84	16.36	978.25	726.70	782.60	0.425	0.458	0.395
2041	0.249	0.198	0.222	16.86	16.03	16.57	1018.48	750.52	818.96	0.465	0.527	0.411
2042	0.260	0.207	0.230	17.27	16.38	16.77	1058.96	774.09	855.82	0.484	0.549	0.427
2043	0.273	0.217	0.240	17.47	16.60	16.96	1099.70	797.40	893.19	0.504	0.571	0.445
2044	0.289	0.228	0.252	17.66	16.82	17.15	1140.68	820.47	931.06	0.517	0.577	0.463
2045	0.310	0.241	0.268	17.67	17.04	17.37	1181.92	843.28	969.44	0.530	0.583	0.482
2046	0.332	0.255	0.287	17.69	17.32	17.60	1205.95	888.02	1019.58	0.548	0.584	0.502

续表

年份	旅游创新能力 /Dmnl			公路里程 /万千米			公共服务投资 /亿元			可进入性 / Dmnl		
	Re&En	Ec	Cu	Re&En	Ec	Cu	Re&En	Ec	Cu	Re&En	Ec	Cu
2047	0.370	0.275	0.316	17.86	17.25	17.83	1229.14	933.86	1070.90	0.554	0.589	0.522
2048	0.432	0.307	0.364	18.10	17.50	18.06	1251.47	980.81	1123.41	0.568	0.595	0.543
2049	0.537	0.360	0.442	18.37	17.84	18.29	1272.96	1028.85	1177.11	0.580	0.601	0.566
2050	0.717	0.449	0.576	18.80	18.04	18.53	1293.60	1078.00	1232.00	0.595	0.604	0.589

注：Re&En 表示资源和环境战略，Ec 表示经济战略，Cu 表示现有的战略

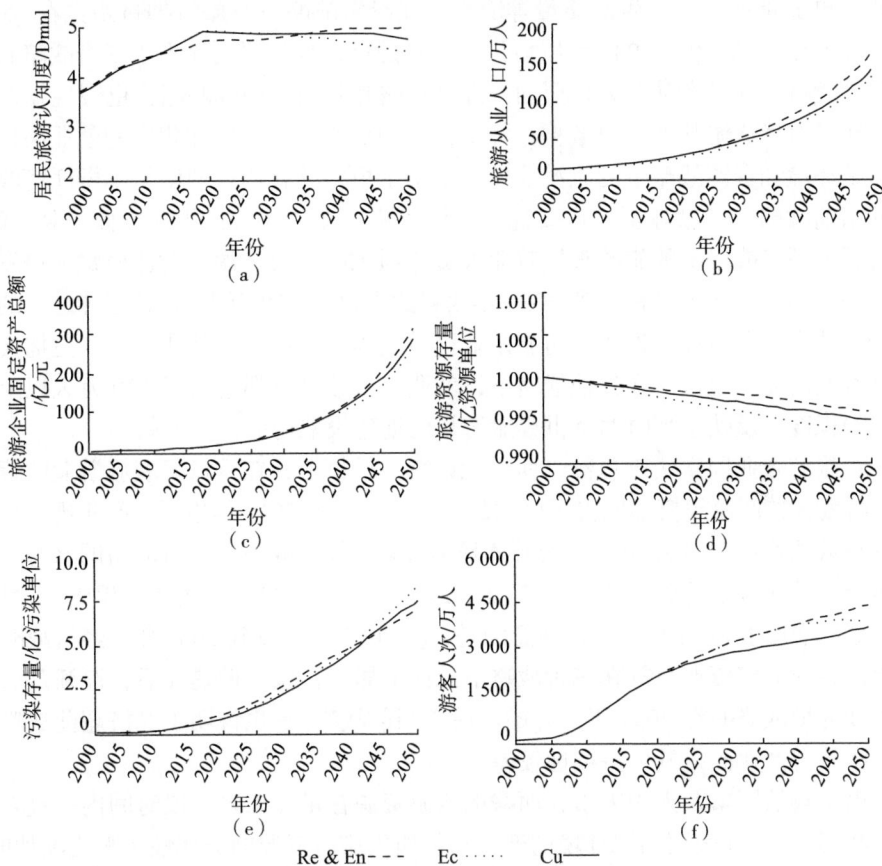

Re & En- - -　　Ec ……　　Cu——

图 5-1　不同发展战略下的西藏旅游业发展状况

　　需要强调的是此模型在不同情境下的仿真都是在正常的市场条件下进行的，而没有考虑某些不确定因素。当然，不能否认不确定因素对旅游可持续发展有着显著的影响，如一些政治事件、经济危机（2008 年的全球性金融危机）及一些自然灾害（地震等）。但是，考虑到这些不确定事件的难以预测性及相关数据的不可获得性，我们建立的西藏旅游可持续发展 SD 模型并没有考虑这些不确定因素，而关于这些因素的预测也不是此研究的范畴。当然我们必须考虑到这些事件的巨大影响。尽管如此，抛开不确定性要素，本书建立的模型仍然是令人满意的，并且具有重要的实践和理论价值

在居民旅游认知度方面，在资源和环境战略情境下，从 2000 年一直到 2035 年，居民旅游认知度总体而言要小于现有战略和经济战略。并且从 2002 年一直到 2030 年左右，居民旅游认知度无论在现有战略还是经济战略下都保持着较高的分值。表明当前的旅游发展战略尤其是经济收入增加对居民对待旅游业发展的支持态度有着决定性的影响。但是从 2035 年往后，居民旅游认知度反而是资源和环境战略占据了上风，并且一直处于增加趋势，基本上达到了居民旅游认知度的峰值。表现最差的是经济战略，从 2035 年之后居民旅游认知度加速下降，表明经济追求从这开始已经不再是居民的首选，居民对旅游业发展的需求开始趋于多元化，开始变得更加重视环境、生活质量等因素。在经济战略下，旅游拥挤指数在 2034 年、2035 年达到峰值，2035 年以后污染存量的增加幅度要明显高于现有战略和资源环境战略。并且在从业人口层面，经济战略和其他两种战略相比也表现较差。

通过对比旅游从业人口数据，经济优先的战略并没有增加相应的就业岗位，反而是环境和资源战略下的旅游业发展带动了更多的就业。即便是不做任何改变下的当前战略，其就业影响也要优于经济战略。在从业人口规模方面，到 2050 年资源和环境战略下的旅游直接就业人员达到 150 多万人次，对比西藏人口发展趋势（由第 4 章相关分析，到 2050 年西藏的人口约 510 万人），约三分之一的常住居民从事旅游行业，说明届时旅游业已经成为西藏第一大就业产业，更加突出了旅游业的支柱地位。在其他战略下，就业人员数量也都达到了 130 万人以上，在某种程度上反映了那时西藏世界旅游目的地建设取得的巨大成就。

在旅游企业固定资产总额方面，无论哪一种情形，在重点发展旅游业的背景下，西藏旅游产业规模都取得了巨大的成就。尤其到 2040 年以后，产业规模更是呈现指数式增加。到 2050 年，资源和环境战略、经济战略和现有战略的旅游企业固定资产总额分别达到了 310.02 亿元、280.24 亿元、295.21 亿元。相比 21 世纪初，足足增加了 80 余倍。需要注意的是，从 2002 年一直到 2031 年，经济战略下的旅游企业固定资产总额在三种战略下总体上居于首位，但是往后，渐渐落后于资源和环境战略并在 2039 年又开始落后于当前战略。这也说明了经济超前战略对于西藏旅游产业而言其可持续性较差。

由于自然因素及人为因素，西藏的旅游资源存量在未来一段时间内一直处于减少状态。一方面表明高原环境的变化对物质类旅游资源的破坏性影响逐渐加剧，另一方面也表明随着旅游产业的快速发展，旅游资源本身也遭受了一定的破坏。尤其在经济战略，到 2050 年旅游资源存量只相当于 2000 年的 99.23%。情形最好的资源和环境战略，其旅游资源也损失了近 41 万资源单位。因此，在西藏旅游业发展中，尽可能地降低自然和人为因素对旅游资源的破坏是一项长期而艰巨的任务。尤其在高原气候变暖、荒漠化扩张、客流量增大的背景下，管理部门及企事业单位必须充分认识到资源保护的重要性和迫切性。

　　图 5-1 和表 5-4 表明，环境问题在未来的西藏旅游业发展中将会越来越突出，污染存量的增加幅度也大大超出预期。到 2050 年，资源和环境战略、经济战略及当前战略下的污染存量分别是 2000 年污染存量的 81.76 倍、101.70 倍和 90.37 倍。随着地区生产总值的快速增加，无论是工矿企业还是居民生活还是旅游发展所带来的各种污染，已经成为西藏自治区发展面临的严峻问题，而旅游业则首当其冲。当外来游客进入西藏发现所期望的圣地、净地也面临"垃圾围城"的困境时，可持续性的维持对于西藏旅游业而言可能会遥不可及。因此，必须改变在环境管理和治理中的方式方法，要以不惜成本、超前发展的思维增加环境治理投入，监管环境污染行为。

　　游客人次的增加也是显而易见的。随着基础设施建设的加速，工业文明进程下游客需求品味的改变及西藏社会经济水平的全面提升，一个更加自信、开放的西藏对于游客而言无疑具有极高的吸引力。经济战略下的游客人次数值是先扬后抑趋势，而资源和环境战略下的游客人次则稳定的快速增加。到 2050 年，入藏游客人次将达到 4 000 多万，与常住居民人口的比例在 8∶1 左右。游客人次的增加对于西藏旅游业发展而言无疑是有利的，但需要指出的是西藏高原环境的脆弱性在面临如此众多的客流量时，会有怎样的表现也是需要管理者重点关注的。这也是本书一直不主张西藏旅游业发展只靠规模效应，而应更重视质的提升的原因。因此，本书建议西藏旅游业发展应该走相对高端的产品路线，通过质的的提升增加旅游收入。

　　在旅游拥挤指数方面，在 2020 年之前，各战略的数值相差都不大，而之后差异逐渐明显。在现有战略下，在 2030 年和 2031 年达到峰值 8.07，此后平缓的下降。经济战略及资源和环境战略下，旅游拥挤指数在 2020 年后继续快速增加，分别在达到峰值 9.27 和 9.19 后开始降低，其中经济战略情形下的下降速率要高于资源和环境战略，以至于到 2050 年，其值接近于现有战略情形，这跟经济战略下游客人次的变化趋势密切相关。

　　季节性差异的数据表明，整体而言西藏旅游业的季节性特征越来越弱化。在 2000 年，西藏旅游旺季接待的游客数量要占到全年的 90% 以上，而到 2050 年，尽管数值有差异，但在不同战略下的仿真结果都表明，其比例逐渐降低到 50% 附近。这表明经过未来 30 余年的努力，西藏旅游业淡旺季突出的问题已经得到了很好的解决，这跟旅游产品创新、交通基础设施建设以及公共服务投资都有着密切的关系。这对于西藏旅游接待产业的规划及人力资源管理都具有重要的参考意义。在战略比较方面，资源和环境战略下的季节性差异表现最优，其次是现有战略与经济战略。这表明重视资源和环境保护对于平衡西藏旅游业的季节差异也具有一定的作用。

　　在比较受关注的旅游收入方面，无论是哪一种战略都保持了较好的发展态势。

在现有战略下，到 2050 年，西藏旅游收入规模将达到 1 846.35 亿元，占地区生产总值的比重预期将达到 23.98%，更加凸显了其时旅游业的支柱地位。在资源和环境战略下，则将超过 2 000 亿元。值得注意的是，资源和环境战略下的旅游收入增长状况要优于经济战略和现有战略，这表明在西藏旅游业发展中环境效益的增加与经济效益之间并不是矛盾的。虽然经济战略下的西藏旅游收入也表现良好，但在仿真后期，一些重要指标，如旅游资源存量和污染存量等却要远远落后于其他两种战略。

旅游创新能力不足已经成为制约西藏旅游业发展的重要因素，由仿真结果也可以发现从 2000 年到 2025 年，西藏的旅游业创新能力都维持在 0.1 以下，而 2012 年之前更是不到 0.01。在影响旅游创新能力的两个指标方面，旅游从业人员中大专学历及以上层次的人才比例和旅游科研经费都表现较弱。由于西藏旅游高等教育起步晚，导致旅游从业人员中大专学历及以上层次的人才相对匮乏。而旅游科研经费相比其他学科一直处于低位，在旅游学科建设及专业技术人员培养方面，西藏旅游业同样表现较差。这两个指标的落后导致了西藏旅游创新能力长期停滞不前，从而使得其在管理创新、产品创新、制度创新等旅游创新等各个方面都不尽如人意。而到 2025 年以后，在现有战略下西藏旅游创新能力却呈指数式快速增长，到 2050 年其数值达到 0.576，而在资源和环境战略下更是达到了 0.717。表明了随着教育和科研投入的增加，西藏旅游创新能力也有了较大的提升，这对于西藏旅游可持续发展无疑是十分有利的。

在公路里程方面，不同的发展战略下并没有十分明显的差异。因为不仅仅是服务于旅游业，随着西藏整体社会经济发展的需要，中央及自治区政府都对西藏的交通基础设施建设投入了大量的人力、物力和财力。虽然这客观上促进了旅游业的发展，但其主要目的并不只是为了服务于旅游业发展的需要。到 2050 年，西藏的公路里程将达到 18 万千米以上，这对于客流在西藏自治区内部的合理流动具有重要的促进意义。通车里程的增加，也使得一些偏远的旅游资源的进一步开发成为可能，如阿里、那曲等进入性较差的地区。在公路里程总数增加的同时，也希望在线路设计上能够更多地考虑旅游业发展的需要，使得相关旅游资源能够有效地串联起来，形成新的产品路线，从而促进西藏的可持续旅游发展。

在公共服务投资方面，资源和环境战略对其提出了更高的要求。因为无论是旅游资源保护还是环境治理都需要大量的公共投入。因此，相对于其他发展战略，到 2050 年，资源和环境战略下，西藏的公共服务投资数额要求在将近 1 300 亿元。实地调研显示，当前的西藏公共服务投资要远远落后于旅游业的需求，无论在通信、金融服务，还是健康医疗、市内交通等多个方面，离建设重要的世界旅游目的地的目标相距甚远，而只有良好的旅游环境才能不断地推动西藏旅游业向前更好地发展。正如戴斌在第一届中国西藏旅游文化论坛上所言，西藏世界旅游目的地建设要有世界级的生活环境做支撑。因此，仿真结果要求，在未来要加大对西藏公共服务设施的投入。在经济战略下，由于对经济利益的更多关注，公共服务投资要相对滞后，到 2050 年要比资源和环境战略少 16.7%左右。

在可进入性方面，不同发展战略下的数值在 2050 年时相差并不大，但在发展过程中却显示出了一定的差异性。经济战略下的可进入性要一直优于其他两种战略，而现有战略则表现最差。经济优先意味着地区生产总值增长成为旅游业发展的重要驱动力，因此要求在地区生产总值重要构成的投资方面有着更多的投入。其中西藏对外交通建设成为重要的环节，如规划中的成都到拉萨的铁路修建、青藏铁路复线修建及未来可能的入藏高速公路乃至高铁等的接入，一方面促进了地区生产总值增长，另一方面也提升了西藏的可进入性。当然这与公路里程一样，西藏可进入性的提升要置于整个国家发展战略的框架下来审视，而不仅仅是局限于旅游业。但无论如何，可进入性的提升大大促进了西藏旅游业的发展，正如青藏铁路的通车。

5.3　SD 模型与其他方法的融合

将 SD 模型与其他分析方法进行融合，深入分析系统的一些特殊问题，具有很大的应用空间。本部分将根据西藏旅游发展过程中的两个重要实践问题，分别提出将 SD 分析过程和结果与人工神经网络相结合，研究西藏旅游可持续发展能力的动态变化特征，与目标规划模型相结合探讨西藏旅游可持续发展目标的实现路径的研究思路。研究过程对于可持续旅游的理论和实践都具有重要的意义。

5.3.1　可持续发展能力的动态评价

自 20 世纪 90 年代初提出旅游可持续发展理念后，旅游可持续发展能力评价就一直是学术关注的热点之一。在旅游可持续发展能力评价的研究中，有两个核心的内容，一个是可持续旅游发展能力评价指标体系的研究，另一个是评价方法的应用。第 1 章已经对国内外可持续旅游发展能力的评价做了一个简单的梳理。在评价指标方面，经济增长、社会发展和环境保护是最基本的构成部分，在此基础上有的学者会从中分离出人口和资源两个部分。而其总体发展趋势也呈现出"合作及文化相关的可持续性相关研究逐渐增加，而经济、环境、市场相关的可持续性研究则相对减少；评估指标由定性到定量再到定量与定性相结合；各种规划框架被应用到发展可持续性评价指标，如承载力、可接受的变化范围、旅游者偏好及经历、目的地生命周期、舒适指标和旅游者影响管理"这样的趋势。在评价方法方面，较为常见的是德尔菲法、层次分析法、数据包络分析和生态足迹模型等。前文曾经对此现状做过相关的论述认为，无论上述哪一种方法都是建立在对不同层次指标进行加权评判的基础范式之上，过多依赖专家的权威性，主观性较强，往往会导致同样的评价指标与评价方法作用于不同的专家群体却得出不同的结果。并且评价指标之间的相关性、定性指标计算的复杂性和指标数据搜集中的噪声现象都会导致评价结果的科学性和精确性受到影响。因此，前文提出，在未来的研究中，定量指标与定性指标的有机结合、非线性与线性评价技术的融合、静态评价与动态评估相结合将会成为旅游可持续发展能力评价的一种趋势。

基于这样的分析，本小节在前文分析基础上，提出一种非线性的动态评价方法并用于西藏的旅游可持续发展能力评价。本部分运用系统方法评价旅游可持续发展能力并比较不同发展情形的演化状态，研究成果一方面可以弥补当前旅游可持续发展能力评价中动态评价和比较评价的不足，另一方面对西藏旅游可持续发展能力的动态变化认知及管理实践都具有较高的价值。本小节的方法基础是 SD模型和 BP 神经网络（Back Propagation）。SD 模型是预测复杂系统内部的动态关联和分析不同的发展政策的有效工具，这在前文的研究中已经得到了很好的证明。而大量的研究表明，人工神经网络具有较好的容错性、联想记忆功能、较强的自适应学习功能及全局优化功能（Papale and Valentini，2003；Yu et al.，2008）。因此，本小节提出的融合 SD 模型和 BP 神经网络的方法对于旅游可持续发展能力的动态评价具有极大的实用性。

方法的前期工作在 5.2 节已经完成，并且在指标确定和数值模拟方面都已经获得了满意的结果。下面本小节将结果应用到 BP 神经网络，对未来西藏旅游可持续发展能力的动态变化及其比较做进一步的分析。但由于西藏可持续旅游发展中的相关指标具有不同的属性，因此，其单位和数量级都有着较大的差异，在进行神经网络评价之前，本小节首先要对不同属性的数据进行标准化处理。

1. 数据标准化

在数据标准化的计算中，已经有较多一些比较成熟的方法，如 min-max 标准化、z-score 标准化、小数定标标准化、对数 Logistic 模式和模糊量化模式等。本部分采用简单易懂并且应用最广泛的 min-max 标准化方法。标准化数据计算采用式（5-3）和式（5-4）的线性变换方式获得

$$I^{+\prime} = \frac{I_t^+ - I_{\min,\,t}^+}{I_{\max,\,t}^+ - I_{\min,\,t}^+} \qquad\qquad (5\text{-}3)$$

$$I^{-'} = 1 - \frac{I_t^- - I_{\min,\,t}^-}{I_{\max,\,t}^- - I_{\min,\,t}^-} \tag{5-4}$$

其中，$I^{+'}$ 和 $I^{-'}$ 分别表示归一化处理后的正向和负向指标数值；I_t^+ 和 I_t^- 分别表示 t 时刻的正向和负向指标数值，$I_{\max,\,t}^+$ 和 $I_{\max,\,t}^-$ 分别表示 t 时刻正向和负向指标的最大值，$I_{\min,\,t}^+$ 和 $I_{\min,\,t}^-$ 分别表示 t 时刻正向和负向指标的最小值。西藏旅游可持续发展评价的 13 个指标中，正向指标为居民旅游认知度、旅游收入、旅游企业固定资产总额、旅游从业人口、游客人次、旅游资源存量、旅游创新能力、公路里程、公共服务投资、可进入性，负向指标为拥挤指数、季节性差异、污染存量。

2. 神经网络评价

本部分以经典的 BP 神经网络为基本工具。以评价指标作为输入数据，评价结果作为输出数据，从而形成包含输入层、隐含层和输出层的三层网络结构。隐含层节点数采用公式 $s = 2m + 1$ 确定（s 表示隐含层节点数，m 表示输入层节点数）。因此，本小节建立的 BP 神经网络就包含 13 个输入节点，27 个隐含节点，1 个输出节点，网络结构为 13-27-1，见图 5-2。

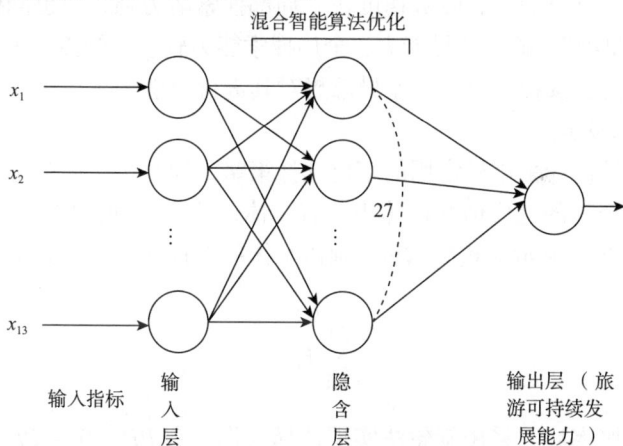

图 5-2　西藏旅游可持续发展能力神经网络评价模型

通常在神经网络建模中，隐含层节点数较多时，网络映射能力增强，但容易收敛到全局最小点，且学习时间更长。针对上述问题及 BP 神经网络的一些固有问题，本小节运用遗传粒子群混合算法对其进行优化。混合算法的技术流程如下：首先，初始化粒子的有关参数，并计算神经网络的误差作为各粒子的适应度值；其次，根据标准粒子群算法优化、更新粒子的速度与位置；再次，按照遗传算法的选择、交叉、变异思想对个体进行选择、交叉与变异操作，产生新个体；最后，选择最佳个体作为混合算法的结果。混合算法及其优化 BP 神经网络的过程和数学描述如下：

1）粒子群算法

假设一个有 n 个粒子组成的群体 X 在 D 维搜索空间中以一定的速度飞行，种群 $X=(X_1, X_2, \cdots, X_n)$，第 i 个粒子的位置表示为一个 D 维向量 $X_i=(x_{i1}, x_{i2}, \cdots, x_{iD})$，也代表着问题的一个解，其速度表示为 $V_i=(v_{i1}, v_{i2}, \cdots, v_{iD})$。根据目标函数可计算出每个粒子位置 X_i 对应的适应度值，其个体极值 $P_i=(p_{i1}, p_{i2}, \cdots, p_{iD})$，种群的全局极值 $P_g=(p_{g1}, p_{g2}, \cdots, p_{gD})$。每个粒子在搜索时，考虑到自己搜索到的个体极值和群体（邻域）内其他粒子的个体极值，在此基础上进行位置的变化，变换公式如下：

$$v_{iD}^{k+1} = \omega_{kD}^k + c_1\xi\left(p_{iD}^k - x_{iD}^k\right) + c_2\eta\left(p_{gD}^k - x_{iD}^k\right) \tag{5-5}$$

$$v_{iD}^{K+1} = x_{iD}^k + v_{iD}^{k+1} \tag{5-6}$$

其中，ω 表示惯性权重；$i=1, 2, \cdots, n$；k 表示当前迭代次数；c_1、c_2 表示加速系数，一般为非负常数；ξ，η 表示分布于[0, 1]之间的伪随机数，为防止粒子的盲目搜索，将其位置与速度限制在一定的区间 $\left[-X_{\max}, X_{\max}\right]$ 和 $\left[-V_{\max}, V_{\max}\right]$。

2）粒子的选择、交叉与变异

粒子群算法计算简单，收敛速度快，局部搜索能力强，但也同样存在着收敛速度快导致"早熟"，缺乏变异能力，全局搜索能力较差的缺点，因此，本小节提出利用遗传算法的选择、交叉、变异思想对其进行改进。

（1）选择设定。

选择粒子的设计采用最常用的正比选择策略，即每个个体被选中进行遗传运算的概率为该个体的适应值和群体中所有个体适应值总和的比例。对于个体 i，设其适应值为 F_i，种群规模为 NP，则该个体的选择概率可以表示为

$$P_i = \frac{F_i}{\sum\limits_{i=1}^{\mathrm{NP}} F_i} \tag{5-7}$$

得到选择概率后，采用旋轮法实现选择操作。令 $PP_0 = 0$、$PP_i = \sum\limits_{j=1}^{i} PP_j$，共转轮 NP 次，每次转轮时，随机产生 $\xi_k \in U(0, 1)$，当 $PP_{i-1} \leqslant \xi_k \leqslant PP_i$ 时，则选择个体 i。

（2）交叉设定。

交叉的方式如下：每次迭代时，依据一定的交叉概率 p_c 在粒子群中选取一定数量的粒子放入一个池中，池中粒子随机两两进行交叉，产生相应数量的子代粒子，并以子代粒子代替父代粒子，使种群规模保持不变，每一维中子代位置由父代进行算术交叉计算得到（s 代指子粒子，f 代指父粒子，m 代指母粒子），计算方式如下：

$$s_1(x_i) = \varphi_i \times f(x_i) + (1 - \varphi_i) \times m(x_i) \tag{5-8}$$

$$s_2(x_i) = \varphi_i \times m(x_i) + (1 - \varphi_i) \times f(x_i) \tag{5-9}$$

其中，φ_i 是（0，1）均匀分布的伪随机数。子代的速度向量由父母速度向量之和归一化后得到，其计算方式为

$$s_1(v_i) = \frac{f(v_i) + m(v_i)}{|f(v_i) + m(v_i)|} \times |f(v_i)| \tag{5-10}$$

$$s_2(v_i) = \frac{f(v_i) + m(v_i)}{|f(v_i) + m(v_i)|} \times |m(v_i)| \tag{5-11}$$

（3）变异设定。

在多后代择优交叉后，以预定的概率 p_v 加入变异操作。本小节借鉴 Higashi 和 Iba（2003）的做法，采用高斯变异方法进行粒子群位置与速度的更新，变异公式为

$$\text{mut}(x) = x \times [1 + \text{Gaussian}(\sigma)] \tag{5-12}$$

其中，$\text{mut}(x)$ 表示变异后粒子的位置；σ 表示搜索空间每一维长度的 1/10，实验表明取此值时效果最好。算法以预定的概率 p_v 来选择变异个体并以高斯分布来确定它们的新位置。

本小节旅游可持续发展能力的评价值从 0-1 分为 5 个等级：[0-0.2]、（0.2-0.4]、（0.4-0.6]、（0.6-0.8]、（0.8-1]，其分别代表很弱（Ⅰ）、弱（Ⅱ）、一般（Ⅲ）、强（Ⅳ）和很强（Ⅴ）5 个发展等级。本小节选择 2000~2013 年的西藏旅游发展数据作为研究样本，其中利用 2000~2010 年的数据为训练样本，以 2011~2013 年的数据作为测试样本，以对神经网络的评价性能进行测试。进而以 SD 仿真的 2014~2050 年的数据作为预测样本，对未来西藏旅游可持续发展能力的动态发展进行评价，并探讨不同发展战略下的动态演进特征。本小节将 2000~2013 年西藏旅游业发展的 13 个指标数据发给领域内的 5 位专家，采用三轮德尔菲法确定这一期间的西藏旅游可持续发展能力评价值。

基于 Win 8 平台利用 Matlab 2012b 的神经网络工具箱实现以上计算过程。通过网络训练，2011~2013 年的训练结果与专家评价结果如表 5-5 所示。结果显示，经过训练，本小节所建立的 BP 神经网络模型的评价结果与专家评价值基本一致，拟合度较高。因此，利用得到的神经网络模型，对未来西藏可持续旅游发展能力进行评价，并得到不同发展战略下的可持续发展能力评价值。评价结果如图 5-3 所示，Cu 表示现有战略，Ec 表示经济型战略，Re & En 表示资源和环境型战略。

表 5-5　网络训练结果和专家评价结果

年份	训练结果		专家评定结果		误差/%
	评价值	等级	评价值	等级	
2011	0.517 5	Ⅲ	0.512 7	Ⅲ	0.94
2012	0.523 4	Ⅲ	0.525 2	Ⅲ	0.34
2013	0.530 8	Ⅲ	0.530 6	Ⅲ	0.04

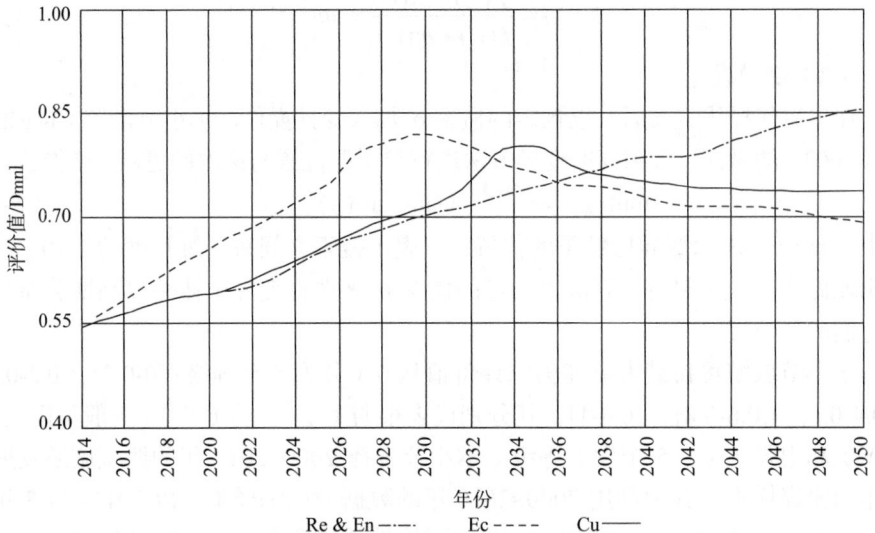

图 5-3　不同发展战略下的西藏旅游可持续发展能力变化

3）评价结果

由评价结果可知，在现有的发展状态下，西藏的旅游可持续发展能力从 2014 年开始一直处于增加状态，在 2035 年左右达到高峰，评价值达到 0.794 6，属于 Ⅳ 等级。而此后一段时间，旅游可持续发展能力开始缓慢地持续下降，在 2050 年评价值降到 0.735 9。尽管还表现出强的可持续能力，但能力的衰弱却不可避免，体现出西藏旅游业发展的一个瓶颈。环境和资源问题在 2035 年后变得更加突出，2035~2050 年这一时间段，旅游资源存量由 9.96×10^7 资源单位下降到 9.95×10^7 资源单位，污染存量由 3.38×10^8 污染单位增加到 7.41×10^8 污染单位。此外，在 2039~2043 年达到峰值之后，居民旅游认识度也开始下降。尽管其他指标还处于增长状态，但对资源与环境依赖性极强的旅游业而言（陈立健和王珂，2005），可持续发展能力还是受到了很大影响。

在经济型发展战略下，2030 年之前西藏的旅游可持续发展能力都处于急速增加状态，在 2030 年达到峰值 0.830 4，之后可持续发展能力的下降速率也较快，到 2050 年评价值只有 0.692 9。这种发展战略下，西藏旅游可持续发展能力可以分为两个阶

段,一个是快速增长阶段,为 2014~2030 年,另一个是快速下降阶段,为 2030~2050
年。仿真结果显示,大部分评价指标的增长速度开始放缓,如游客人次、旅游企业
固定资产总额、旅游从业人口等,同时旅游资源存量消耗速度和污染存量的增加速
度开始加速。对西藏而言,作为一个高原生态旅游目的地,对资源的过度开发和环
境保护力度的降低会严重影响其旅游的可持续性。截至 2050 年,大部分正向指标
都落后于其他发展情形,相反,所有负向指标数值都大于其他情形。由此,可以发
现,降低环保投资、公共服务投资、旅游经费投入和教育投资,在经过复杂的反馈
之后,会影响其他系统指标从而降低西藏旅游可持续发展系统的绩效。

在资源和环境情形下,西藏可持续发展能力一直处于平稳的发展状态。尽管
发展速度缓慢,但资源和环境战略与 2012 年"里约+20"峰会提出的可持续发展
内涵有着较高的契合度,到 2050 年可持续发展评价值已经由 2014 年的 0.541 2 增
加到 0.855 3,达到很强(Ⅴ)的旅游可持续发展能力层级。因此,本书认为这种
发展战略是可持续的。但是,在这种战略下仍然有一些问题需要去关注。由于在
这种战略下,一些短期效益(尤其是经济效益)是有限的,西藏旅游的利益相关
主体是否会接受这样的发展战略值得探讨,保持高持续性需要大量的资金投入,
但对于西藏这样全国较为贫穷的省份而言,很难去获得足够的财政支持。还有资
源环境发展战略需要严格的制度保证,但这在当前的西藏几乎是不存在的。在这
些要素的制约下,尽管都认识到,资源环境战略是可持续的,事实却是在西藏世
界旅游目的地的建设过程中,所有的企业、居民乃至政府部门都无可避免的偏向
经济战略,这种现象的认知与管理应当是要真正去关注的。

5.3.2　可持续旅游发展目标的选择

长期以来,可持续发展理念已经成为旅游地发展的根本指导理念(Graci, 2013),
大量的文献表明,提升旅游业的可持续性已经成为当前旅游管理者的共识(如
Buckley, 2012;Lee, 2013;Liu, 2003;Rodrigues et al., 2014;Tosun, 2001)。
通常,将旅游业发展的目标概括为经济、社会和环境三个方面(Briassoulis, 2002;
Castellani and Sala, 2010;Northcote and Macbeth, 2006;Tosun, 2001)。因此,Hall
(2000)宣称,可持续旅游发展的实现需要经济、社会和环境目标的长期协调发展。
很多学者关注了关于如何实现可持续发展的宏观指导指南,但是,很少有研究关注
较短的时间内的可持续旅游发展决策,换句话说,对于较短时间内三大基本目标之
间的相互关系、权衡及实现方式的相关研究较少。而这种研究在实践中是非常有意
义的,尤其是对于一些致力于将旅游业打造成支柱产业的新兴的旅游目的地而言,
研究某一具体时间段的旅游发展目标问题具有十分现实的指导意义。

西藏自治区是我国乃至世界的一个新兴的旅游目的地，有大量的极具生态、文化和经济价值的高品级旅游资源，因此，自治区政府在中央决策支持下，一直致力于打造世界级的重要旅游目的地。经过"十二五"期间旅游产业的迅速发展，无论是旅游产业规模扩张还是旅游管理模式优化都取得了巨大成就。"十三五"期间是我国全面建成小康社会、全面消除贫困的又一个关键五年。众所周知，由于历史和地理环境的原因，西藏自治区一直都是我国社会经济发展较为落后的区域，而从西部大开发战略提出后，旅游业就已经成为提升西藏社会经济发展的基本推动力，并给西藏的社会经济面貌带来了极大的改善。在旅游业发展过程中，西藏一直以人类的"净土"、"圣地"及"心灵家园"等感知印象成为全世界游客向往的旅游地，但由于其落后的社会经济现状，可持续发展战略在西藏旅游业的实行存在一定的争议，即如何权衡旅游地发展中的经济、社会和环境目标。共识在于无论是专家学者还是旅游行政管理部门及旅游企业都认识到环境保护对于西藏旅游发展的重要性，但是，对于在环境保护中如何界定经济目标的作用，以及一直以来受到忽视的社会目标实现，学界一直没有一个清晰的认知，更说不上科学的研究。因此，在现阶段，对于经济、环境和社会目标的权衡就成为西藏旅游业面临的重大现实问题：一方面旅游发展在西藏全面脱贫的过程中作用十分明显，另一方面旅游业发展（包括其他产业及居民生活）对西藏生态环境的影响日益显著，再加上社会发展相关的公共服务、基础设施建设、人员素质等对旅游业发展提出更高要求的同时又影响着旅游业的发展。因此，在旅游决策中需要对这些不同且有着一定冲突的目标进行统筹协调。通过前期对西藏旅游业发展的利益相关群体的调研，也表明在未来旅游发展中不同目标实现的重要性。

旅游行政管理部门认为西藏旅游发展的基本目的是促进社会、经济和环境的协调发展，在任何时候都要坚持可持续旅游发展战略。而当地居民所关注的是如何通过参与旅游业来改变自身的经济现状，从而获得更多的经济报酬。更理性的学者群体则认为，虽然社会、经济和环境的协调发展是最佳的发展路径，但是，在现阶段，由于西藏特殊的社会经济现状尤其是其不成熟的市场经济条件，十分有必要对社会、经济和环境目标的优先权进行确定。旅游企业单位则将经济提升和社会责任都作为旅游发展的重要任务。

因此，不同的利益群体对于西藏旅游发展有着不同的目标预期。在"十三五"期间，如何科学地协调这些不同的发展目标，并且如何实施这种科学协调，是管理者必须要关注的问题。本小节认为，对于不同的发展目标，西藏旅游管理部门在"十三五"期间首先要对目标有一个科学的权衡，即不同的目标应该有一个优先权的排序。其次，要能够把握影响这些目标实现的关键因素，将决策重心集中在一些关键指标上，从而做到管理的科学与高效。最后，应该关注在这样的优先权顺序下，如何通过这些关键因素的调控来进行决策。对于西藏旅游业而言，上述工作是一项十分重要但同时也非常困难的任务。因为在当前的旅游研究中，较少有这样的文献关注一个旅游目的地的多目标决策问题。而本部分认为，当前的西藏旅游发展正是一项复杂的多目标决策问题。在旅游发展中，在建设重要世界旅游目的地的进程中，在面临经济发展、社会和环境目标时如何进行科学的决策，对于发展西藏的社会经济、维护西藏的长治久安具有重要意义。

针对多目标决策问题，管理学界形成了一套成熟的多目标决策分析范式，并且有众多应用于不同领域的多目标决策分析方法。由上文分析知道，西藏旅游发展各目标之间有着复杂的相互关系，需要对各目标的优先权进行科学的排序。在此基础上，针对西藏现有的资源约束，要对不同目标的实现方式做出科学的规划。通过对比分析，进而对未来五年西藏旅游决策进行综合分析。在这样的要求下，本小节运用目标规划模型，辅以德尔菲法、利益相关者分析、网络层次分析法等，对"十三五"期间西藏旅游发展目标的确定和权衡及实现方式做系统深入的探讨。本小节研究的主要目的在于为西藏"十三五"期间旅游发展目标管理提供一个理论和方法论框架，并在此基础上提出一些针对性的决策建议。因此，本小节认为进行这样的研究无论在理论方面还是实践方面都具有较为重要的意义。

1）研究方法

本小节研究整体上包括以下几个部分：第一部分是关于"十三五"期间西藏旅游发展目标的确定和目标实现的影响因素的界定；第二部分是要对不同的发展目标进行科学的排序并设定权重；第三部分是要建立"十三五"期间西藏旅游发展的目标规划模型，并求解。根据以上研究内容，本小节用到的主要方法包括德尔菲法、利益相关者分析、网络层次分析法和目标规划模型。运用德尔菲法和利益相关者分析方法确定"十三五"期间西藏旅游发展目标及其影响因素；运用网络层次分析法，对西藏旅游业发展目标的优先权和权重进行确定；运用目标规划模型，建立西藏旅游发展"十三五"期间的目标规划模型并进行求解。

（1）德尔菲法和利益相关者分析。

影响旅游可持续发展的指标和因素很多，在目标规划模型应用之前，必须首先确定西藏旅游发展中的相关目标及这些目标的影响因素。而在相关的研究中，德尔菲法是一种广泛应用的技术工具。德尔菲法是在 20 世纪 40 年代由赫尔姆和达尔克首创，经过兰德公司进一步发展而成的。由于其具有可以集中不同领域的专家智慧、参与专家全部匿名及多轮的集中反馈等优点，德尔菲法已经成为一种十分有效的决策工具（Adler and Ziglio，1996；Landeta，2006；Linstone and Turoff，1975；Okoli and Pawlowski，2004）。通过德尔菲法，首先可以保证所获得结果是综合性的，能够包含可持续旅游系统的各个方面。因为选择的专家来自于与西藏旅游发展相关的多个领域，可以充分依托不同领域的专业知识和经验。其次，可以保证结果的可靠性。所有的专家都是以匿名的方式参与，而不会受到彼此之间的影响，从而保证各个专家可以自由、充分地发挥各自的优势。最后，可以保证结果的一致性。每一轮之后都会将结果汇总，然后再反馈给参与的专家，并且鼓励专家根据汇总的结果对前一轮的表述进行修改，经过数轮之后，可以获得最终能够取得众多专家一致认同的结果。因此，本小节运用德尔菲法对"十三五"期间西藏旅游发展所面临的众多目标及各个目标的影响因素进行确定。

此次研究共选择了 5 位从事西藏旅游及其相关领域研究的专家，并且每位专家围绕"十三五"期间，在经济、社会和环境方面西藏旅游发展的具体目标及影响变量进行思考，此外，关于西藏旅游发展的简单论述及"十三五"期间西藏旅游及其相关产业发展的信息也会同时反馈给每位专家。具体德尔菲法的步骤如下。

步骤一：通过电子邮件的方式，向每位专家发送初始问卷和西藏旅游发展相关资料的简单描述，本轮调查是开放式的，建议各位专家充分发挥专业优势针对西藏"十三五"期间旅游发展趋势做出科学判断。

步骤二：对第一轮结果进行匿名汇总，并再次发送给每位专家，要求各位专家根据第一轮结果进行新的判断。在此轮，为了避免过多指标对目标规划模型构建造成的困扰，建议每位专家参考针对西藏旅游发展而设定的一些基本原则，即综合性、可衡量性、可获得性、动态性、边界性和独特性。在这一轮，还要求每位专家对各自给出的评价指标和影响因素按照 1—10 的分值分别进行赋分。

步骤三：统计评价结果，并且选择得分 6 以上的指标作为西藏"十三五"期间旅游发展的主要目标，且以此确定影响目标实现的主要变量。新的结果再次发送给各位专家，要求各位专家再次修改前一轮的答案。

步骤四：到此，获得最终结果并应用于此研究。最终得到西藏旅游业"十三五"期间的 10 个主要发展目标，分别是居民旅游认知度、旅游拥挤指数、旅游就业人数、旅游收入、旅游企业固定资产总额、污染存量、旅游创新能力、公路里程、公共服务投资和可进入性；9 个决策变量，分别是地区生产总值、人口数量、游客人次、游客人均消费额、环保投资比例、旅游研究经费、旅游从业人员中大专以上学历人口比例、旅游员工流动率和旅游企业平均生命周期。

德尔菲法的结果反映的是专家对"十三五"期间旅游发展的认知，为了更广泛的验证该结果的科学性，本小节应用利益相关者分析法将最终结果向政府官员、居民和旅游企业家等与西藏旅游发展联系密切的群体进行验证。利益相关者访谈的结果显示，各相关群体一致认为专家意见可以很好地反映"十三五"期间西藏旅游业的发展愿景，并认同 9 个决策变量的设定。因此，下一步运用网络层次分析法对目标进行排序。

（2）网络层次分析法。

网络层次分析法是美国匹兹堡大学的 Saaty 教授（1996）提出的一种适应非独立的递阶层次结构的决策方法，它是在层次分析法的基础上发展而形成的一种新的实用决策方法。

层次分析法作为一种决策过程,它提供了一种表示决策因素测度的基本方法。这种方法采用相对标度的形式,并充分利用了人的经验和判断力。在递阶层次结构下,它根据所规定的相对标度——比例标度,依靠决策者的判断,对同一层次有关元素的相对重要性进行两两比较,并按层次从上到下来合成方案,对决策目标进行测度。这种递阶层次结构虽然给处理系统问题带来了方便,同时也限制了它在复杂决策问题中的应用。在许多实际问题中,各层次内部元素往往是相互依赖的,而同时低层元素对高层元素亦有支配作用,即存在反馈。此时系统的结构更类似于网络结构。网络分析法正是适应这种需要,由层次分析法延伸发展得到的系统决策方法。

网络分析法首先将系统元素划分为两大部分:第一部分为控制因素层,包括问题目标及决策准则。所有的决策准则均被认为是彼此独立的,且只受目标元素支配。控制因素中可以没有决策准则,但至少有一个目标。控制层中每个准则的权重均可用层次分析法方法获得。第二部分为网络层,它是由所有受控制层支配的元素组成的,其内部是互相影响的网络结构,元素之间互相依存、互相支配,元素和层次间内部不独立,递阶层次结构中的每个准则支配的不是一个简单的内部独立的元素,而是一个互相依存、反馈的网络结构。简单来说,就是网络分析法认为,不仅仅是同一层次的元素之间存在相互依赖关系,在不同层次元素之间同样存在这种关系。因此,网络分析法提出后,就在处理多目标决策问题中得到了大量的应用。

旅游系统元素之间存在大量的相互关系(Zhang et al., 2015),因此在旅游地决策中非常有必要考虑这些元素之间的相互依赖性。本小节针对网络分析法的这种优势,将其运用到“十三五”期间西藏旅游发展目标准则的排序和权重决定,进而将其运用到下一步的目标规划模型。

（3）目标规划模型。

目标规划模型是多目标优化的一种研究方法,也是多目标决策分析的重要工具。Charnes 等(1955)最先开始使用目标规划方法,并在 1957 年正式提出(Charnes and Coope,1957)。截至目前,目标规划模型已经在众多不同的领域得到了大量的应用。目标规划模型的最大优势就在于它可以协调不同的目标,即使这些目标之间存在冲突和矛盾。通过上文分析知道,在西藏旅游业发展中,不同的经济、社会和环境目标之间是有矛盾的,而已有的研究往往只关注旅游发展的某一方面,如旅游收入(陈通等,2005)、旅游就业(张阿兰等,2012)、旅游教育(史民英等,2006),旅游交通 (潘基斌和刘澜,2006)、旅游公共服务 (刘坤梅,2014)等。专题研究往往导致研究结论存在一定的片面性,也很可能导致不同的结论之间存在相互矛盾的地方,因为不同的研究总是从各自的研究角度出发,而没有系统的思维。因此，基于这样的考虑，非常有必要统筹考虑西藏旅游发展中的不同发展目标，即决策者需要对不同目标选择进行整体的规划。而目标规划模型正是处理这一问题的有效工具。

目标规划模型有两个关键的要素，一个是目标函数，另一是约束方程。通过德尔菲法和利益相关者分析得出的西藏旅游发展的各子目标就构成了目标规划模型的目标函数，而决策变量和各子目标的关系就构成了约束方程。除了决策变量外，偏差变量在目标规划中同样非常重要。一个目标规划模型的基本形式如下：

$$
\begin{cases}
\min Z = \sum_{j=1}^{n} P_j \sum_{i=1}^{m} \left(u_{ij} d_i^+ + v_{ij} d_i^- \right) \\
\text{s.t.} \\
f_i(x) + d_i^+ - d_i^- = y_i, \quad i=1,2,\cdots,m \\
g_h(x) \leqslant 0, \qquad\qquad h=1,2,\cdots,p \\
d_i^+, d_i^- \geqslant 0, \qquad\qquad h=1,2,\cdots,m
\end{cases}
$$

其中，d^+ 和 d^- 表示目标 y 的正负偏差变量；u 和 v 表示 d^+ 和 d^- 在目标函数 Z 中的相应的权重；P 是优先权因子；$P_1 \gg P_2 \gg \cdots P_n$ "$\gg$" 表示 "远远大于"，即表明首先要考虑前面的目标然后再考虑后面的目标，表明了各目标的重要程度；y_i 表示第 i 个目标的目标值；$f_i(x)$ 是关于 x 的一个线性约束方程；x 是决策向量；$g_h(x)$ 是关于 x 的系统约束，特殊地，如果没有系统约束，则可以舍弃。

目标规划模型一个受争议的地方就是目标函数中权重的设定（Gass 1986），因此，为了克服这个问题，研究运用网络分析法解决 P，U 和 V 的设置问题。从而将网络分析法的结果作用于目标规划模型，可以得到如下形式的优化模型：

$$
\begin{cases}
\min Z = \sum_{j=1}^{n} P_j^{\text{ANP}} \sum_{i=1}^{m} \left(u_{ij}^{\text{ANP}} d_i^+ + v_{ij}^{\text{ANP}} d_i^- \right) \\
\text{s.t.} \\
f_i(x) + d_i^+ - d_i^- = y_i, \quad i=1,2,\cdots,m \\
g_h(x) \leqslant 0, \qquad\qquad h=1,2,\cdots,p \\
d_i^+, d_i^- \geqslant 0, \qquad\qquad h=1,2,\cdots,m
\end{cases}
$$

其中，P_j^{ANP} 表示目标的优先权；u_{ij}^{ANP} 和 v_{ij}^{ANP} 表示对每个子目标决策者的偏好。

2）研究过程和结果分析

（1）西藏旅游发展目标和决策变量。通过德尔菲法和利益相关者分析，一共得出 10 个西藏旅游发展中经济、社会和环境目标的影响准则，即西藏旅游发展的

10 个主要发展目标，分别是居民旅游认知度、旅游拥挤指数、旅游就业人数、旅游收入、旅游企业固定资产总额、污染存量、旅游创新能力、公路里程、公共服务投资和可进入性，与之对应还有 9 个决策变量，分别是地区生产总值、人口数量、游客人次、游客人均消费额、环保投资比例、旅游研究经费、旅游从业人员中大专以上学历人口比例、旅游员工流动率和旅游企业平均生命周期。

10 个主要发展目标的具体描述见表 5-6。

表 5-6　"十三五"期间西藏旅游业发展的主要目标

目标变量	主要发展目标	单位	与西藏旅游发展的相关性及数据搜集方法
y_1	居民旅游认知度	Dmnl	旅游业发展已给西藏的社会经济各方面带来了巨大的正面或负面影响，因此为了衡量这种影响，本部分引入居民旅游认知度变量，用于考虑西藏居民对旅游业发展的总体认知状况，并将其作为西藏旅游业发展的一个具体目标。因为旅游业发展归根到底是为了让居民有一个更好地生活状态，这可能体现在生态环境方面，也可能体现在经济收入方面，也可能体现在思想观念方面等。居民旅游认知度采用李克特五点量表的方式测量，数据搜集的方式为问卷调查。并且居民旅游认知度和旅游发展之间存在正相关的关系（Boley et al.，2014；Woo et al.，2015），根据目标规划思想，其偏差变量为 d_1^-
y_2	旅游拥挤指数	Dmnl	用旅游拥挤指数来反映外来游客对居民正常生活空间的影响，即反映旅游业发展给西藏旅游业带来的社会心理容量。一方面，旅游拥挤指数越高，则居民的正常生活秩序被影响的就越多，从这个观点来说，旅游拥挤指数与西藏旅游业发展存在着负相关关系。另一方面，旅游拥挤指数越高，同时也意味着更多的旅游者入藏从而带来更多的旅游收入，因此，从这个层面来说，旅游拥挤指数与西藏旅游业发展又存在着一定的正相关关系。因此，旅游拥挤指数的偏差变量为 d_2^- 和 d_2^+。旅游拥挤指数的数据来源为《西藏统计年鉴》
y_3	旅游就业人数	万人	落后的社会经济现状，导致西藏的财政收入大部分依赖中央拨付，也导致了西藏的低就业率（Fischer，2015）。而旅游业作为一个劳动密集型行业（Dwyer et al.，2014），在促进地方就业中发挥着重大作用，相应地，也有效地维护了当地的社会稳定。因此，旅游促进就业对西藏旅游业发展有着显著的正向影响。其偏差变量为 d_3^-，数据来源为《中国旅游统计年鉴》
y_4	旅游收入	亿元	旅游收入是衡量区域旅游发展的一个常用指标，发展经济也是西藏旅游业发展的一个基本动力。通过旅游业增加当地收入对于西藏整个社会经济面貌的改善具有重大的作用，并且数据显示，西藏旅游收入在地区生产总值中的比重也是呈逐年增加的趋势。因此，旅游收入是"十三五"期间西藏旅游发展的一个基本目标之一，其偏差变量为 d_4^-，数据来源为《西藏统计年鉴》
y_5	旅游企业固定资产	亿元	旅游业发展见证了西藏旅游产业规模的不断扩张，最直观的表现就是西藏旅游企业固定资产的增加。固定资产的增加意味着越来越多的资本开始进入西藏旅游业，而资本的输入对于行业发展的可持续性具有重要的作用（Ellison et al.，2007）。因此，旅游企业固定资产在某种程度上也反映了西藏旅游业的巨大成就，从而也成为"十三五"期间旅游业发展的一个基本目标。作为一个正向目标，旅游企业固定资产的偏差变量为 d_5^-，其数据来源为《中国旅游统计年鉴》

目标变量	主要发展目标	单位	与西藏旅游发展的相关性及数据搜集方法
y_6	污染存量	亿污染单位	对西藏而言，作为一个高原生态旅游目的地，环境保护问题的重要性相比其他地方更显突出（章轲，2006）。这里不区分污染的类别，即无论是由旅游发展引起的污染还是其他行业或者居民生活引起的污染排放全部都纳入西藏旅游业系统中。基本原因如下：首先，无论是工业污染还是旅游污染对于西藏旅游业发展都具有相同的影响，因为游客来到西藏所感受的是整个西藏旅游环境，他们不会区分这个环境受什么因素影响，而只是直观的感知。其次，在研究调研中发现，有相当一部分居民将污染问题归结于旅游业发展，即便某些污染是由其他行业引起的。并且有的学者也指出，当前很多研究中将旅游可持续发展从区域可持续发展中独立出来，导致可持续旅游研究脱离旅游地的整体环境，从而使得相关的研究结论太过片面和狭隘，尤其体现在旅游与环境关系的研究中Hunter（1997）。因此，本部分认为，不区分污染类型，而整体研究污染对西藏旅游业的影响是非常客观且科学的。根据中国环境统计年鉴，发现西藏的污染物主要是废水和固体污染，其他方面的污染相对较少。根据Forrester（1973）的研究，将西藏的污染作为一个整体进行衡量，对象主要就是液体和固体污染。很显然，污染和西藏旅游业发展存在着负相关，其偏差变量为d_6^+，数据来源为《中国环境统计年鉴》
y_7	旅游创新能力	Dmnl	旅游创新能力是衡量区域旅游发展水平的重要指标（Hall and Williams，2008）。尤其对于新兴的旅游目的地西藏而言，促进旅游创新能力可以显著提升其品牌影响力和目的地竞争力。并且对于优化当前西藏旅游消费结构、增加旅游收入具有重要作用。因此，在"十三五"期间提升西藏的旅游创新能力也是一个十分重要的目标。旅游创新能力的偏差变量为d_7^-，其计算方式参考 Zhang 等（2015）的研究
y_8	公路里程	万千米	公路里程主要反映的是游客在西藏内部交通的便利程度。在旅游业发展中，对交通道路建设的基本要求就是"进的来、散的开、出的去"。而"散的开"指的就是区域内部的旅游交通。当前，游客在西藏内部的交通方式主要就是公路交通（Zhang et al.，2015），增加公路里程，连接更多的旅游景区，才能使得游客在西藏的旅游更加便利，也才能更全面地将西藏的旅游资源呈现在游客面前。公路里程的增加对于游客在西藏旅游效率的增加具有重要意义，其偏差变量为d_8^-，公路里程的数据来源为《西藏统计年鉴》
y_9	公共服务投资	亿元	公共服务投资涉及通信、金融和医疗健康等多个方面，而这些方面也是游客进藏旅游十分关注的问题。提升公共服务水平，对于提升旅游服务水平、增加游客满意度、提高旅游地吸引力具有重要促进作用。尤其在西藏地区，增加公共服务投资可以有效消除广大游客入藏的一些常见顾虑，如高原反应、电子通信、信息服务等。因此，在"十三五"期间，将公共服务投资作为西藏旅游发展的一个重要目标。其偏差变量为d_9^-，数据来源为《西藏统计年鉴》

续表

目标变量	主要发展目标	单位	与西藏旅游发展的相关性及数据搜集方法
y_{10}	可进入性	Dmnl	考虑到交通对西藏旅游业发展的重大影响,在德尔菲法和利益相关者分析中,大家都提出了提升可进入性对"十三五"期间西藏旅游发展的重要性,并将其作为一个重要目标进行发展,如2006年青藏铁路通车之后,2007年入藏游客的人次由2006年的2 512 103人骤然增加到4 029 438人,增幅达到60%以上。与公路里程不同的是,可进入性主要反映的是游客出入西藏的便利程度。由于其与西藏旅游业发展呈现正相关关系,其偏差变量为d_{10}^{-}。关于可进入性的计算,参考交通地理领域的研究(Karou and Hull, 2014),将其设定为是以旅行时间为自变量的负指数函数,形如可进入性$=e^{-0.1 \text{旅游时间}}$。这表明旅行时间越长,西藏旅游的可进入性越差。旅行时间的数据信息依据是对西藏理念旅游发展中交通信息的搜集及对游客的抽样调查

9个决策变量的表述如表5-7所示。

表5-7 "十三五"期间西藏旅游业发展目标实现的决策变量

决策变量	指标	单位	决策变量与西藏旅游发展目标的关系及其数据来源
x_1	地区生产总值	亿元	毫无疑问地区生产总值是用来衡量区域经济发展水平的基本指标,尤其在像中国这样的发展中国家更是如此。地区生产总值增长对于基础设施建设、环境保护投入、健康医疗服务及教育水平的提升都具有很大的促进作用,从而能为入藏旅游者提供一个较为良好的旅游环境。因此,地区生产总值是众多上述"十三五"期间西藏旅游发展目标的一个重要决策变量。其数据来源为《西藏统计年鉴》
x_2	人口数量	万人	本小节采用游客人次和西藏人口的比值来衡量旅游发展给西藏当地所带来的拥挤效应,而该比值正是旅游拥挤指数。在传统的研究中,学者们往往用游客人次比上旅游地的面积来计算拥挤效应,但由于西藏地域辽阔,这种计算方式难以直观反映旅游发展对当地居民生活的影响,所以将旅游地面积改为当地人口。人口的数据来源为《西藏统计年鉴》
x_3	游客人次	万人次	游客人次是影响旅游地可持续发展的重要因素,它的变化对于西藏旅游管理的决策有着重要的影响(Zhang et al., 2015)。其数据来源是《西藏统计年鉴》
x_4	游客人均消费额	万元	游客人均消费额影响着旅游地的收入,在游客人次变化稳定的情况下,人均消费额越高,旅游收入越高,同时也可以降低游客人次增加给西藏带来的环境和其他问题。数据显示,在过往10年中,入藏游客的人均消费额一直变化不大,而西藏旅游收入的增加基本都是靠游客人次增长的规模效应。因此,为了优化西藏旅游发展模式,专家们认为以游客人均消费额为决策变量,相比规模效应增长,通过改变人均消费额来增加旅游收入更具可持续性。其数据来源为《西藏统计年鉴》

续表

决策变量	指标	单位	决策变量与西藏旅游发展目标的关系及其数据来源
x_5	环保投资比例	Dmnl	环境保护投入可以有效降低污染的排放量进而提升环境治理，由于当前游客和旅游从业者较为薄弱的环境意识（罗华，2012），增加环境保护投入对于减少西藏的污染问题是一个十分重要的方式。环保投资的数据来源为《中国环境统计年鉴》
x_6	旅游研究经费	亿元	旅游创新能力的提升包括产品创新、管理创新和制度创新能，无论哪一种都需要大量的、持续的科研经费投入（Hall and Williams，2008），因此，旅游研究经费就成为西藏旅游发展中的一个重要决策变量。这也是当前西藏旅游管理中一个较为薄弱的环节，自治区旅游管理部门在有限的经费预算下，对旅游研究的投入相对于国内其他区域要小得多，但在当前世界旅游目的地建设的关键阶段，通过增加经费投入，西藏旅游业发展能获得更多的智力支撑已经形成共识。旅游研究经费的来源为对历年西藏旅游研究项目信息的搜集
x_7	旅游从业人员中大专以上学历人口比例	Dmnl	雇员素质对企业创新能力的影响也是十分明显的（Hall and Williams，2008）。在西藏旅游业发展中，调研显示创新思想难以得到提升的一个重要原因就在于西藏旅游从业人员素质的整体偏低（章杰宽，2014）。因此，在德尔菲法的调查中，专家们一致认为提升从业人员学历水平对于未来西藏旅游可持续发展具有重要的作用，因此，其也是目标规划模型的一个重要决策变量。旅游从业人员大专以上学历人口比例的数据来源为对相关旅游企业的抽样调查
x_8	旅游员工流失率	Dmnl	西藏旅游业发展中较高的员工流动率也是一个较为明显的现象（Zhang et al.，2015）。员工流动率的增加或降低对于西藏旅游从业人员数量有着显著的影响，同时也反映了西藏旅游发展对劳动力人口的吸引力。因此，调查中专家们将其作为西藏旅游业发展的又一个决策变量，通过对它的调控来实现旅游业发展的相关目标。旅游员工流动率的数据来源为对西藏旅游企业的抽样调查
x_9	旅游企业平均生命周期	年	在西藏旅游业发展过程中，不停地有新企业进入同时有老企业退出（章杰宽，2011），这反映了西藏旅游市场的竞争及其发展前景，以及由此带来的对相关资本的影响。当然更直观的是这种现象对西藏旅游企业固定资产总额的影响。Ny 等（2006）认为企业的生命周期对于行业的可持续性是具有重要影响的，德尔菲法的结果也表明旅游企业生命周期是西藏旅游发展的一个决策变量。该数据来源主要是通过对相关信息的搜集整理计算，包括历年旅游企业的注册时间、退出时间，旅游企业数量及新、老旅游企业信息等，这些信息由工商管理部门提供

　　根据上述对"十三五"期间西藏旅游发展目标及相关决策变量的描述，相应的目标、准则和变量之间的关系如图5-4所示。

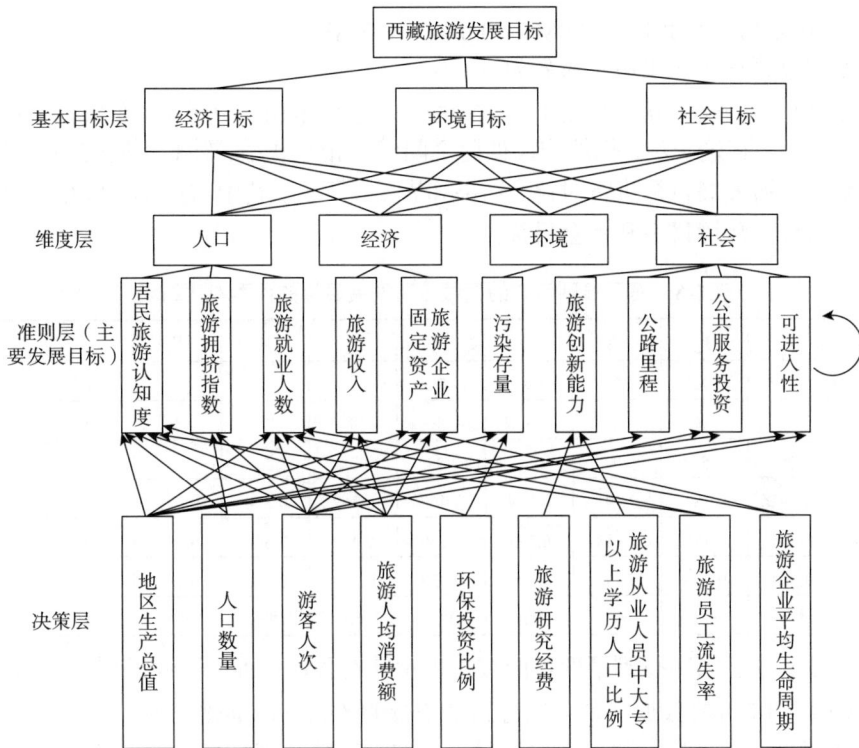

图 5-4　西藏旅游决策中的基本目标和相关变量

（2）目标表排序和权重确定。在这一步，应用网络分析法对"十三五"期间西藏旅游发展目标及其影响准则（主要发展目标）进行排序并设定其权重，以进一步应用到以后的目标规划模型。根据网络分析法研究的结果，在各因素相互依赖的基础上，居民旅游认知度、旅游拥挤指数、旅游就业人数、旅游收入、旅游企业固定资产总额、污染存量、旅游创新能力、公路里程、公共服务投资和可进入性的权重分别是 0.112，0.091，0.086，0.139，0.068，0.129，0.056，0.087，0.107 和 0.125。而"十三五"期间三大目标的基本排序是经济目标第一（0.427），社会目标第二（0.388），最后是环境目标（0.185）。

网络层次分析方法的具体研究过程如下。

步骤一：在这一步，对西藏旅游发展的各准则进行一系列的两两比较，以确定各准则的相对重要性。为了对各准则进行比较，本部分提出以下问题：相对于西藏旅游发展的经济、社会和环境三大基本目标而言，哪一个准则的重要性更突出。在此轮比较中，用 Saaty 的 1~9 九点量表进行赋分。此轮比较的基本前提是假设各准则之间没有相互依赖关系，从而通过层次分析法得到 10 个准则的权重为

$[y_1 \quad y_2 \quad y_3 \quad y_4 \quad y_5 \quad y_6 \quad y_7 \quad y_8 \quad y_9 \quad y_{10}]=[0.145 \quad 0.068 \quad 0.097 \quad 0.173$

0.053   0.0233   0.0013   0.086   0.044   0.088]

本部分将这个权重矩阵命名为

W_1=[0.145   0.068   0.097   0.173   0.053   0.233   0.013   0.086   0.044   0.088]

步骤二：在这一步，仍然假设彼此之间没有相互联系，针对不同的评价准则，对西藏的旅游发展目标进行对比，结果如表 5-8 所示。其中 $G1$、$G2$ 和 $G3$ 分别表示经济目标、环境目标和社会目标。

表 5-8   基于准则考虑的西藏旅游发展目标的两两对比结果

w_2	y_1	y_2	y_3	y_4	y_5	y_6	y_7	y_8	y_9	y_{10}
$G1$	9	7	9	9	7	7	5	5	7	5
$G2$	7	9	5	3	3	9	7	3	9	3
$G3$	7	5	9	5	5	3	7	7	9	7
$G1$	0.392	0.333	0.391	0.529	0.467	0.368	0.264	0.333	0.280	0.333
$G2$	0.304	0.429	0.218	0.177	0.200	0.474	0.368	0.200	0.360	0.200
$G3$	0.304	0.238	0.391	0.294	0.333	0.158	0.368	0.467	0.360	0.467
	w_{20}	w_{21}	w_{22}	w_{23}	w_{24}	w_{25}	w_{26}	w_{27}	w_{28}	w_{29}

表 5-8 中，第二行到第四行的数据表示针对各评价准则不同发展目标的重要性，第 5 行到 7 行的数据则是第二行到第四行的数据的标准化结果。针对 $y_1, y_2, \cdots,$ y_{10} 等不同的评价准则，将三个发展目标的权重矩阵分别命名为

$$w_{20} = \begin{bmatrix} 0.392 \\ 0.304 \\ 0.304 \end{bmatrix}, \quad w_{21} = \begin{bmatrix} 0.333 \\ 0.429 \\ 0.238 \end{bmatrix}, \quad w_{22} = \begin{bmatrix} 0.391 \\ 0.218 \\ 0.391 \end{bmatrix}, \quad w_{23} = \begin{bmatrix} 0.529 \\ 0.177 \\ 0.294 \end{bmatrix}, \quad w_{24} = \begin{bmatrix} 0.467 \\ 0.200 \\ 0.333 \end{bmatrix},$$

$$w_{25} = \begin{bmatrix} 0.368 \\ 0.474 \\ 0.158 \end{bmatrix}, \quad w_{26} = \begin{bmatrix} 0.264 \\ 0.368 \\ 0.368 \end{bmatrix}, \quad w_{27} = \begin{bmatrix} 0.333 \\ 0.200 \\ 0.467 \end{bmatrix}, \quad w_{28} = \begin{bmatrix} 0.280 \\ 0.360 \\ 0.360 \end{bmatrix}, \quad w_{29} = \begin{bmatrix} 0.333 \\ 0.200 \\ 0.467 \end{bmatrix}$$

步骤三：在这一步，按照网络层次分析的思想，通过专家群组讨论的方式考虑不同准则之间的相互依赖关系。为了进行两两对比，向每位专家提出如下问题："所有评价指标对其中每一个的相对影响是多少"。当专家的意见达到一致性时，两两对比中止。一共得到 10 组权重，每一组都表明 10 个评价准则对每一个的相对影响，结果如表 5-9 所示。例如，居民旅游认知度 y_1 对旅游就业人数 y_3 的相对影响程度是 0.091，旅游就业人数 y_3 对可进入性 y_{10} 的相对影响程度是 0.054，可进入性 y_{10} 对居民旅游认知度 y_1 的相对影响程度是 0.078。

表 5-9　10 个评价指标的相互关系权重

W_3	y_1	y_2	y_3	y_4	y_5	y_6	y_7	y_8	y_9	y_{10}
y_1	0.319	0.110	0.091	0.063	0.045	0.085	0.047	0.085	0.102	0.045
y_2	0.057	0.408	0.017	0.074	0.032	0.087	0.066	0.096	0.083	0.066
y_3	0.083	0.032	0.420	0.088	0.069	0.018	0.055	0.000	0.057	0.054
y_4	0.142	0.069	0.117	0.304	0.136	0.086	0.078	0.098	0.060	0.117
y_5	0.030	0.000	0.121	0.071	0.407	0.040	0.051	0.015	0.047	0.058
y_6	0.115	0.027	0.000	0.065	0.034	0.384	0.082	0.000	0.087	0.035
y_7	0.025	0.043	0.047	0.057	0.098	0.063	0.416	0.030	0.054	0.055
y_8	0.065	0.088	0.036	0.069	0.018	0.037	0.015	0.410	0.053	0.098
y_9	0.086	0.083	0.073	0.074	0.117	0.051	0.118	0.355	0.132
y_{10}	0.078	0.140	0.078	0.135	0.099	0.083	0.139	0.148	0.102	0.340

由此，获得 10 个评价准则及所有子目标的相关依赖关系权重，命名为 W_3。

$$W_3 = \begin{bmatrix} 0.319 & 0.110 & 0.091 & 0.063 & 0.045 & 0.085 & 0.047 & 0.085 & 0.102 & 0.045 \\ 0.057 & 0.408 & 0.017 & 0.074 & 0.032 & 0.087 & 0.066 & 0.096 & 0.083 & 0.066 \\ 0.083 & 0.032 & 0.420 & 0.088 & 0.069 & 0.018 & 0.055 & 0.000 & 0.057 & 0.054 \\ 0.142 & 0.069 & 0.117 & 0.304 & 0.136 & 0.086 & 0.078 & 0.098 & 0.060 & 0.117 \\ 0.030 & 0.000 & 0.121 & 0.071 & 0.407 & 0.040 & 0.051 & 0.015 & 0.047 & 0.058 \\ 0.115 & 0.027 & 0.000 & 0.065 & 0.034 & 0.384 & 0.082 & 0.000 & 0.087 & 0.035 \\ 0.025 & 0.043 & 0.047 & 0.057 & 0.098 & 0.063 & 0.416 & 0.030 & 0.054 & 0.055 \\ 0.065 & 0.088 & 0.036 & 0.069 & 0.018 & 0.037 & 0.015 & 0.410 & 0.053 & 0.098 \\ 0.085 & 0.083 & 0.073 & 0.074 & 0.062 & 0.117 & 0.051 & 0.118 & 0.355 & 0.132 \\ 0.078 & 0.140 & 0.078 & 0.135 & 0.099 & 0.083 & 0.139 & 0.148 & 0.102 & 0.340 \end{bmatrix}$$

然后，综合步骤一到步骤三的结果，获得基于相互关系考虑的各评价准则的优先权权重，命名为 W_c。

$W_c = W_3 \times W_1^{\mathrm{T}} = [0.112 \quad 0.091 \quad 0.086 \quad 0.139 \quad 0.068 \quad 0.129 \quad 0.056 \quad 0.087$ $0.107 \quad 0.125]^{\mathrm{T}}$，因此，在目标规划模型中 u^{ANP} 或者 v^{ANP} 的数值为（0.112，0.091，0.086，0.139，0.068，0.129，0.056，0.087，0.107，0.125）。

步骤四：在这一步，在考虑各评价准则的基础上，计算西藏旅游发展中经济目标、环境目标和社会目标的相关依赖关系。为了进行两两对比，向每一位专家提出问题：在考虑满足准则 y_1 的基础上，哪一个目标对于经济目标实现的贡献最大。以此类推，每一位专家都将会在考虑不同的评价准则和目标实现前提下，对不同目标的贡献值进行赋分，最终结果如表 5-10 所示。在表 5-10 中，整数和分数数据通过 Saaty 的 1-9 九点量表进行赋分得出，而小数则是标准化数据。

表 5-10 针对不同评价准则的西藏旅游发展目标的相互依赖关系

针对 y_1 的经济、环境和社会目标的相互依赖关系			针对 y_2 的经济、环境和社会目标的相互依赖关系		
w_{40}	$G1$	$G2$	$G3$		
				w_{41}	$G1$	$G2$	$G3$
$G1$	1	3	5	$G1$	1	3	3
$G2$	1/3	1	3	$G2$	1/3	1	1/5
$G3$	1/5	1/3	1	$G3$	1/3	5	1
$G1$	0.653	0.692	0.556	$G1$	0.600	0.333	0.714
$G2$	0.217	0.231	0.333	$G2$	0.200	0.111	0.048
$G3$	0.130	0.077	0.111	$G3$	0.200	0.556	0.238

针对 y_3 的经济、环境和社会目标的相互依赖关系			针对 y_4 的经济、环境和社会目标的相互依赖关系		
w_{42}	$G1$	$G2$	$G3$	w_{43}	$G1$	$G2$	$G3$
$G1$	1	7	5	$G1$	1	9	7
$G2$	1/7	1	1/5	$G2$	1/9	1	1/3
$G3$	1/5	5	1	$G3$	1/7	3	1
$G1$	0.745	0.538	0.807	$G1$	0.797	0.692	0.840
$G2$	0.106	0.077	0.032	$G2$	0.089	0.077	0.040
$G3$	0.149	0.385	0.161	$G3$	0.114	0.231	0.120

针对 y_5 的经济、环境和社会目标的相互依赖关系			针对 y_6 的经济、环境和社会目标的相互依赖关系		
w_{44}	$G1$	$G2$	$G3$	w_{45}	$G1$	$G2$	$G3$
$G1$	1	7	5	$G1$	1	1/5	1/5
$G2$	1/7	1	1/3	$G2$	5	1	3
$G3$	1/5	3	1	$G3$	5	1/3	1
$G1$	0.745	0.636	0.789	$G1$	0.090	0.130	0.048
$G2$	0.106	0.091	0.053	$G2$	0.455	0.653	0.714
$G3$	0.149	0.273	0.158	$G3$	0.455	0.217	0.238

针对 y_7 的经济、环境和社会目标的相互依赖关系			针对 y_8 的经济、环境和社会目标的相互依赖关系		
w_{46}	$G1$	$G2$	$G3$	w_{47}	$G1$	$G2$	$G3$
$G1$	1	3	3	$G1$	1	5	3
$G2$	1/3	1	1/3	$G2$	1/5	1	1/3
$G3$	1/3	3	1	$G3$	1/3	3	1
$G1$	0.600	0.429	0.692	$G1$	0.653	0.556	0.692
$G2$	0.200	0.142	0.077	$G2$	0.130	0.111	0.077
$G3$	0.200	0.429	0.231	$G3$	0.217	0.333	0.231

续表

针对 y_9 的经济、环境和社会目标的相互依赖关系				针对 y_{10} 的经济、环境和社会目标的相互依赖关系			
w_{48}	G 1	G 2	G 3	w_{49}	G 1	G 2	G 3
G 1	1	1/3	1/5	G 1	1	5	1/3
G 2	3	1	1/5	G 2	1/5	1	1/5
G 3	5	5	1	G 3	3	5	1
G 1	0.111	0.053	0.143	G 1	0.238	0.455	0.217
G 2	0.333	0.158	0.143	G 2	0.048	0.090	0.130
G 3	0.556	0.789	0.714	G 3	0.714	0.455	0.653

相应地，针对不同的评价准则，将西藏旅游发展基本目标的相互依赖关系权重矩阵分别命名为 w_{40}，w_{41}，w_{42}，w_{43}，w_{44}，w_{45}，w_{46}，w_{47}，w_{48}，w_{49}，且各矩阵如下：

$$w_{40} = \begin{bmatrix} 0.653 & 0.692 & 0.556 \\ 0.217 & 0.231 & 0.333 \\ 0.130 & 0.077 & 0.111 \end{bmatrix}, \quad w_{41} = \begin{bmatrix} 0.600 & 0.333 & 0.714 \\ 0.200 & 0.111 & 0.048 \\ 0.200 & 0.556 & 0.238 \end{bmatrix},$$

$$w_{42} = \begin{bmatrix} 0.745 & 0.538 & 0.807 \\ 0.106 & 0.077 & 0.032 \\ 0.149 & 0.385 & 0.161 \end{bmatrix}, \quad w_{43} = \begin{bmatrix} 0.797 & 0.692 & 0.840 \\ 0.089 & 0.077 & 0.040 \\ 0.114 & 0.031 & 0.120 \end{bmatrix},$$

$$w_{44} = \begin{bmatrix} 0.745 & 0.636 & 0.789 \\ 0.106 & 0.091 & 0.053 \\ 0.149 & 0.273 & 0.158 \end{bmatrix}, \quad w_{45} = \begin{bmatrix} 0.090 & 0.130 & 0.048 \\ 0.455 & 0.653 & 0.714 \\ 0.455 & 0.217 & 0.238 \end{bmatrix},$$

$$w_{46} = \begin{bmatrix} 0.600 & 0.429 & 0.692 \\ 0.200 & 0.142 & 0.077 \\ 0.200 & 0.429 & 0.231 \end{bmatrix}, \quad w_{47} = \begin{bmatrix} 0.653 & 0.556 & 0.692 \\ 0.130 & 0.111 & 0.077 \\ 0.217 & 0.333 & 0.231 \end{bmatrix},$$

$$w_{48} = \begin{bmatrix} 0.111 & 0.053 & 0.143 \\ 0.333 & 0.158 & 0.143 \\ 0.556 & 0.789 & 0.714 \end{bmatrix}, \quad w_{49} = \begin{bmatrix} 0.238 & 0.455 & 0.217 \\ 0.048 & 0.090 & 0.130 \\ 0.714 & 0.455 & 0.653 \end{bmatrix}$$

现在根据步骤二到步骤四的结果，可以获得通过考虑每一个评价准则的西藏旅游发展各子目标的相互关系优先权 W_G。其子矩阵分别为

$$w_{G0} = w_{40} \times w_{20} = \begin{bmatrix} 0.103 \\ 0.222 \\ 0.674 \end{bmatrix}, \quad w_{G1} = w_{41} \times w_{21} = \begin{bmatrix} 0.513 \\ 0.126 \\ 0.362 \end{bmatrix}, \quad w_{G2} = w_{42} \times w_{22} = \begin{bmatrix} 0.723 \\ 0.071 \\ 0.205 \end{bmatrix},$$

$$\boldsymbol{w}_{G3} = \boldsymbol{w}_{43} \times \boldsymbol{w}_{23} = \begin{bmatrix} 0.790 \\ 0.072 \\ 0.136 \end{bmatrix}, \quad \boldsymbol{w}_{G4} = \boldsymbol{w}_{44} \times \boldsymbol{w}_{24} = \begin{bmatrix} 0.738 \\ 0.085 \\ 0.177 \end{bmatrix}, \quad \boldsymbol{w}_{G5} = \boldsymbol{w}_{45} \times \boldsymbol{w}_{25} = \begin{bmatrix} 0.103 \\ 0.589 \\ 0.308 \end{bmatrix},$$

$$\boldsymbol{w}_{G6} = \boldsymbol{w}_{46} \times \boldsymbol{w}_{26} = \begin{bmatrix} 0.570 \\ 0.134 \\ 0.295 \end{bmatrix}, \quad \boldsymbol{w}_{G7} = \boldsymbol{w}_{47} \times \boldsymbol{w}_{27} = \begin{bmatrix} 0.651 \\ 0.101 \\ 0.247 \end{bmatrix}, \quad \boldsymbol{w}_{G8} = \boldsymbol{w}_{48} \times \boldsymbol{w}_{28} = \begin{bmatrix} 0.102 \\ 0.202 \\ 0.697 \end{bmatrix},$$

$$\boldsymbol{w}_{G9} = \boldsymbol{w}_{49} \times \boldsymbol{w}_{29} = \begin{bmatrix} 0.272 \\ 0.095 \\ 0.633 \end{bmatrix}$$

而矩阵 $\boldsymbol{W}_G$ 就是上述子矩阵的组合，即

$$\boldsymbol{W}_G = \begin{bmatrix} \boldsymbol{w}_{G0} \boldsymbol{w}_{G1} \boldsymbol{w}_{G2} \cdots \boldsymbol{w}_{G9} \end{bmatrix}$$

$$= \begin{bmatrix} 0.103 & 0.513 & 0.723 & 0.790 & 0.738 & 0.103 & 0.570 & 0.651 & 0.102 & 0.272 \\ 0.222 & 0.126 & 0.071 & 0.072 & 0.085 & 0.589 & 0.134 & 0.101 & 0.202 & 0.095 \\ 0.674 & 0.362 & 0.205 & 0.136 & 0.177 & 0.308 & 0.295 & 0.247 & 0.697 & 0.633 \end{bmatrix}$$

最终，将 $\boldsymbol{W}_G$ 乘以 $\boldsymbol{W}_c$，从而获得"十三五"期间西藏旅游发展的经济、环境和社会目标的优先权 P^{ANP} 为

$$P^{\text{ANP}} = \boldsymbol{W}_G \times \boldsymbol{W}_C = (0.427 \quad 0.184 \quad 0.388)^{\text{T}}$$

最终获得本部分开头的结果，即在"十三五"期间，西藏旅游发展中，经济目标排首位，其次是社会目标和环境目标。

（3）目标规划模型建立。在表 5-6 中，通过分析各评价准则，即"十三五"期间西藏旅游发展各子目标的属性，对各准则的偏差变量做了界定，分别是（ d_1^- ）、（ d_2^-，d_2^+ ）、（ d_3^- ）、（ d_4^- ）、（ d_5^- ）、（ d_6^+ ）、（ d_7^- ）、（ d_8^- ）、（ d_9^- ）和（ d_{10}^- ）。网络层次分析法分析的结果显示，"十三五"期间西藏旅游发展的最高目标首先是要追求经济增长，其次是提升社会发展水平，最后是对环境问题的控制。因此，在人口、经济、环境和社会四个维度方面，其优先权顺序应该是经济≫社会≫人口≫环境。根据目标规划模型思想，本小节可以得到"十三五"期间西藏旅游发展的目标规划模型，具体如表 5-11 所示。

表 5-11 西藏旅游发展的目标规划模型

目标规划模型	模型解释
$Z_{\min} = \{ P_1 \left(0.139 d_4^- + 0.068 d_5^- \right),$ $P_2 \left(0.056 d_7^- + 0.087 d_8^- + 0.107 d_9^- + 0.125 d_{10}^- \right),$ $P_3 \left(0.112 d_1^- + 0.091 d_2^- + 0.091 d_2^+ + 0.086 d_3^- \right),$ $P_4 \left(0.129 d_6^+ \right) \}$	（1）目标函数满足发展目标顺序是：经济优先、社会优先和环境优先，即 P_1（经济）≫ P_2（社会）≫ P_3（人口）≫ P_4（环境） （2）将网络层次分析法的分析结果中各评价准则的权重作用于目标函数中各偏差变量

续表

目标规划模型	模型解释
Subject to	约束条件
$2.333 + 0.068 \times y_3 + 0.001 \times y_4 - 0.531 \times$ $y_2 - 0.069 \times y_6 + d_1^- - d_1^+ = y_1$	（3）避免低于居民旅游认知度的最小值 （4）居民旅游认知度依赖于旅游就业人数、污染存量、旅游收入和旅游拥挤指数。该约束方程利用 IBM SPSS 工具通过线性回归的方式得出，其 $R^2 = 0.962$
$x_3 \div x_2 + d_2^- - d_2^+ = y_2$	（5）避免高于旅游拥挤指数的最高值或者低于旅游拥挤指数的最低值 （6）旅游拥挤指数依赖于游客人次和西藏人口数量
$7.550 + 2.619 \times x_8 + 1.516 \times y_5 + d_3^- - d_3^+ = y_3$	（7）避免低于旅游就业人数的最低值 （8）旅游就业人数依赖于旅游员工流动率和旅游企业固定资产总额。旅游企业固定资产总额依赖于游客人次、游客人均消费额、地区生产总值和旅游企业平均生命周期。该约束方程利用 IBM SPSS 工具通过线性回归的方式得出，其 $R^2 = 0.991$
$x_3 \times x_4 + d_4^- - d_4^- = y_4$	（9）避免低于最低旅游收入 （10）旅游收入依赖于游客人次和游客人均消费额
$28.437 + 14.613 \times x_3 \times x_4 \div x_1 -$ $237.148 \div x_9 + d_5^- - d_5^+ = y_5$	（11）避免低于最低旅游企业固定资产总额 （12）旅游企业固定资产总额决定于游客人次、游客人均消费额、地区生产总值和旅游企业平均生命周期。该约束方程利用 IBM SPSS 工具通过线性回归的方式得出，其 $R^2 = 0.992$
$43.54 \times 10^6 - 0.4 \times 10^4 \times x_1 \times$ $x_5 + 10^4 \times x_1 + d_6^- - d_6^+ = y_6$	（13）避免高于污染存量最大值 （14）污染存量依赖于地区生产总值和环境保护投资比例，该约束方程利用 IBM SPSS 工具通过线性回归的方式得出，其 $R^2 = 0.852$
$0.321 \times x_6 + 0.023 \times x_7 + d_7^- - d_7^+ = y_7$	（15）避免低于旅游创新能力最低值 （16）旅游创新能力依赖于旅游研究经费和旅游从业人口中大专以上学历人口比例，该约束方程利用 IBM SPSS 工具通过线性回归的方式得出，其 $R^2 = 0.934$
$26\,981.444 + 55.591 x_1 + d_8^- - d_8^+ = y_8$	（17）避免低于公路里程最低值 （18）公路里程依赖于地区生产总值，该约束方程利用 IBM SPSS 工具通过线性回归的方式得出，其 $R^2 = 0.882$
$-2.891 + 0.022 \times x_1 + 0.024 \times x_3 + d_9^- - d_9^+ = y_9$	（19）避免低于公共服务投资最低值 （20）公共服务投资依赖于地区生产总值和游客人次，该约束方程利用 IBM SPSS 工具通过线性回归的方式得出，其 $R^2 = 0.994$

续表

目标规划模型	模型解释
$0.004 + 2.945 \times 10^{-5} \times x_1 +$ $2.836 \times 10^{-6} \times x_3 + d_{10}^- - d_{10}^+ = y_{10}$	（21）避免低于可进入性最低值 （22）可进入性依赖于地区生产总值和游客人次，该约束方程利用 IBM SPSS 工具通过线性回归的方式得出，其 $R^2 = 0.979$
$d_m^-, d_m^+ \geqslant 0, d_m^- \times d_m^+ = 0, m = 1, 2, \cdots, 10$	（23）偏差变量是非负的且互不相容的

注：表中 y_6 的单位是"污染单位"，而文中其他地方如非特别说明则单位是"亿污染单位"；y_8 的单位是"千米"，而文中其他地方如非特别说明则单位是"万千米"

（4）模型求解及分析。模型建好之后，对模型进行求解。本小节应用 Matlab 2012b 中的"Optimization Toolbox"和"Genetic Algorithm and Direct Search"对其就行求解，依托平台是基于 Windows 8.1 和 Intel（R）Core（TM）i3-2310M CPU @ 2.10 GHz 的电脑。决策变量的初始值是 2013 年的取值初始值和期望值根据《中国环境年鉴》《西藏统计年鉴》《西藏世界旅游目的地建设的中长期规划》（初稿）及 Zhang 等（2015）的研究确定。决策变量的求解结果如表 5-12 所示，而准则的目标值见表 5-13。

表 5-12　"十三五"期间西藏旅游发展目标规划模型的决策变量值

决策变量	指标	初始值	结果 2015 年	结果 2020 年
x_1	地区生产总值/亿元	807.670	1 095.694	2 301.332
x_2	人口数量/万人口	31 204.0	32 020.2	34 155.3
x_3	游客人次/万人次	1 291.057	1 665.387	2 497.540
x_4	游客人均消费额/万元	0.128	0.139	0.164
x_5	环保投资比例/Dmnl	0.007	0.011	0.019
x_6	旅游研究经费/万元	1.500	1.600	1.800
x_7	旅游从业人员中大专以上学历人口比例/Dmnl	0.178	0.181	0.232
x_8	旅游员工流失率/Dmnl	0.160	0.160	0.154
x_9	旅游企业平均生命周期/年	10.500	10.516	12.764

表 5-13　"十三五"期间西藏旅游发展的目标值

目标	指标	2015 年 期望值	2015 年 偏差值	2015 年 求解结果	2020 年 期望值	2020 年 偏差值	2020 年 求解结果
y_1	居民旅游认知度/Dmnl	4.710	$d_1^- = 0$ $d_1^+ = 0.289$	4.999	5.000	$d_1^- = 0$ $d_1^+ = 0.241$	5.241*
y_2	旅游拥挤指数/Dmnl	5.120	$d_2^- = 0$ $d_2^+ = 0.081$	5.201	7.020	$d_2^- = 0$ $d_2^+ = 0.292$	7.312

续表

目标	指标	2015 年			2020 年		
		期望值	偏差值	求解结果	期望值	偏差值	求解结果
y_3	旅游就业人数/万人	22.190	$d_3^- = 1.007$ $d_3^+ = 0$	21.183	28.080	$d_3^- = 1.595$ $d_3^+ = 0$	26.485
y_4	旅游收入/亿元	222.750	$d_4^- = 0$ $d_4^+ = 8.114$	230.864	341.180	$d_4^- = 0$ $d_4^+ = 68.585$	409.765
y_5	旅游企业固定资产总额/亿元	9.990	$d_5^- = 1.025$ $d_5^+ = 0$	8.965	14.320	$d_5^- = 1.861$ $d_5^+ = 0$	12.459
y_6	污染存量/亿污染单位	0.560	$d_6^- = 0.015\ 51$ $d_6^+ = 0$	0.544 49	0.795 8	$d_6^- = 0.132\ 02$ $d_6^+ = 0$	0.663 78
y_7	旅游创新能力/Dmnl	0.010	$d_7^- = 0.001$ $d_7^+ = 0$	0.009	0.018	$d_7^- = 0.007$ $d_7^+ = 0$	0.011
y_8	公路里程/万千米	8.700	$d_8^- = 0$ $d_8^+ = 0.089$	8.789	12.630	$d_8^- = 0$ $d_8^+ = 2.861$	15.491
y_9	公共服务投资/亿元	72.000	$d_9^- = 10.816$ $d_9^+ = 0$	61.184	122.530	$d_9^- = 14.851$ $d_9^+ = 0$	107.679
y_{10}	可进入性/Dmnl	0.042	$d_{10}^- = 0.001$ $d_{10}^+ = 0$	0.041	0.079	$d_{10}^- = 0$ $d_{10}^+ = 0$	0.079

*居民旅游认知度由于采用李克特五点量表来衡量，因此，该处的值 5.241 也仅表示最大值 5

表 5-12 显示，为了实现经济优先的发展目标，2015~2020 年，西藏旅游发展的各决策变量的变化情况。众所周知，旅游业发展对当地经济增长有着较大的促进作用。同样的，经济增长也可以有助于旅游业的进步，尤其对于地区生产总值主要依赖于投资的旅游地而言。统计数据显示，近些年投资占西藏地区生产总值的比例已经超过 70%，并且投资的对象主要是基础设施建设，包括交通、通信和一些与旅游相关的接待设施等。表 5-12 的结果表明在"十三五"期间，西藏的地区生产总值应该从 2015 年的 1 095.69 亿元增加到 2020 年 2 301.33 亿元。预期与"十二五"期间相比，"十三五"期间西藏地区生产总值年均增长速度由 13.122% 增加到 23.296%。这表明为了实现经济优先的目标，"十三五"期间西藏整体经济增长也面临着较大的压力。关于人口的求解结果显示，到 2020 年西藏自治区的人口预期达到 341.55 万人，这与当前西藏旅游发展的趋势值相比，要低得多。按照当前西藏人口的增长趋势，运用 ARIMA 方法（autoresressive integrated moving average model，即自回归积分滑动平均模型）通过 IBM SPSS Statistics 19 软件计算出到 2020 年西藏人口将达到 354.25 万人。因此，在"十三五"期间西藏的人口政策应该较当前更为严格，控制人口的增长率。

在游客人次方面，在"十三五"期间其年均增长率大约在 8.442%，相比"十二五"期间的 17.163%，要低得多。这表明"十三五"期间，旅游管理者的重心应该放在提升入藏游客的人均消费额上，而不是过于重视游客人次的增加。表 5-12 显示，游客人均消费额应该从 2013 年的 1 280 元到 2015 年的 1 390 元再到 2020 年的 1 640 元。统计数据显示 2000 年游客人均消费额是 1 109 元，2012 年是 1 195 元，2013 年是 1 280 元，考虑到西藏的居民消费品价格指数是 2000 年的 1.37 倍，这 10 余年来入藏游客的实际购买力是呈下降趋势的。因此，虽然 1390~1640 元的变化幅度并不大，但相对于过去的数据，这种变化对于西藏旅游业的发展仍是十分重要的。即便如此，历史经历也表明，这一点点的提高仍然是一个较为困难的任务。

尽管根据网络层次分析法的分析结果，环境目标排在最后，但是，目标规划模型求解结果显示，在"十三五"期间环保投资比例的增长仍然十分可观，这也反映了目标规划模型的核心思想，即各目标之间只是相互妥协而不是只选其一。对于西藏而言，作为一个高原生态旅游目的地，环境问题对于长期的西藏可持续旅游发展是十分关键的（钟诚等，2005），这也在专家群组访谈中得到了验证。关于旅游研究经费的变化相对较小。西藏旅游的现有研究经费主要依赖于政府预算的一些竞争性科研项目。由于当前申请到的各类项目数量和层次变化较大，各年的经费额度变化也差异较大。因此，一个稳定的科研经费增长不能仅仅依赖于政府拨款的竞争性项目，求解结果也表明西藏旅游研究需要一些更多的横向项目。表 5-12 同时表明，旅游从业人口中大专以上学历人口比例从 2015 年的 18.1%要增加到 2020 年的 23.2%。虽然变化幅度较小，但这对于"十三五"期间西藏旅游业而言，仍然是一个较为困难的目标。一方面是因为当前西藏旅游业对高学历人才吸引力较弱，另一方面是因为西藏旅游发展中高素质人才的流失率也较为明显。因此，这又涉及西藏旅游发展中，员工流失的问题。

在西藏的旅游发展中，高流失率一直是一个较为明显的现象（Zhang et al.，2015）。正如一个酒店人力资源管理部门领导所说："我们酒店的员工流失率相对比较高，大约在 20%。尤其对于一些 30 岁以下年轻的受过高等教育的员工，大部分都会在酒店工作 2~3 年之内选择跳槽……我们认为主要原因是整个酒店行业相对较低的待遇及西藏特殊的公务员招生政策……"

对大部分中国人来说，由于公务员职位的高收入、高社会地位和高稳定性，近些年一直都是就业的首选（翟校义，2009）。在西藏，政府提供了相对于其他省份更为优惠的公务员招录政策，每年大约要招录超过 7 000 名大学毕业生及其他正在工作的年轻大学生。巨大的招录规模大大提高了他们成为公务员的几率，因此，在整个西藏就业市场有一个较为特殊的现象，即各行各业的年轻人都涌向公务员队伍。因此，对于"十三五"期间的西藏旅游业而言，要降低员工流失率，实现其从 2015 年的 16%降到 2020 年的 15.4%的目标，并吸引更多的高学历年轻人，必须提出一些更具实践操作的对策建议。

在旅游企业平均生命周期方面，求解结果显示其值到 2020 年应该达到 12.764 年，这意味着若干年后，在西藏旅游业中应该有更多成熟的、绩效突出的旅游企业。

表 5-13 所示的是目标规划模型中各目标的计算结果及各目标的偏差值。与预期值相比，各标准的计算结果呈现出不同的趋势。其中，居民旅游认知度、旅游拥挤指数、旅游收入和公路里程各目标的值要比相应的预期值要高，而其他的目标的计算值要低于预期目标。结果显示，在"十三五"末，西藏的旅游发展将会得到居民的全面支持，也表明当地居民对旅游业发展及旅游业所带来的影响持完全支持的态度。在人口因素和游客因素的双重影响下，旅游拥挤指数同样有一定程度的增加。然而，由于旅游收入的增加幅度较大，这并没有影响居民旅游认知度的上升。在 2020 年，旅游收入要远远超出预期值。这表明在经济优先的发展目标对西藏旅游收入增加的显著影响。同样需要指出的是，虽然污染存量有所增加，但是，计算结果仍然低于预期值。因此，即使网络层次分析法的结果是经济优先，但在环境保护投资的不断增加下（表 5-12），环境问题在"十三五"期间仍然是可控的，并且治理的成绩也十分明显。在社会发展方面，交通基础设施建设在未来 5 年中需要付出更多的努力。无论是公路里程还是可进入性都要不小于预期值，再次表明西藏旅游经济发展中交通的重要性。

5.4　本　章　小　结

本章运用跨学科方法对西藏这样的旅游目的地可持续旅游系统的发展做了深入的研究，并且获得了一些有意义的发现。本章对西藏旅游可持续发展系统进行了 SD 仿真，通过仿真结果可以对未来一段时间西藏旅游业发展状况有一个较为清晰的认知。对于 13 个评价指标在不同发展战略下的变化趋势的分析，对西藏旅游管理部门认识西藏旅游可持续发展系统的运行提供了一个较好的参考指南。在此基础上，本章还设计了区域旅游可持续发展能力评价的非线性动态评价方法，并将其应用到西藏自治区旅游业的考察，探讨了不同发展战略下 2014~2050 年西藏旅游可持续发展能力的动态变化特征。研究成果对于未来西藏旅游可持续发展系统的动态控制和科学管理具有重要的参考价值，也为区域旅游可持续发展能力的评价提供了一种新的方法。

尽管人们不断地强调可持续发展理念（Ekinci，2014），对经济增长的渴求仍然是一个地区发展旅游的最根本的推动 （Tang and Tan，2015），尤其在社会经济发展水平落后的新兴旅游目的地。然而，旅游发展的不同影响仍然要求决策者在经济、社会和环境目标之间进行权衡。因此，在旅游管理决策中，总是面临着经济进步、社会发展和环境保护的困境（Tan and Lu，2015）。

对西藏而言，由于其较弱的社会经济发展基础、较短的旅游发展历程、脆弱的生态环境和独特的旅游资源，在世界旅游目的地建设的过程中，在其"十三五"规划的发展中，进行科学决策显得十分重要。旅游业的复杂特征和旅游实践表明，在这样的旅游地进行旅游决策是一个典型的多目标决策问题，如在旅游地发展中有较多的相互依赖及相互冲突的目标。多目标决策问题表明在制定决策中对不同的目标和准则进行判断、排序和选择是十分必要的（Kabir et al.，2014）。可惜的是，当前的学术研究中很少有人关注旅游地建设的多目标决策问题。

基于这样的考虑，本章的研究基于德尔菲法、网络层次分析法和目标规划模型提出了一个新的方法论。本章对于"十三五"期间西藏的旅游业发展提供了一些可供选择的参考。特别地，本章对于"十三五"期间西藏旅游业发展中的具体目标和影响因素做了具有实践意义的判断，并且可以较为容易地描述和计算这些目标和因素。综合网络层次分析法的结果，本章建立了一个权重目标规划模型，并得出一些有益的对策建议。通过德尔菲方法和利益相关者分析，"十三五"期间西藏旅游发展共有 10 个评价准则和 9 个决策变量。这些准则和变量的确定对于理解和掌握西藏旅游业发展中的关键要素及各要素之间的相互依赖关系具有重要作用，并且可以有效避免旅游地管理中由于现有研究中指标太多造成的困扰。研究认为，在"十三五"的西藏旅游发展中，不同目标的优先权顺序为：经济第一、社会次之、环境最后。

在理论方面，本章创新性地探讨旅游地发展中不同目标之间的选择和权衡问题。众所周知，不同的发展目标之间存在着较为复杂的联系，尤其是经济和环境目标之间有着较为明显的冲突。但旅游业发展要在不同目标之间进行统筹管理，因此，需要对不同的目标进行协调规划，而本部分综合性的运用网络层次分析法和目标规划模型对这一问题做了深入、细致的探讨。在实践方面，"十三五"期间是西藏旅游发展的一个关键阶段，是贯彻中央第五次西藏工作座谈会提出的"建设世界重要旅游目的地"和实现中央第六次西藏工作座谈会提出的"建设好世界重要旅游目的地"的重要阶段。本章运用科学方法对于"十三五"期间西藏旅游发展目标的确定及实现路径做了详尽的分析，对于指导未来五年西藏旅游发展及将来西藏旅游决策提供了一个科学的分析框架。

虽然 Alipour 和 Kilic（2005）批评发展中国家经常肤浅的仅仅将旅游作为一个经济工具，但是，西藏的证据表明聚焦经济发展仍然是当前其旅游决策中的基本方向。此外，尽管本节的研究并没有将环境效益作为最高目标，但研究过程让我们相信该研究结论仍然是科学且可信的。尤其在全面建成小康社会、全面脱贫的国家战略下，通过旅游发展经济，改变西藏的贫穷落后面貌显得十分必要。基于这样的分析，在经济≫社会≫环境的优先权下，建议西藏旅游管理者参考目标规划模型的求解结果，对"十三五"期间西藏的旅游发展进行规划，如西藏旅游管理者应该采取特殊的战略来发展地区生产总值，鼓励更多的游客消费，适当限制游客增长速度，增加旅游研究经费，提高旅游从业人员待遇并给旅游企业提供更多的支持。

第6章　西藏旅游可持续发展的决策建议

2014年8月，国务院发布了《关于促进旅游业改革发展的若干意见》。文中提到"旅游业是现代服务业的重要组成部分，带动作用大。加快旅游业改革发展，是适应人民群众消费升级和产业结构调整的必然要求，对于扩就业、增收入，推动中西部发展和贫困地区脱贫致富，促进经济平稳增长和生态环境改善意义重大，对于提高人民生活质量、培育和践行社会主义核心价值观也具有重要作用。"通过前文的研究，我们对西藏旅游可持续发展有了一个直观、深入的认知，对西藏旅游发展中取得的巨大成就一方面由衷地感到高兴，另一方面也对其中蕴含的问题表示担忧。当前整个世界已经进入了一个旅游业高速发展的时期，正如《马尼拉宣言》所称，旅游是人们的一个基本社会需要。大众旅游时代的到来，尤其是全球一体化进程的加剧和现代交通科技的飞速进步，使得我们相信西藏这样的一个旅游目的地不再是人们眼中的"禁区"，反而有可能成为21世纪世界旅游的焦点。正是这种潜力及对西藏旅游明天的信心，让笔者一直以来以西藏可持续旅游为研究对象，探索西藏旅游可持续发展中的若干理论和现实问题。

对于西藏而言，旅游已经成为认识西藏、发展西藏的一个重要抓手，也是贯彻落实国务院指示的一个重要平台。在西藏特殊的自然和人文生态环境下，坚定不移地以旅游业作为西藏发展的重要支柱产业，通过旅游业发展的经济、社会和环境影响，最终达到西藏长治久安的目标，是现在及将来我们所要重点关注的议题，但西藏薄弱的发展基础，让我们认识到西藏旅游业发展道路任重而道远。结合西藏旅游业发展的实践及本书研究中所发现的一些成果，本章对西藏旅游业的治理提出一些针对性的建议，当然在前文研究中，在不同部分或多或少都已经提出一些宏观的建议。本章将紧紧围绕前文的研究与发现，从系统结构认知、发展趋势把握和具体问题分析三个方面对西藏旅游决策制定提供理论支持，为西藏世界旅游目的地建设的科学管理做出更多的贡献。

6.1 西藏可持续旅游系统结构认知

西藏旅游可持续发展是一个系统问题，西藏旅游可持续发展的决策是一个系统决策。研究得知，西藏旅游可持续发展系统是一个由人口、经济、社会、环境与资源五个子系统所构成的一个综合性复杂系统。因此，在旅游业管理中，必须从宏观上对西藏旅游发展进行整体把握，认识影响西藏旅游可持续发展的诸多要素。

6.1.1 西藏旅游业发展是一个复杂系统

作为管理者，必须认识到西藏的旅游业发展是一个系统问题，要以系统的眼光对待西藏旅游业发展中的具体问题，形成系统思考的管理思维。因此，在西藏旅游决策中，某种程度上必须兼顾系统要素对西藏旅游业发展的影响。在系统论认识中，系统构成要素的组合顺序及相互作用称为系统的结构，而系统结构对系统的绩效有着重要的影响。因此，决策者在管理过程中，必须意识到任何一个决策的制定和执行必然对西藏旅游系统产生一定的影响。以基础设施建设为例，2006年青藏铁路通车之后，2007 年入藏旅游者的人次呈井喷趋势。相比 2006 年，当年游客人次增加了 60%以上，随之而来的是游客对西藏旅游交通、住宿、餐饮等接待能力的更高要求，此外，像旅游服务人员数量、服务水平、游客与居民的关系等一系列问题都是决策者所需要重视的。只有在系统思考之下，才能对西藏旅游业发展进行宏观把握，才能在决策制定中不失偏颇。

6.1.2 西藏旅游业发展是一个反馈系统

研究西藏旅游系统的目的在于保持或者改变系统的条件，使系统的发展朝着我们预期的目标方向改变，直到系统目标的实现，即系统的输入必然影响着系统的输出，这种输入和输出之间的相互因果关系称为系统的反馈过程。西藏旅游可持续发展系统是一个反馈系统，因此，可以通过对某些变量的调整来达到对系统的控制，这样就要求决策者能够认识到西藏旅游发展中的一些关键控制变量。例如，在进行 SD 仿真的过程中，通过敏感性检验和理论分析，研究认为环保投资、地区生产总值、旅游研究经费、公共服务投资、旅游企业经营状况等是决策者在对西藏旅游系统控制中所能把握的关键变量，这些变量的调整，可以使西藏旅游业的发展朝着预期的目标转变。

6.1.3　西藏旅游业系统的代表性指标

西藏旅游可持续发展系统是一个复杂系统，由于涉及要素较多，这在管理中无疑会增加决策者的工作量从而降低管理效率。鉴于此，本书建议旅游管理者能够认识到西藏旅游发展的一些关键指标。在本书的研究中，提出了 13 个关于西藏旅游可持续发展能力的指标，即旅游从业人口、旅游企业固定资产总额、污染存量、居民旅游认知度、旅游收入、季节性差异、可进入性、游客人次、旅游资源存量、公共服务投资、公路里程、旅游拥挤指数和旅游创新能力。通过对这些指标的把握，决策者在管理中能够有所侧重，重点抓西藏旅游的主要矛盾或者矛盾的主要方面。此外，在对"十三五"期间西藏旅游发展目标的界定中，通过德尔菲法和利益相关者分析方法得出这一时间段西藏旅游发展的 10 个主要发展目标，即居民旅游认知度、旅游拥挤指数、旅游就业人数、旅游收入、旅游企业固定资产总额、污染存量、旅游创新能力、公路里程、公共服务投资和可进入性，这也为未来 5 年西藏旅游的科学管理提供了一个较好的参考。

6.2　西藏旅游可持续发展变化趋势把握

通过对西藏旅游系统未来发展的预测分析得知，西藏旅游业发展呈现一定的阶段性特征。图 5-3 中对西藏旅游可持续发展能力的仿真显示，不同的发展战略下，西藏旅游可持续发展能力的演变趋势有着较大的差异，即使在同一发展战略下，在不同时间段，西藏旅游可持续发展能力也是存在差异的。在当前较为落后的社会经济基础与旅游发展条件下，西藏要由一个全国较为落后的旅游目的地发展成为重要的世界旅游目的地，这是一个长期且艰巨的任务过程。在研究中，将旅游可持续发展能力按照 0—1 进行赋分，可以看到即使是被认为具有明显可持续发展特征的资源环境战略，到 2050 年，西藏的旅游可持续发展能力也是在 0.9 以下，而其他两种战略都是呈先扬后抑的发展趋势。因此，本书希望西藏自治区旅游管理部门能够认识到西藏旅游发展变化的趋势性及发展目标的艰巨性。

根据这样的分析，本书认为建设重要的世界旅游目的地应该分为三个阶段：一是要把西藏建设成为国内的一流旅游目的地；二是在此基础上，将西藏建设成为国际上有一定知名度的旅游目的地；三是最终将西藏建设成为重要的世界旅游目的地。

西藏当前的社会经济发展水平及旅游资源开发现状决定了其在国内旅游地

的建设中也是位居末位。无论是旅游产业规模、人才培养现状，还是跟旅游发展相关的其他配套设施建设，与国内其他地区，如广东、江苏、上海、北京等旅游地相比，西藏旅游业无疑还有一定的路要走。在旅游接待设施方面，截至2015 年年底，西藏的五星级酒店只有两家，旅游本科教育单位也只有两家，没有研究生教育资质。除此之外，在 A 级景区数量、高速公路里程、信息化进程等多个方面，西藏与我国其他省份尤其是东部一些旅游目的地相比，都有着较大的差距。因此，本书建议，当前西藏旅游地建设的主要思路首先是要建设成为国内一流、知名的旅游目的地。这需要在旅游产业相关的各个方面都要做出大量的努力。

　　此外，要加强西藏旅游目的地的世界影响力提升。在国内一流旅游目的地建设中，本书建议还应不断开拓西藏旅游产业的国际视野。历史数据表明，入境游客占整个西藏接待的游客人数比例总体呈逐年下降趋势（图 6-1），但是，入境游客的人均消费额要远远大于国内游客（表 6-1）。这表明在西藏旅游收入贡献的质上，入境游客要高于国内游客。因此，在世界旅游目的地的发展过程中，入境游客的质量要高于国内游客，西藏世界旅游目的地的建设要求政府管理中不断增加西藏对国外游客的吸引力。这也符合本书前文分析的追求西藏旅游收入质的增加，而相对降低对旅游收入规模效应的追求。

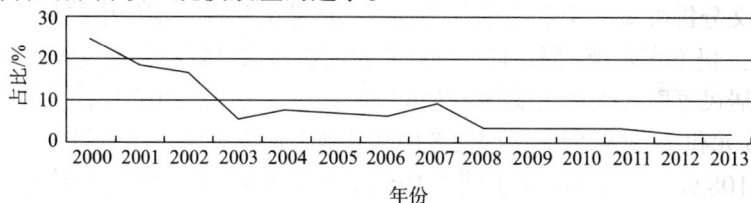

图 6-1　西藏历年入境游客占总人次比例

资料来源:《西藏统计年鉴》

表 6-1　入境游客与国内游客人均消费额对比

年份	2000	2001	2002	2003	2004	2005	2006	2007	2008	2009	2010	2011	2012
国内人均旅游收入/元	562.96	662.88	770.98	1 003.15	1 089.5	938.1	971.16	1 045.7	937.53	931.04	972.36	1 051.81	1 153.17
入境人均旅游收入/美元	349.7	364.77	363.09	369.91	381.98	366.26	393.62	370.28	457.67	450.12	453.7	478.72	542.24

资料来源:《西藏统计年鉴》

6.3　西藏旅游可持续发展中的若干重要问题建议

前文中本书建议西藏自治区旅游管理部门认识到西藏旅游发展的系统性和趋势性，也要求西藏的旅游决策者在管理中能够培育和形成这种思维模式。本部分，将进一步论述在未来的管理决策中，西藏旅游业发展应该注重的方面及一些具体的操作建议。结合以上研究结果，考虑西藏旅游发展战略的需求，本书认为，以下几个方面是今后西藏旅游业提升所要重点考虑的事项。

6.3.1　旅游产品方面

众所周知，西藏自治区有着世界上独一无二的旅游资源。例如，入选世界文化遗产的布达拉宫、罗布林卡和大昭寺，世界最高峰珠穆朗玛峰，亚洲宗教圣地冈仁波齐—玛旁雍错旅游区，世界上罕见的海洋型冰川景观及世界上最为密集的寺庙景观建筑群等，此外，浓厚的藏传佛教氛围，使西藏旅游产品设计与开发有着巨大的发展空间。但是，当前西藏旅游产业在由旅游资源到旅游产品的转化过程中仍然有较大的问题，这也使得西藏旅游业的发展与预期仍有着较大的差距。

由前文分析可知，尽管10余年来西藏旅游业的规模呈现倍增趋势，但在发展的"质"上，仍不容乐观。据统计，2000年我国农村居民家庭人均纯收入为2 253.4元，城镇居民家庭人均可支配收入为6 280.0元，而到了2012年，二者分别增加到7 916.6元和24 564.7元[①]。即便考虑到其他方面支出的增加，但入藏游客平均每人次1 108.96元（2000年）到1 195.01元（2012年）的消费变动，还是在很大程度上反映出10余年来西藏旅游产品发展的缓慢。如果再考虑这一期间西藏居民消费价格指数的变动，每人次游客给西藏旅游业带来的收入是呈下降趋势的。人均旅游消费额的下降深层次反映的是西藏旅游产品创新的薄弱，长期以来形成的住宿、交通、门票收入结构没有得到改变，旅游娱乐、旅游餐饮和旅游购物等新兴旅游消费增长不够（章杰宽，2015）。且住宿、交通和门票相对稳定的价格，导致西藏当前的旅游收入增加主要依靠旅游市场的规模效应，即依靠增加客流量来增加旅游收入。因此，在旅游总量增长的基础上，考虑到游客人次增加给西藏带来的生态负担及基础设施建设的滞后，本书认为未来的西藏旅游业发展应更多地考虑质的增加，创新产品内涵，不断寻求新的旅游消费增长点。

在旅游产品设计方面，本书认为西藏旅游业应该在以下方面继续提高。首先，

---

① 数据来源为《中国统计年鉴（2001）》和《中国统计年鉴（2013）》。

在宏观旅游线路设计方面,拓展现有的旅游线路,向西藏纵深区域发展,以拉萨—日喀则为中心,将阿里和林芝打造成西藏旅游的重要两级。调研显示,当前西藏旅游业的发展仍然是以拉萨为中心,日喀则、山南和林芝为辅助的格局,而阿里、那曲和昌都在旅游业中的作用不突出。因此,本书建议拓展现有的旅游线路,西线重点打造阿里的神山圣湖旅游区,东线重点打造昌都的香格里拉大旅游区和林芝的森林生态度假旅游区。依托优势旅游资源,均衡西藏内部的旅游市场发展。这样一方面可以分流入藏游客,减缓拉萨的接待压力,另一方面可以延长游客在西藏的旅游时间,从而增加人均旅游消费支出。由此可以实现在控制游客流量的基础上大幅度增加西藏的旅游收入。

其次,在微观旅游线路设计方面,线路组织应该做好游客分流和客流量实时监控机制,有效避免景区在某个时刻过热和过冷的现象,如在拉萨,布达拉宫总是面临一票难求、人满为患的现状,而相对的诸如三大寺的哲蚌寺、色拉寺和甘丹寺游客则较少。本书建议做好西藏客流尤其是城区内客流监控机制,在一定旅游区内对游客进行实时分流。这一方面需要智慧旅游基础设施建设,另一方面也建议提升其他景观的宣传力度,从而相对弱化布达拉宫对于西藏旅游业的影响,使广大游客心中不仅仅有布达拉宫一处景观。

再次,在产品类型方面,应注重西藏旅游文化的物质展现和体验,改变以观光为主的产品格局,增强游客的体验性参与。游客人均消费额的长期不变,与西藏的旅游产品类型单一有很大关系。景区门票收入为主的产品格局必须打破,要在景区内或者旅游过程中,增强游客的参与性,使西藏旅游文化不仅是停留在游客的眼前,而是可以融入他们的旅游进程,因此,体验性旅游产品应成为未来西藏旅游产品设计的关键所在。在体验性产品方面,本书提及两个基本思路:一是传统的旅游体验,二是生活体验。传统的旅游体验指的是对文化旅游产品的欣赏、产品设计的参与等。生活体验指的是游客身份到居民的转换,以当地群众的身份去体验西藏的传统文化。此外,本书建议打造精品冬季旅游产品和高端度假旅游产品。依托林芝地区优越的生态环境,将冬季旅游产品和度假旅游产品作为林芝旅游业的重点发展方向,并将其定位在中高端客源市场,走小众化、精品化路线。

最后,在产品服务方面,本书建议西藏旅游应该关注提升硬件服务水平等方面在一些主要的、知名的景区保证可进入性、中英文导游解说系统、信息化覆盖等。当前西藏主要的旅游景区在旅游服务方面有较大的欠缺。在游客越发关注信息化的时代,西藏旅游景区应该实时地做出改变,在无线网络覆盖、公共厕所建设、自助导游解说系统等多个方面进行发展。此外,还应该加强与相关在线旅游企业的合作,拓展西藏旅游产品的在线服务范围、提升在线服务能力。当前很多游客出行之前总是通过互联网及其他媒体进行信息搜集和产品预订,因此,西藏的旅游企业应当与国内当前一些发展成熟的在线旅游企业合作,一方面可以降低营销成本，另一方面也可以提高经营效率。

6.3.2 专业人才培养方面

在 SD 模型仿真及对"十三五"期间西藏旅游发展目标规划的研究中，本书发现西藏旅游创新能力的薄弱对西藏旅游可持续发展能力的限制。本书指出人才素质和旅游研究经费是影响西藏旅游创新能力的主要因素，包括前文所述的旅游产品类型的单一化和旅游服务能力的低下都跟员工素质不高有很大的关系。因此，专业人才培养就成为本书对西藏旅游产业发展建议的重要方面。本书认为要促进西藏的世界旅游目的地建设，就应该重视旅游学科发展，提高人才培养规模和层次。

人才培养是西藏旅游业可持续发展的动力，从中专层次到大专层次再到本科层次，西藏的旅游教育经历了 10 余年的时间。而从 2003 年到现在，一方面是旅游产业战略地位的不断上升，另一方面则是旅游学科建设的停滞不前。在学科地位上，直到 2013 年，西藏大学的旅游管理学科才成为西藏自治区重点学科，而与其几乎同时发展的西藏民族大学旅游管理学科则连校级重点学科都没有评上。重点学科的缺乏，导致西藏自治区有限的教育资源很少能倾斜到旅游学科的发展上来，学科发展的瓶颈又导致西藏旅游高层次人才培养的困境。这种现象与西藏建设世界级旅游目的地的发展战略相距甚远。因此，本书建议西藏教育管理部门应该加强对区内旅游学科发展的扶持力度，而不是以传统的眼光和"论资排辈"的方式来对待学科发展，毕竟旅游学科从全球来说都是一个新兴学科。西藏自治区政府应当将旅游学科建设和人才培养上升到自治区发展战略的层面，提升办学层次和办学水平。此外，也需要在政府推动下，在西藏旅游发展委员会、高校和其他的西藏旅游企事业单位之间形成良好的深度合作，共同承担起西藏高素质旅游人才的培养工作。

在人才培养规模上，本书也建议西藏高等教育能够扩大旅游相关专业的招生规模。具有高水平理论素养的人才是支撑旅游业可持续发展的基本保障。本书显示，当前西藏旅游企业中大专及其以上学历的员工比例只有不到 3%，高学历人才的匮乏严重制约着西藏旅游创新能力的提高。表 3-3 显示的是 10 余年来西藏旅游教育的状况，表明当前西藏旅游教育尤其是高等教育的规模较小。而且由于就业观念的影响，西藏高校有限的旅游专业毕业生中能够从事旅游行业的更是凤毛麟角。因此，本书建议在西藏的两所主要高校西藏大学和西藏民族大学扩大旅游专业招生规模，注重旅游专业学生创新创业能力的培养。当前由于办学条件的限制，两所院校都没有旅游学院，在专业设置方面主要以旅游管理和酒店管理为主，其他旅游产业相关的会展管理、服务管理等没有开设。因此，为了促进世界旅游目的地建设，本书建议在西藏高校中设立旅游学院，根据西藏旅游产业发展需要在学院分设旅游相关专业。这一方面可以增加旅游教育规模，另一方面也可以为西藏旅游事业发展培养更专业的人才。

此外，在旅游从业人员待遇方面，本书主张提升西藏旅游行业的报酬。如果一个产业的员工待遇在全行业中排名落后，那么这个产业发展的可持续性也是难以维持的，当然待遇的提升要依靠企业效益的增加。本书并不主张在当前阶段全面提升西藏旅游企业员工的待遇，这是不现实也是不大可能的，但建议旅游企业应该为一些核心员工和高学历员工提供比较好的生活保障和特殊的职业生涯规划，要保证他们的待遇不低于西藏同等的公务员待遇，通过这种方式来降低核心员工的流失率。当前西藏旅游企业员工尤其是核心员工的高流失率已经影响了西藏世界旅游目的地建设的效率。由于西藏旅游企业有限的经济能力，本书建议自治区管理部门给旅游企业提供更多的优惠政策，如财政补贴、税收减免等，使旅游企业有能力提升员工的薪酬水平。

6.3.3　科学研究方面

科学研究是提升西藏旅游创新能力的另一个影响因素。而在科学研究方面，有两个问题十分重要：一是科研经费的支付，二是科研人员的发展。前文目标规划模型的求解结果显示，要提升西藏旅游的创新能力，在当前及未来一段时间内，大力增加旅游科研经费的投入是十分必要的。除了纵向竞争性科研经费外，本书认为增设一些委托性科研项目是增加科研投入的重要方式。特殊的，需形成针对当前西藏旅游发展中的热点和关键问题的应急管理项目，如人才培养、管理创新、旅游景区规划和旅游企业文化建设等项目，从而可以有效解决当前西藏旅游管理中的主要问题，并且提升西藏旅游的创新能力。因此，这就要求在自治区每年的R&D 投入中，要有相当一部分比例是关于西藏旅游地建设的。主要原因在于西藏旅游业的发展仍处于起步阶段，离建设重要的世界旅游目的地的目标相距甚远，而要在更短的时间内弥补这样的发展鸿沟，智力支撑是必不可少的。在西藏旅游发展中会面临大量的错综复杂的现实问题，这都需要广大专家学者的关注和研究，因此，科研投入就显得十分必要。

另外，自治区旅游科研人才的扶持和培养也是西藏自治区政府所需要重点关注的问题。科研人才的培养是产业发展的基础。近些年，自治区内的旅游学科科研人员立足西藏旅游业发展的实际，结合国内外先进的研究理念和研究方法，对西藏旅游业展开了深入、系统的研究，在国家自然科学基金和国家社会科学基金方面屡有突破，标志性成果如表 6-2 所示。

表 6-2　近五年西藏旅游研究的国家级科研项目一览表

年份	项目名称	项目类别	依托单位
2011	西藏地区旅游可持续发展系统的动态仿真理论与应用研究	国家自然科学基金项目	西藏民族大学
2011	拉萨非物质文化遗产旅游开发研究	国家社会科学基金项目	西藏大学
2012	西藏地区旅游影响研究	国家自然科学基金项目	西藏大学
2013	拉萨旅游业利益相关者网络研究：基于动态社会网络视角	国家自然科学基金项目	西藏民族大学
2013	西藏乡村旅游地农牧民幸福指数对经济效率影响的测评研究	国家社会科学基金项目	西藏大学
2015	对口援藏省市差别化旅游援藏政策效率测度与提升路径研究	国家社会科学基金项目	西藏民族大学

　　但国家级项目的权威性和竞争性，必然使获得这样的项目支持的难度较大，尤其对于自治区的科研工作者而言。在这种情形下，为了稳定旅游学科科研队伍，形成更多研究成果，自治区政府除在科研经费方面应该给予旅游研究人员更多的支持外，在重视人才和培养人才方面也需要做更多的工作。而在当前的管理中，西藏旅游发展委员会更倾向于对区外一些知名专家的咨询和项目委托，对于区内的一线人员选择性的忽视。"外来的和尚会念经"在旅游这种实践性非常强的产业发展面前，并不见得会发生作用，这在前文中已经有相关的分析。并且依托西藏产业发展，自治区内部的科研人员自身发展也较快，近些年出现了一些重要的针对西藏旅游的研究成果，在国内外一些知名学术期刊上经常会看到西藏的本土学者，本书也希望西藏旅游决策者能够看到和认识到这种进步和研究能力，从而将有限的资源逐渐往本土学者倾斜。

6.3.4　环境保护方面

　　虽然在研究中网络分析法的结果显示，在当前时间，环境目标应该在西藏旅游发展的经济目标和社会目标之后，但本书并没有否认环境保护对西藏旅游发展的重要性。国内著名生态专家孙鸿烈先生说过，西藏的生态环境一经破坏，将难以逆转。而且目标规划模型的求解结果也显示要不断增加环境保护投资的比例。尤其从更长远的眼光看，SD 仿真中的资源环境战略是西藏旅游可持续发展的首选模式，且到 2050 年该战略模式的污染存量要比现有发展模式少 9.53%。因此，一方面西藏旅游发展的实践要求去保护西藏的生态环境，另一方面西藏的自然环境特征也决定了必须加强对其的保护。因为西藏自治区是我国生态环境最为脆弱的地区之一。鉴于此，本书认为，环境保护是西藏旅游业发展中必须要重视的问题。

第一，要加大西藏的环境保护投资金额。根据《中国环境统计年鉴（2001—2013）》的相关数据，环境保护方面，西藏的环保投资比例远远落后于我国其他省份，且只有我国平均比例的 1/10 左右。这一方面可能是因为西藏的环境问题没有其他省份那么严重，另一方面也说明虽然都认识到环境的重要性，但在实践中还是有所忽视。因此，本书建议加大对西藏的环境保护和治理投入，并且在相关基础设施方面超前发展，以更好地应对西藏日趋严重的环境问题。

第二，要提升西藏居民及旅游从业人员的环境保护意识。调研显示由于长期的生活习惯及宗教信仰，西藏居民的环保意识相对较强，但在经济发展进程中，这种意识在不断弱化，这也是大部分旅游地发展都要面临的问题。因此，本书建议管理部门要通过各种宣传手段继续加强对西藏居民的环境意识教育。尽管西藏旅游业发展吸纳了相当一部分西藏的民众，但调研显示，在西藏旅游从业人员中仍有许多其他省份的人员参与。对于西藏而言，这些属于外来人口，而对于这些从业人员而言，旅游业只是他们在西藏的一项工作，因此，这部分群体对于西藏的环境保护并没有深入的认知。在调研过程中通过与这些群体的接触，笔者发现，外来人员对于西藏环境保护的意识淡薄，存在各种破坏环境的行为。本书建议旅游管理部门应加强对这部分群体的环境教育，严格约束这些人员的旅游经营行为，使环境保护文化能够融入他们的日常行为中。同样的情形也适用于入藏的广大游客。

第三，控制入藏客流量的增长规模。在前文，已经建议西藏旅游发展应该重视质的提升、弱化对量的关注。从生态保护方面而言，控制入藏游客的增长也是十分有必要的。每一位游客在西藏停留期间都会对环境造成一定的影响，尤其在酒店住宿期间，对水资源的消耗是相当巨大的，再加上其他方面的一些污染排放，数千万规模的入藏游客对西藏环境已然造成了较大的影响。因此，必须控制入藏客流量的规模。在当前西藏旅游高速发展的阶段，面对对西藏旅游的巨大需求量，管理部门要在价格、产品、政策等多个方面，有计划、有步骤地提升西藏旅游发展的质量。

6.3.5　旅游业治理方面

作为政府主导型的西藏旅游发展模式，政府治理对于西藏实现重要的世界旅游目的地建设的目标具有重大影响。因此，在治理模式方面，本书建议西藏旅游行政管理部门能够做出一些改变。首先，提升旅游部门地位、创新行政管理方式。既然旅游业已经成为西藏社会经济发展的战略支柱产业，其发展就不应仅仅是政策红利的支持，相对于旅游产业的地位，旅游行政管理部门的地位也要有相应的提升。旅游业是一个综合复杂性行业，在旅游政策制定和规划发展中，不可避免的牵涉交通、商务、国土、文物等多个部门的业务。在现有的旅游管理模式下，宣传促销、教育培训、投诉服务等成为西藏自治区旅游管理部门的主要业务，这与西藏未来"大旅游、高旅游"的发展格局不相适应。因此，本书认为提升西藏旅游行政管理部门的地位、创新旅游行政管理方式对于西藏旅游业的发展非常重要。在这一方面，西藏旅游部门已经做出了改变。2015年年初，西藏自治区成立了旅游发展委员会，并且由一位自治区副主席任主任。这表明，西藏旅游管理部门的地位已经有了较大的提升。而在管理职能方面，本书仍然建议可以融合园林、绿化、文化、文物、水务、商务、规划、国土、建设、交通等多个部门的相关职能，扩大旅游行政职能，从而有效推动西藏旅游事业的发展。

其次，在管理理念方面，建议西藏旅游发展委员会转变政府衙门式的旅游管理思维，效仿当前世界上一些著名的旅游目的地，将自身打造成西藏旅游事业可持续发展的服务机构，以服务的理念来促进西藏旅游的发展。与其他旅游目的地相比，西藏企业的经营环境相对要差一些（Fischer，2015），因此，企业再融资和人才引进方面有着较多的制约。并且，在当前的市场经济条件下，私营企业相对国有和集体企业要经常面临一些其他的问题，建议西藏应该给区内的旅游企业提供一个公平、自由的经营环境。

最后，充分利用互联网政务的优势，要做好"互联网+政务"工作，大大缩短沟通层级，提升办公效率，运用"互联网+"思维，促进旅游业和其他相关产业的融合，打破行业壁垒，并且能够整合多方力量，形成西藏世界旅游目的地进程中的大数据管理职能，这些都对西藏旅游发展委员会管理模式的转变提出了新的更高的要求。此外，在人员配备上，本书建议西藏旅游发展委员会能够吸纳西藏旅游研究领域的一流学者，成立西藏旅游可持续发展顾问委员会。因为无论是旅游系统的宏观认知，还是发展趋势的科学判断乃至西藏旅游发展目标的确定，都需要大量的科学研究工作。通过顾问委员会的形式，能够汇聚专家智慧，及时对西藏旅游发展面临的重大问题进行科学反馈和研究，从而指导西藏旅游的相关决策。

6.3.6　营销理念方面

在营销战略方面，本书建议西藏旅游业应该在加强国内市场促销的基础上，积极发展国际旅游市场。2000年以来，西藏接待的国内游客人次和国内旅游收入占总体游客人次和旅游收入的比例持续增长，尤其2012年以来，二者的比例都超过了90%，2012年更是分别达到了98.16%和94.72%。通过数字对比可以发现，随着西藏旅游知名度提升和基础设施建设的发展，越来越多的国内旅游者选择西藏作为旅游目的地。因此，本书认为，国内旅游市场在未来一段时间内仍将是西藏旅游业发展的主体，在这个前提下，西藏旅游的发展重心还应是国内市场。要继续保有传统的京三角、长三角和珠三角等主要客源市场基础，并适时的在上述客源地设立旅游办事处，积极拓展其他客源市场，做好潜在客源市场的调研和宣传工作。

当然，作为全球瞩目的高原生态旅游地，西藏自治区的最终目的是要建设成为重要的世界旅游目的地，因此，国际市场的拓展也是长期的战略需求。无论就游客人均消费额还是提升西藏的社会发展水平而言，国际旅游市场的作用都要远远大于国内，并且西藏的目标是要建设重要的世界级旅游目的地，那么国际旅游市场的发展就显得更加重要。但考虑入境旅游管理人才的培养及西藏特殊的社会环境，国际旅游市场的发展应该采取当前适度发展而将来积极发展的战略。在国际旅游市场的可进入性方面，本书建议逐渐开展拉萨到西藏主要国际旅游客源市场的直飞航线，并且自治区政府组织力量编制西藏入境旅游市场中长期发展规划，有计划、有组织、有步骤地发展入境旅游市场，并做好入境旅游的相关配套工作，如人才培养、政策制定等。

在营销渠道方面，本书建议，一方面，西藏旅游需要维持传统的营销模式，如海外的旅游推介会、各种媒体或非媒体广告等。另一方面，西藏旅游需要特别重视新兴的营销渠道，如现在普及的各种社交媒体微博、微信等，尽管政府已经在做，可惜的是政府的账号是典型的 "僵尸账号"，信息更新极其缓慢，游客无法从中及时获取有用的信息。此外，需要强调的是，建设世界旅游目的地的战略决定了国际化营销的重要性。在传统营销手段之外，西藏旅游发展委员会可以效仿 CCTV，在 Facebook、Twitter 等海外社交媒体开立英文账号（如 Xizang Tourism 等），将西藏旅游事业的发展动态及时呈现在世界游客的眼前，这对于扩大西藏旅游地的国际影响具有非常重要的作用。

6.3.7　基础设施建设方面

西藏地区生产总值的发展绝大部分依赖于投资的推动。在当前西藏的社会经济现状下，基础设施投资在未来有相当的发展空间。对于西藏可持续旅游发展而言，基础设施投资涉及的部门包括旅游交通建设、公共服务设施、旅游接待能力提升、旅游产品硬件升级等多个方面。因此，在目标规划模型的求解中，要求未来五年西藏的地区生产总值年增长率要维持在 20% 以上，这其中主要是对相关基础设施建设的发展。SD 仿真的结果中，旅游企业固定资产总额的增长、季节性差异的缩小、污染处理、公路里程的增加、可进入性的提升等多个方面，都需要大量的基础设施建设。因此，本书建议在未来的西藏旅游发展中基础设施建设当先行，要首先打造一流的西藏旅游环境。

对西藏旅游业而言，提升旅游服务水平需要大量的基础设施投资。相应地，在"十三五"及相当长的时间内，政府投资应该集中在跟旅游相关的基础设施建设方面，这对于提升西藏旅游地竞争力和品牌形象具有重要意义。首先，著名的旅游景点积极提升其可进入性和接待能力对于游客深度体验西藏文化具有重要作用。例如，拉姆拉错作为西藏四大圣湖之一，是历代达赖喇嘛和班禅额尔德尼及其他大活佛转世进行观湖的地方，具有崇高的宗教地位，然而，其滞后的交通状况严重制约了游客的进入性。此外，基础设施建设还应该集中在提升景区的接待能力上，西藏的很多旅游景区尽管品级很高，但接待能力及为游客提供服务的能力很低，对游客游览质量有着负面的影响。例如，纳木错是大部分入藏游客都要选择的景点之一，但接待设施较少且配套服务低下，导致很少有旅游者能够欣赏到纳木错壮丽的日出和日落景观。其次，提升现有的公路等级。当前的旅游交通中，一些主要公路的道路状况令旅游安全事故的发展概率大增，尤其是一些环山和沿江公路，安全系数较低，近些年西藏的多起特大旅游交通事故都是发生在这样的路面。因此，主要旅游景点之间的道路交通状况需要改善，在路边防护栏建设及路面硬化质量方面，需要投入更多的资金。最后，公共服务设施建设需要加强。高原反应成为影响游客的西藏旅游需求及在旅游地停留时间和行为方式的重要因素，但一些景区相关的医疗保障措施并不能满足游客的需求。因此，在西藏的一些主要旅游景区配备基本的医疗设施和医护人员，然后逐渐覆盖到整个旅游地是西藏建设世界重要目的地的重要保障。此外，相关的通信、金融等配套服务设施也要能够满足游客的基本需求，同样需要大量的基础设施投入。

6.3.8　观念转变方面

长期封闭的地理空间和落后的教育水平导致西藏的社会观念与现代旅游业发展的要求之间有较大的落差。SD仿真的结果显示（表5-4），虽然资源和环境战略被证明比较契合可持续发展的理念，但是，截至2035年之前，西藏居民的旅游认知度大都落后于其他发展情形。不仅仅是居民的观念需要改变，政府、企业乃至旅游者的观念也应做出极大的转变以适应世界旅游目的地的建设的需要。观念更新的目标在于在西藏的决策制定、管理和旅游活动中形成一个良好的资源和环境保护的社会风气，从而有效地降低污染排放和资源损耗，形成全社会对旅游发展的归属感，将旅游发展作为西藏自治区的发展文化融入全社会，形成一种社会共识。此外，就业观念也是需要改变的一方面。在西藏，传统的

"官本位"思想深深地影响着大学生的就业观念，学生非常偏好公务员职业而对旅游这样的服务行业敬而远之，由此导致大学生对旅游专业的认同感较低，以及就业倾向的忽视，这也导致了旅游从业人员的高流失率现象。以西藏民族大学为例，旅游管理专业大一新生转专业的意向最为强烈，并且比例相当高。这也直接导致了在后期就业中的职业选择与所学专业的分离。因此，形成一个现代化的就业观念对于降低西藏旅游企业的员工流动率和增加从业人员高学历比例具有重要的促进意义。

观念转变对于西藏社会是一个长期而艰巨的过程。在大量学生将公务员职位作为"光宗耀祖""毕生追求"的职业选择背景下，西藏旅游产业的吸引力在世界旅游目的地建设的进程中显得太过微小。拥有服务属性的旅游业，在西藏民众传统社会观念中的地位与西藏旅游产业在西藏社会经济中的地位极度的不相符。任何观念的转变都是教育的结果，而这种教育是长期的。如何改变长期以来西藏社会对市场经济的较低认同也是建好世界旅游目的地的基本前提。因此，西藏旅游发展委员会和西藏教育部门的作用不言而喻。一方面根据旅游产业的发展，高校有设立旅游学院的愿望；另一方面却是西藏大学生对于旅游专业的极大不认同。本书认为这是摆在西藏旅游管理部门和旅游教育工作者面前的重大问题。

6.3.9　融资方面

上述提及的人才培养、科研经费投入、营销战略实施及基础设施建设，都需要大量的资金投入才能实现。对于西藏而言，要克服未来旅游可持续发展中的问题及保持较高的可持续发展能力，资金问题是旅游管理部门必须要十分重视的。本书多次提到，西藏的整体社会经济发展基础较为薄弱，相应地，西藏地方政府的财政收入也非常有限。当前政府的收入主要来源于中央的财政拨款，根据《西藏统计年鉴》数据，西藏自治区政府每年 90%以上的收入都源于中央财政。因此，在有限且固定的西藏财政支出下，只有一少部分的资金能够用于环境保护、公共服务和科学研究这些有利于促进旅游可持续发展的要素中。本书建议，管理部门及相关企事业单位能够扩大融资渠道，降低对财政拨款的依赖。具体而言，以下几个方面值得重视。

首先，培育更多或者更加成熟的旅游上市公司。当前，西藏旅游企业中只有西藏旅游股份有限公司是上市公司，且长期处于亏损状态。本书建议扩大西藏旅游股份有限公司的经营规模，扩大其对更多旅游景区的经营权；或者将一些地域及类型相近的旅游资源进行整合，打造新的旅游公司上市；再者可以整合西藏旅游总公司的相关资源，分开或者整体上市，从而可以筹取更多的资金。当然，无论是哪一种方式，都需要在企业经营管理环节的巨大变革，建立真正能够适应市场经济发展的优质股份制企业。

其次，本书建议自治区政府能够更广泛地吸取外部资金包括外商直接投资（foreign direct investment，FDI）进入西藏旅游业，这是非常紧迫并且有效的。因为在当前西藏的很多酒店经营中，已经有较多的境外资本注入，如拉萨的福朋喜来登酒店、洲际圣地天堂大酒店等。并且洲际圣地天堂大酒店还是当前西藏仅有的两家五星级酒店之一。在外部资金方面，本书也建议西藏能够充分利用兄弟省份的援藏红利，提高资金利用效率。

最后，应该吸引更多的民间资本进入西藏旅游产业。针对当前一些开发难度较大或者进入性较差的旅游景区，可以鼓励民营企业家参与经营管理。西藏旅游产业的发展最终还是要依靠旅游企业规模和素质的提高。

6.3.10　旅游安全管理方面

在 SD 仿真中，本书特别提到 SD 模型的建立并没有考虑一些危机事件对西藏旅游的影响，但提及危机事件对西藏旅游的重大影响不容忽视，有时候在短期内甚至是决定性的。在这样的前提下，本书提出西藏旅游安全管理的建议，从而可以与其他的相关建议综合分析，共同促进西藏旅游的可持续发展。建议西藏旅游发展委员会可以联合其他相关部门，如消防、公安、卫生、交通等，共同建立西藏旅游危机管理系统，将西藏旅游安全作为自治区旅游管理的一项常态工作。本书提出以下西藏旅游危机管理系统，如图 6-2 所示。

特别地，本书建议西藏旅游发展中应该重视旅游网络舆情管理，积极发挥新兴媒体作用。这不仅仅是服务于西藏旅游危机管理，同时对旅游产品开发、旅游政策制定等都具有重要的参考价值。Web 2.0 时代，网络用户自产生内容更加便利，从而形成了大规模、高强度的网络舆情。舆情在网络中的快速传播，致使社会舆论的焦点和热点较容易形成，而网络用户也会根据自己的理解及在相关用户的影响下，形成自己的价值取向和行为方式。伴随着互联网事业的高速发展，旅游信息传播的大数据特征也越发明显，对网络旅游舆情的关注，正成为当前及未来旅游目的地管理的重要内容。西藏是我国正在建设的重要世界旅游目的地之一，长期以来，游客关于西藏旅游信息的获取及对西藏的认知较大程度上来源于书籍报刊和电视媒体等传统渠道，互联网的普及颠覆了这种格局，它将相对"神秘"的西藏更多地呈现在游客面前，因此，西藏自治区旅游管理部门应该更好地利用网

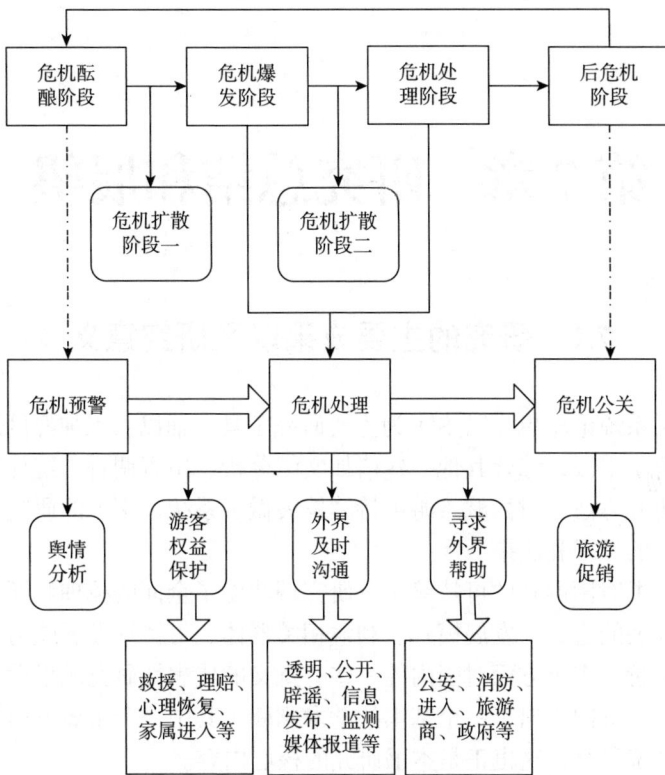

图 6-2　西藏旅游危机管理系统

络舆情、加强网络旅游舆情的管理。微博、微信等新兴的传播媒体对于公众价值取向和行为方式也有着重要的影响，本书建议西藏自治区成立西藏旅游舆情监测中心，在大数据时代，充分运用计算机的高速处理能力，汇聚一批专业人才，寻找西藏旅游业发展过程中的热点话题，这对于危机管理，乃至旅游产品的开发和目的地的建设都具有重要的意义。

第 7 章　研究总结和展望

7.1　研究的主要成果以及研究意义

本书立足系统论思想，以 SD 为主要研究工具，辅以人工神经网络、目标规划模型等运筹学手段，综合其他一些诸如文献分析、田野调查、统计分析、网络层次分析等研究方法，对西藏旅游可持续发展做了系统、深入的研究，取得了一些十分有意义的发现和成果。

第一，本书对国内外的可持续旅游研究现状做了全面的梳理和评析。研究从旅游可持续发展的定义、发展模式、利益相关群体、可持续发展能力评价、发展政策、生态旅游等多个方面对国内外一些有意义的代表性研究成果做了分析，并且对未来的研究方向提出了一个基本的学术判断。其中一个重要方面就是关于可持续旅游的系统研究，这也正是本书研究的核心内容。

第二，本书简单介绍了 SD 工具，并且分析了其在旅游可持续发展研究中的适用性。在此基础上，给出了本书的主要研究内容和研究路径。

第三，分析了西藏旅游可持续发展的系统结构。在这一部分，本书首先对近 10 余年来西藏旅游的发展状况做了基本的论述。主要内容包括西藏旅游收入、游客人次、旅游酒店、旅游交通、旅游景区建设、旅游政策、旅游就业及旅游人才培养等多个方面。其次，在现有的旅游可持续发展评价指标的基础上，本书从人口、资源、环境、社会和经济五个方面构建了包含 13 个评价指标的西藏旅游可持续发展评价指标体系，并对各子系统内部及子系统之间的逻辑关系进行了分析。最后，根据旅游地发展的生命周期理论，对西藏旅游地的系统演变的 Logistic 曲线做了分析，并结合西藏世界旅游目的地建设，提出了西藏旅游目的地建设的三步走战略。

第四，运用流率基本入树建模法，分别构建了 13 个评价指标的流率基本入树模型。最终通过嵌运算，本书建立了西藏旅游可持续发展的 SD 模型，并给出了一些主要的模型方程和各函数式的计算说明。

第五，运用 SD 模型，对西藏旅游可持续发展进行了仿真分析，对其中的 13 个评价指标的未来发展趋势，在不同发展战略下进行了比较。根据仿真结果，本书还结合人工神经网络模型和目标规划模型，分别对西藏旅游可持续发展能力评价和"十三五"期间西藏旅游发展目标的确定和实现做了进一步的研究。

第六，综合全部的研究，本书给出了西藏旅游可持续发展决策中应该要关注的问题，并给出了相关的对策建议。这也是本书理论联系实践的展示，其中的一些决策对于西藏世界旅游目的地建设和科学决策具有重要的指导意义。

虽然可持续发展理念被认为是成功的旅游发展所必须要遵循的思想，但是，在当前旅游可持续发展的理论和实践方面仍然有一些突出的问题。其中对区域旅游可持续发展系统的宏观认知和过程控制是旅游地进行科学决策的基本依据，可惜的是当前鲜有此类的学术研究。西藏自治区作为我国乃至全球最具发展潜力的旅游目的地，在旅游发展过程中急需相应的理论指导，而在学术界关注西藏旅游可持续发展的研究少之又少。针对这样的问题，本书首次对旅游可持续发展系统进行宏观的动态研究并将其运用到西藏世界旅游目的地的建设过程中，这对于西藏旅游的可持续发展具有重要的理论和实践意义。

在理论方面，本书首次对区域旅游可持续发展系统的关键要素和要素之间的逻辑关系做了深入的分析，这对于认知区域旅游可持续发展系统具有重要的价值。本书厘清了区域旅游可持续发展系统的边界，这有助于开展对可持续旅游的相关研究。在研究方法上，本书创新性地运用 SD、人工神经网络、目标规划模型等管理科学方法，对于加强旅游学科的管理属性及丰富旅游研究的方法论，具有重要的推动作用。

在实践方面，当前西藏自治区正处于建设重要世界旅游目的地的进程之中，是旅游产业升级和旅游产业发展模式的重要转型期。本书的研究成果对于决策者理解、把握、管理西藏旅游可持续发展系统具有重要的参考价值。本书提出的一些观点和建议对于未来西藏旅游可持续发展的科学决策也有着一定的指导意义。

7.2　研究的不足和未来展望

尽管取得上述研究成果，研究过程也发现，本书的研究仍然存在一些不足之处，需要在未来的研究中继续深入探讨。

区域旅游可持续发展评价指标和评价方法的研究仍在不断发展中。本书基于西藏自治区旅游业发展的实际，设定了包含 13 个指标的评价体系。虽然这 13 个指标可以解释西藏旅游发展的大部分现象，但其他一些诸如文化和技术等当前较难定量的指标，也同样对西藏旅游可持续发展起着一定的影响作用。例如，当前智慧旅游、数字旅游概念的提出，技术因素将在区域旅游可持续发展中占有重要的地位。因此，未来随着西藏旅游产业和统计的进一步发展，在以后的研究中将会纳入更多的评价指标，建立更全面的西藏旅游可持续发展评价指标体系，从而更全面地反映西藏旅游业发展现象，这将更有助于仿真模型的完善和评价结果的精确。而在研究方法上，还可以将 SD 方法和已有的评价方法及仿真方法的结果进行比较，从而进行综合考量，预期可以得出更加科学的结论。

在数据获取方面，本书运用问卷调查、实地调研、访谈等多种方法，获取了大量的一手资料。但由于西藏旅游市场的庞大和分散，在某些数据的科学性和代表性方面仍有一定的提升空间，如居民旅游认知度的研究。这需要我们用更多的精力去关注西藏旅游市场的发展，并且还要关注一些现象的动态变化。在目标规划模型中，本书关注的是西藏"十三五"期间的旅游发展实践，因此，本书针对的是这一个时间段，而不是长期稳定的结果。我们有理由相信，随着西藏旅游业的深入发展，各目标和决策变量之间的依赖关系是会动态变化的，从而目标设定也会随着改变，这种优先顺序也许会随之改变，这需要进一步的跟踪研究。

参 考 文 献

安平. 2010. 从西藏旅游业的发展看农牧民的增收. 中央民族大学学报（哲学社会科学版），37（3）：31-34.

把多勋，彭睿娟，程容. 2007. 文脉视角下的区域旅游产业可持续发展研究. 兰州大学学报（社会科学版），35（1）：119-125.

毕晋锋. 2012. 五台山文化旅游可持续发展的模型构建及评价研究. 武汉大学学报（哲学社会科学版），65（1）：138-144.

蔡林. 2008. SD 在可持续发展研究中的应用. 北京：中国环境科学出版社.

曹宝，秦其明，王秀波，等. 2007. 生态足迹改进模型在可持续发展评价中的应用研究. 生态环境，16（3）：968-972.

陈飙，杨桂华. 2008. 梅里雪山雨崩村旅游社区参与的组织形式与分配制度. 思想战线，（3）：127-128.

陈丹. 2012. 略论旅游发展对西藏手工业的影响. 中国藏学，（2）：103-106.

陈立健，王珂. 2005. 浅析实现西藏旅游业可持续发展的对策. 中国藏学，（4）：21-27.

陈通，章奇志，吴延兵. 2005. 基于比较优势的西藏旅游经济发展研究. 西北农林科技大学学报（社会科学版），（1）：37-41.

陈文捷，阳国亮，凌连新. 2011. 旅游可持续发展指标体系研究——以广西北部湾为例. 经济管理，33（6）：117-124.

陈晓红，曹裕，马跃如. 2009. 基于外部环境视角下的我国中小企业生命周期——以深圳等五城市为样本的实证研究. 系统工程理论与实践，29（1）：64-75.

陈娅玲，孟来果. 2007. 从旅游客主交互行为模式看西藏旅游和谐发展. 西藏民族学院学报（哲学社会科学版），28（4）：28-32.

陈岩峰. 2009. 近年旅游可持续发展研究综述. 资源开发与市场，25（1）：91-93.

程叶青. 2003. 矿业区域经济可持续发展研究——以陕西省黄陵县为例. 西北大学硕士学位论文.

邓燕云，郑洲. 2007. 西藏旅游业可持续发展研究——基于发展生态旅游的视角分析. 重庆大学学报（社会科学版），13（5）：11-15.

邓永进. 2010. 论民族旅游可持续发展的战略重点与主要措施. 云南民族大学学报（哲学社会科学版），27（2）：62-66.

窦蕾，李平，姜财辉. 2006. 旅游生态足迹模型在县级尺度区域可持续发展中的应用——以章丘市为例. 北京第二外国语学院学报（旅游版），（5）：47-52.

段兆雯，王兴中. 2012. 青海湖风景名胜区旅游可持续开发研究. 西北大学学报（自然科学版），42（2）：307-312.

方相林. 2002. 旅游学概论. 郑州：郑州大学出版社.

高阳，冯喆，王羊，等. 2011. 基于能值改进生态足迹模型的全国省区生态经济系统分析. 北京大学学报（自然科学版），47（6）：1089-1096.

格拉本 N，彭兆荣. 2005. 旅游人类学家谈中国旅游的可持续发展. 旅游学刊，21（1）：54-59.

耿香玲. 2012. 西藏旅游发展中的负外部效应及其内化研究. 西藏大学学报（社会科学版）27（1）：13-18.

郭华，甘巧林. 2012. 乡村旅游社区居民社会排斥的多维度感知——江西婺源李坑村案例的质化研究. 旅游学刊，26（8）：87-94.

郭文，黄震方. 2011. 乡村旅游开发背景下社区权能发展研究——基于对云南傣族园和雨崩社区两种典型案例的调查. 旅游学刊，26（12）：83-92.

国家旅游局. 2001~2014. 中国旅游统计年鉴 2001~2014. 北京：中国旅游出版社.

国家统计局. 2014. 中国统计年鉴 2014. 北京：中国统计出版社.

国家统计局，国家环保部. 2001~2014. 中国环境统计年鉴 2001~2014. 北京：中国统计出版社.

韩春鲜. 2007. 干旱区域旅游可持续发展水平测度研究. 桂林旅游高等专科学校学报，18（2）：258-262.

何有世. 2008. 区域社会经济系统发展动态仿真与政策调控. 北京：中国科学技术大学出版社.

胡爱娟. 2002. 论开发生态旅游与可持续旅游发展. 商业经济与管理，（2）：59-61.

胡北明，王挺之. 2010. 旅游生态环境可持续发展与不同利益群体认知研究——九寨沟风景区生态旅游的社会认知差异分析. 西南民族大学学报（人文社会科学版），（5）：154-158.

胡海燕，陈波. 2001. 西藏 50 年：旅游卷. 北京：民族出版社.

胡雯，张毓峰. 2011. 都市旅游可持续发展的综合评价与提升策略：以成都市为例. 天府新论，（3）：67-73.

黄兴，王军. 2015-01-19. 西藏 2014 年旅游总收入突破两百亿元. http://news.xinhuanet.com/2015-01/19/ c_1114043111.htm.

黄燕玲，罗盛锋，程道品. 2009. 基于 GA 优化的农业旅游地可持续发展能力评价——以西南少数民族地区为例. 旅游学刊，24（10）：32-37.

黄裕婕，黄际民，黄裕霞. 1996. 区域 PRED 系统发展的滚动模型建立方法的探讨——以江西省为例. 系统工程理论实践，16（8）：103-108.

姬梅，朱普选. 2010. 西藏非物质文化遗产旅游产品化模式研究. 西藏大学学报（社会科学版），25（3）：51-56.

贾仁安，丁荣华. 2002. 系统动力学：反馈动态性复杂分析. 北京：高等教育出版社.

蒋依依，王仰麟，彭建，等. 2006. 基于旅游生态足迹模型的旅游区可持续发展度量——以云南省丽江纳西族自治县为例. 地理研究，25（6）：1134-1142.

李江帆，李美云. 1999. 旅游产业与旅游增加值的测算. 旅游学刊，（5）：16-19.

李进兵. 2010. 利益相关者的利益分配与旅游可持续发展. 经济问题，（8）：123-126.

李仁杰，路紫. 2009. 国内生态旅游与区域可持续发展关系研究. 地理科学进展，28（1）：139-146.

李偲，海米提. 2011. 基于生态足迹模型的喀纳斯景区旅游可持续发展测度. 干旱区资源与环境，25（6）：39-44.

李天元. 2014. 旅游学概论. 天津：南开大学出版社.

李文亮，翁瑾，杨开忠. 2005. 旅游系统模型比较研究. 旅游学刊，20（2）：20-24.

刘静艳，韦玉春，黄丽英，等. 2008. 生态旅游社区参与模式的典型案例分析. 旅游科学，（4）：59-64.

刘坤梅. 2014. 基于游客感知的大型少数民族节庆旅游公共服务评价研究——2013 年西藏拉萨雪顿节的调查. 西藏研究，（3）：112-120.

刘丽梅，吕君. 2008. 生态经济学视野下草原旅游可持续发展探究. 北京第二外国语学院学报（旅游版），（1）：59-63.

刘小芳. 2012.提高公共关系意识，促进西藏旅游业的发展. 西藏民族学院学报（哲学社会科
　　学版），33（2）：41-44.
柳应华，倪碧野，杨涛，等. 2011. 西藏旅游业的发展及其战略支撑功能分析. 中国藏学，（4）：
　　74-89.
卢晓. 2011. 大型节事与地方旅游业可持续发展的机制研究. 江苏商论，（12）：110-114.
罗华. 2012. 西藏生态旅游发展模式与战略研究. 西藏大学学报（社会科学版），27（3）：33-38.
罗烨，贾铁飞. 2011. 浙江沿海岛屿旅游可持续发展评价研究——以嵊泗列岛为例. 上海师范大
　　学学报（自然科学版），40（3）：318-325.
骆高远，唐兰兰. 2008. 世界濒危旅游景点及其保护对策. 世界地理研究，17（2）：1-8.
明庆忠，陈英. 2009. 旅游产业可持续发展行动：旅游循环经济与产业生态化. 旅游研究，1（1）：
　　32-38.
宁银苹，陈学红. 2008. 西部民族地区生态旅游可持续发展研究——以甘肃省天祝藏族自治县为
　　例. 西藏大学学报，23（4）：35-38.
牛亚菲. 2002. 旅游业可持续发展的指标体系研究. 中国人口·资源与环境，12（6）：42-45.
欧阳润平，刘焱. 2009. 可持续旅游发展的价值依据比较.旅游学刊，24（3）：13-17.
潘基斌，刘澜. 2006. 西藏旅游交通现状及发展对策. 交通运输工程与信息学报，4（2）：55-60.
庞英姿. 2008. 云南省民族文化旅游的可持续发展. 经济问题探索，（10）：118-123.
秦耀辰，赵秉栋，张俊军，等. 1997. 河南省持续发展SD模拟与调控. 系统工程理论实践，17
　　（7）：126-133.
邱云美. 2010. 欠发达地区生态旅游可持续发展模式研究. 经济地理，30（2）：334-338.
沈宗濂. 2006. 西藏与西藏人. 北京：中国藏学出版社.
史民英，图登克珠，韩富贵，等. 2006. 西藏旅游教育发展及对策研究.西藏大学学报（社会科
　　学版），（S1）：24-28.
孙睦优，王叶峰. 2005. 旅游环境承载力与旅游业可持续发展——以秦皇岛市为例. 地域研究与
　　开发，24（2）：70-72.
孙业红，闵庆文，成升魁，等. 2011. 农业文化遗产地旅游社区潜力研究——以浙江省青田县为
　　例.地理研究，（7）：1341-1350.
覃群. 2012. 中国、加拿大乡村旅游可持续发展对比研究——以阳朔大榕树景区与加拿大 St.
　　Jacobs Village 为例. 旅游论坛，5（1）：102-108.
唐承财，钟林生，成升魁. 2011. 我国低碳旅游的内涵及可持续发展策略研究. 经济地理，31（5）：
　　862-867.
唐飞，陶伟. 2001. 建立旅游可持续发展的复合系统. 东北财经大学学报，（2）：28-30.
唐文跃. 2011. 九寨沟旅游者地方感对资源保护态度的影响. 长江流域资源与环境，（5）：574-578.
田里. 2007. 区域旅游可持续发展评价体系研究——以云南大理、丽江、西双版纳为例.旅游科
　　学，21（3）：44-51.
田荣燕，王建华. 2013. 交通对西藏旅游的影响及发展对策研究. 西藏大学学报（自然科学版），
　　（1）：121-124.
汪晖. 2008. 东方主义、民族区域自治与尊严政治——关于"西藏问题"的一点思考. 天涯，（4）：
　　173-191.
王邦兆. 1997. 镇江市社会经济SD模型及宏观调控政策研究. 江苏理工大学硕士学位论文.
王保利，李永宏. 2007. 基于旅游生态足迹模型的西安市旅游可持续发展评估.生态学报，27

（11）：4777-4784.

王富玉. 1999. 可持续旅游的理论与实践. 管理世界，（4）：82-87.

王国刚，杨德刚，张新焕，等. 2012. 基于能值理论的生态足迹改进模型及其应用. 中国科学院研究生院学报，29（3）：153-158.

王军，王媛. 2011. 湿地生态旅游资源开发的社区参与模式探讨——以江苏海滨湿地保护区为例.资源科学, 33（11）：2175-2181.

王良健. 2001 .旅游可持续发展评价指标体系及评价方法研究. 旅游学刊，16（1）：67-70.

王潞，李树峰. 2009. 旅游伦理、旅游环境保护与旅游可持续发展关系探讨. 河北大学学报（哲学社会科学版），34（2）：62-65.

王昕，高彦淳. 2008.区域旅游可持续发展力评价指标体系构建与评价实证研究. 经济问题探索，（1）：137-140.

王亚欣，曹利平. 2009. 论西藏旅游产品的深度开发.地理与地理信息科学, 25（4）：109-112.

王友明. 2011. 城市旅游可持续发展评价指标体系的构建与实证分析——以苏南五市为例. 南京师大学报（自然科学版），34（2）：119-124.

韦新良. 2003. 生态旅游对森林资源影响的计量分析研究. 北京林业大学学报，（1）：65-68.

魏中俊，周鸣争，刘涛. 2006. 旅游文化产业持续发展的可拓模型. 哈尔滨工业大学学报,38（7）：1164-1167.

翁瑾，杨开忠. 2007. 旅游系统的空间结构：一个具有不对称特点的垄断竞争的空间模型. 系统工程理论与实践，27（2）：76-82.

吴必虎. 1998. 旅游系统：对旅游活动与旅游科学的一种解释. 旅游学刊，14（1）：21-25.

吴卫东. 2004. 可持续发展旅游与大众旅游生态化.科技进步与对策，（9）：161-162.

王颖. 2008. 西藏旅游发展战略探析. 地域研究与开发，27（4）：81-85.

西藏统计局. 2000~2013. 西藏统计年鉴 2000~2013. 北京：中国统计出版社.

肖建红，于爱芬，王敏. 2011a. 旅游过程碳足迹评估——以舟山群岛为例. 旅游科学，25（4）：58-66.

肖建红，于庆东，刘康，等. 2011b. 海岛旅游地生态安全与可持续发展评估——以舟山群岛为例.地理学报，66（6）：842-852.

肖晓. 2009 .九寨沟旅游区旅游可持续发展战略及对策研究. 软科学，23（5）：68-71.

谢祥项，刘人怀. 2012. 论系统论与综合集成法在旅游科学研究的应用. 系统科学学报,20（2）：93-96.

解永秋. 2007. 我国自然保护区生态旅游的现状及可持续发展的对策. 经济与管理研究，（9）：87-90.

徐东文，谢新丽，吕群超. 2007. 诚信与旅游可持续发展关系研究. 华中师范大学学报（自然科学版），41（1）：152-156.

徐宏罡. 2009. 旅游系统分析. 天津：南开大学出版社.

徐清. 2014. 论乡村旅游开发中的景观危机.中国园林，23（6）：83-87.

杨春宇，黄震方，毛卫东. 2009a. 旅游地复杂系统演化理论之基本问题探讨. 中国人口·资源与环境，19（5）：123-130.

杨春宇，黄震方，毛卫东. 2009b. 基于系统科学的旅游地演化机制及规律性初探. 旅游学刊，24（3）：55-62.

杨桂华. 2005. 生态旅游可持续发展四维目标模式探析. 人文地理，（5）：74-77.

杨桂华，李鹏. 2005. 旅游生态足迹：测度旅游可持续发展的新方法. 生态学报，25（6）：1475-1480.

姚建，刘莉，罗文锋，等. 2000. 成都市可持续发展模拟与调控. 山地学报，（5）：474-480.

姚娟，陈飙. 2010. 生态旅游区少数民族牧民对定居工程及参与旅游的态度研究——以新疆天山天池、那拉提为例. 旅游学刊，25（7）：28-34.

易志斌. 2010. 中国生态旅游治理研究. 中国软科学，（6）：15-24.

殷平，马忠玉. 2009. 北京市旅游可持续发展评价研究. 北京交通大学学报（社会科学版），8（2）：68-72.

俞金国，李悦铮，王丽华，等. 2002. 旅游业对大连市资源环境的负面影响及其对策. 国土与自然资源研究，（4）：52-53.

袁国宏. 2004. 旅游业可持续发展的动力系统研究. 旅游科学，18（1）：17-21.

臧良运. 2008. 旅游学概论. 北京：电子工业出版社.

曾国军，蔡建东. 2012. 中国旅游产业对国民经济的贡献研究. 旅游学刊，27（5）：23-31.

曾嵘，魏一鸣，范英，等. 2000. 人口、资源、环境与经济协调发展系统分析. 系统工程理论实践，（12）：1-6.

翟校义. 2009. 公务员职业吸引力探析. 中国行政管理，9：73-76.

张阿兰，蒙西燕，德吉央宗. 2012. 西藏发展旅游对就业的贡献研究. 西藏大学学报（社会科学版），27（4）：14-19.

张阿兰，普布卓玛，德吉央宗. 2013. 西藏旅游业对区域经济影响的实证分析. 西藏大学学报，28（4）：18-25.

张阿兰，普布卓玛，赵智文. 2014. 西藏旅游市场需求预测分析. 西藏研究，（3）：103-111.

张超. 2002. 可持续发展旅游目的地竞争战略研究. 南开管理评论，（4）：69-73.

张河清，方世敏. 2003. 实施区域协作是湘西民族旅游可持续发展的必由之路——对构建"大湘西"旅游品牌的初步思考. 湘潭大学社会科学学报，27（6）：105-107.

张满银，火飞飚，孙志忠. 2008. 敦煌生态旅游及其可持续发展探讨. 干旱区资源与环境，22（6）：116-121.

张燕，徐建华，曾刚，等. 2008. 旅游-经济-生态系统可持续协调发展评价模型构建与实证研究——以广西桂林为例.旅游科学，22（3）：31-35.

张约翰，张平宇，张忠孝. 2010. 拉萨市旅游生态足迹与可持续发展研究. 中国人口·资源与环境，20（7）：154-159.

张跃西. 2002. 浙江可持续旅游发展战略研究. 中国人口·资源与环境，12（5）：99-101.

章杰宽. 2009. 国内旅游者西藏旅游风险认知研究.四川师范大学学报（社会科学版），36（6）：111-118.

章杰宽. 2011. 区域旅游可持续发展系统的动态仿真. 系统工程理论与实践，31（11）：2101-2107.

章杰宽. 2014. 西藏旅游企业文化建设的问题及对策研究.西藏民族学院学报（哲学社会科学版），35（4）：120-124.

章杰宽. 2015. 21世纪西藏旅游业发展进程及其展望.西藏民族学院学报（哲学社会科学版），36（1）：118-124.

章杰宽，朱普选. 2011. 基于系统论的旅游可持续发展结构模型研究. 科学决策，（5）：71-81.

章杰宽，朱普选. 2013. 动态粒子群算法优化灰色神经网络的旅游需求预测模型研究.管理评论，25（3）：60-66.

章杰宽，姬梅，朱普选. 2011. 基于多目标决策模型的区域旅游可持续发展研究——以西藏自治区为例. 产经评论，2（6）：83-89.

章轲. 2006. 孙鸿烈：西藏生态环境一旦破坏将不可逆转. 环境保护，（7）：25-27.

赵国庆. 2009. 关于旅游业作为西藏经济主导产业的探讨. 中国藏学，（3）：40-47.

赵金凌. 2010. 乐活旅游：探索旅游可持续发展的新战略. 资源科学，32（1）：113-117.

郑德胜. 2009. 黑龙江省森林旅游可持续发展问题研究. 中国软科学，（S1）：198-205.

智瑞芝，卢妍. 2003. 黑龙江省旅游增加值的测算. 哈尔滨师范大学自然科学学报，19（6）：88-91.

钟诚，何宗宜，刘淑珍. 2005. 西藏生态环境稳定性评价研究. 地理科学，25（5）：573-578.

钟高峥，耿娇阳，麻学锋. 2012.西藏旅游产业发展与经济增长的相关性研究. 经济地理，32（11）：166-170.

钟祥浩，刘淑珍，王小丹，等. 2010. 西藏高原生态安全研究. 山地学报，28（1）：1-10.

周玲强，李罕梁，赵晟楠. 2010.西藏生态旅游认证体系构建的关键问题研究.经济地理，30（10）：1752-1756.

Adler M，Ziglio E. 1996. Gazing into the Oracle：The Delphi Method and Its Application to Social Policy and Public Health.Philadelphia：Jessica Kingsley Publishers.

Alipour H, Kilic H. 2005. An institutional appraisal of tourism development and planning：the case of the Turkish Republic of North Cyprus（TRNC）. Tourism Management，26（1）：79-94.

Amsden B，Stedman R C，Luloff A E. 2011. Exploring contexts of place：the role of setting and activity in a high-amenity tourism community. Tourism Geographies，13（4）：531-548.

Ars M S, Bohanec M. 2010.Towards the ecotourism：a decision Support model for the assessment of sustainability of mountain huts in the Alps. Journal of Environmental Management，91（12）：2554-2564.

Ballantyne R，Packer J，Hughes K. 2009.Tourists' support for conservation messages and sustainable management practices in wildlife tourism experiences. Tourism Management，30（3）：658-664.

Blancas F J，Caballero R，González M，et al. 2010. Goal programming synthetic indicators：an application for sustainable tourism in andalusian coastal counties. Ecological Economics，69 （11）：2158-2172.

Boley B B，McGehee N G，Perdue R R. 2014. Empowerment and resident attitudes toward tourism：strengthening the theoretical foundation through a Weberian lens. Annals of Tourism Research，49：33-50.

Boulanger P M，Bréchet T. 2005. Models for policy-making in sustainable development：the state of the art and perspectives for research.Ecological Economics，55（3）：337-350.

Bramwell B. 2011. Governance，the state and sustainable tourism：a political economy approach. Journal of Sustainable Tourism，19（4~5）：459-477.

Bramwell B，Lane B. 2010.Sustainable tourism and the evolving roles of government planning. Journal of Sustainable Tourism，18（1）：1-5.

Bramwell B，Lane B. 2011. Critical research on the governance of tourism and sustainability. Journal of Sustainable Tourism，19（4~5）：411-421.

Bramwell B，Lane B. 2013. Getting from here to there：systems change，behavioural change and sustainable tourism. Journal of Sustainable Tourism，21（1）：1-4.

Briassoulis H. 2002. Sustainable tourism and the question of the commons. Annals of Tourism

Research, 29（4）: 1065-1085.

Buckley R. 2012. Sustainable tourism: research and reality. Annals of Tourism Research, 39（2）: 528-546.

Budeanu A. 2005. Impacts and responsibilities for sustainable tourism: a tour operator's perspective. Journal of Cleaner Production, 13（2）: 89-97.

Butler R W. 1999. Sustainable tourism: a state of the art review.Tourism Geographies, 1（1）: 7-25.

Camisón C, Monfort-Mir V M. 2012. Measuring innovation in tourism from the Schumpeterian and the dynamic-capabilities perspectives. Tourism Management, 33（4）: 776-789.

Campbell L M. 1999.Ecotourism in rural developing communities. Annals of Tourism Research, 26（3）: 534-553.

Cascante D M Brennan M A, Luloff A E. 2010.Community agency and sustainable tourism development: the case of La Fortuna, Costa Rica. Journal of Sustainable Tourism, 18（6）: 735-756.

Castellani V, Sala S. 2010. Sustainable performance index for tourism policy development. Tourism Management, 31（6）: 871-880.

Castellani V, Sala S. 2012. Ecological footprint and life cycle assessment in the sustainability assessment of tourism activities. Ecological Indicators, 16: 135-147.

Cater E. 1995.Environmental contradictions in sustainable tourism. The Geographical Journal, 161（1）: 21-28.

Cernat L, Gourdon J. 2012. Paths to success: benchmarking cross-country sustainable tourism. Tourism Management, 33（4）: 1044-1056.

Charnes A, Cooper W W. 1957. Management models and industrial applications of linear programming, Management Science, 4（1）:38-91.

Charnes A, Cooper W W, Ferguson R O. 1955. Optimal estimation of executive compensation by linear programming. Management Science, 1（2）: 138-151.

Chen C M, Chen S H, Lee H T. 2011.The destination competitiveness of Kinmen's tourism industry: exploring the interrelationships between tourist perceptions, service performance, customer satisfaction and sustainable tourism. Journal of Sustainable Tourism, 19（2）: 247-264.

Choi H C, Sirakaya E. 2005.Measuring residents' attitude toward sustainable tourism: development of sustainable tourism attitude scale. Journal of Travel Research, 43（4）: 380-394.

Choi H C, Murray I. 2010. Resident attitudes toward sustainable community tourism. Journal of Sustainable Tourism, 18（4）: 575-594.

Clayton A. 2002. Strategies for sustainable tourism development: the role of the concept of carrying capacity. Social and Economic Studies, 51（1）: 61-98.

Cohen W M, Levinthal D A. 1990. Absorptive capacity: a new perspective on learning and innovation. Administrative Science Quarterly, 35（1）: 128-152.

Connell J, Page S J, Bentley T. 2009.Towards sustainable tourism planning in New Zealand: monitoring local government planning under the resource management act. Tourism Management, 30（4）: 867-877.

Cracolici M F, Cuffaro M, Nijkamp P. 2009. Tourism sustainability and economic efficiency: a statistical analysis of Italian provinces.//Girard L F, Nijkamp P. Cultural tourism and sustainable local development.Aldershot:Ashgate: 167-180.

Crouch G I. 2011. Destination competitiveness: an analysis of determinant attributes. Journal of Travel Research, 50（1）: 27-45.

Dalkey N, Helmer O. 1963. An experimental application of the Delphi method to the use of experts. Management Science, 9（3）: 458-467.

Deb K. 2001. Nonlinear goal programming using multi-objective genetic algorithms. Journal of the Operational Research Society, 52（3）: 291-302.

Dolnicar S, Leisch F. 2008. Selective marketing for environmentally sustainable tourism. Tourism Management, 29（3）: 672-680.

Dwyer L, Pham T, Jago L, et al. 2014. Modeling the impact of Australia's mining boom on tourism: a classic case of dutch disease. Journal of Travel Research, 0047287514541007.

Edgell D L. 2006. Managing Sustainable Tourism: A Legacy for the Future. London: Psychology Press.

Ekinci M B. 2014. The Cittaslow philosophy in the context of sustainable tourism development: the case of Turkey. Tourism Management, 41（1）: 178-189.

Ellison L, Sayce S, Smith J. 2007. Socially responsible property investment: quantifying the relationship between sustainability and investment property worth. Journal of Property Research, 24（3）: 191-219.

Erkus-öztürk H, Eraydin A. 2010. Environmental governance for sustainable tourism development: collaborative networks and organization building in the Antalya tourism region. Tourism Management, 31（1）: 113-124.

Fischer A M. 2015. Subsidizing Tibet: an interprovincial comparison of western China up to the end of the Hu–Wen Administration. The China Quarterly, 221: 1-27.

Fons M, Fierro J, Patiño M G. 2011. Rural tourism: a sustainable alternative.Applied Energy, 88（2）: 551-557.

Forrester J W. 1961. Industrial Dynamics. Cambridge: MIT Press.

Forrester J W. 1968. Principles of Systems. Cambridge: Wright-Allen Press.

Forrester J W. 1969. Urban Dynamics. Cambridge: Wright-Allen Press.

Forrester J W. 1971. World Dynamics . Cambridge: Wright-Allen Press.

Forrester J. 1973. World Dynamics. 2nd Ed. Cambridge: Wright-Allen Press.

Forsyth T. 1997.Environmental responsibility and business regulation: the case of sustainable tourism. The Geographical Journal, 163（3）: 270-280.

Fortanier F, Wijk J. 2010.Sustainable tourism industry development in sub-Saharan Africa: consequences of foreign hotels for local employment. International Business Review, 19（2）: 191-205.

Frauman E, Banks S. 2011.Gateway community resident perceptions of tourism development: incorporating importance-performance analysis into a limits of acceptable change framework. Tourism Management, 32（1）: 128-140.

Gain A K, Giupponi C. 2015. A dynamic assessment of water scarcity risk in the lower Brahmaputra River basin: an integrated approach. Ecological Indicators, 48: 120-131.

Garrod B, Fyall A. 1998. Beyond the rhetoric of sustainable tourism?Tourism Management, 19（3）: 199-212.

Garrod B, Fyall A. 2005. Revisiting Delphi: The Delphi technique in tourism research//Ritchie B W, Burns P, Palmer C. Tourism Research Methods: Integrating Theory with Practice. London:CABI Publishing.

Gass S I. 1986. A process for determining priorities and weights for large-scale linear goal programmes. Journal of the Operational Research Society, 37 (8): 779-785.

George E W, Reid D G. 2005. The power of tourism: a metamorphosis of community culture. Journal of Tourism and Cultural Change, 3 (2): 88-107.

Gibson H J, Kaplanidou K, Kang S J. 2012. Small-scale event sport tourism: a case study in sustainable tourism. Sport Management Review, 15 (2): 160-170.

Godfrey K B. 1998. Attitudes towards sustainable tourism' in the UK: a view from local government. Tourism Management, 19 (3): 213-224.

Gössling S, Hansson C B, Hörstmeier O, et al. 2002. Ecological footprint analysis as a tool to assess tourism sustainability. Ecological Economics, 43 (2): 199-211.

Graci S. 2013. Collaboration and partnership development for sustainable tourism. Tourism Geographies, 15 (1): 25-42.

Guo H C, Liu L, Huang G H, et al. 2001. A system dynamics approach for regional environmental planning and management: a study for the lake Erhai basin. Journal of Environmental Management, 61 (1): 93-111.

Gurung D B, Seeland K. 2008. Ecotourism in Bhutan: extending its benefits to rural communities. Annals of Tourism Research, 35 (2): 489-508.

Hak T, Kovanda J, Weinzettel J. 2012. A method to assess the relevance of sustainability indicators: application to the indicator set of the Czech Republic's sustainable development strategy. Ecological Indicators, 17: 46-57.

Hall C M. 2000.Tourism Planning: Policies, Processes and Relationships. Harlow: Pearson Education Ltd.

Hall C M. 2011. Policy learning and policy failure in sustainable tourism governance: from first- and second-order to third-order change? Journal of Sustainable Tourism, 19 (4~5): 649-671.

Hall C M, Williams A M. 2008. Tourism and Innovation. London: Routledge.

Hansen W G. 1959. How accessibility shapes land use. Journal of the American Institute of Planners, 25 (2):73-76

Hardy A L, Beeton R J. 2001.Sustainable tourism as maintainable tourism: managing resources for more than average outcomes.Journal of Sustainable Tourism, 9 (3): 168-192.

Haukeland J V. 2011.Tourism Stakeholders' perceptions of national park management in Norway. Journal of Sustainable Tourism, 19 (2): 133-153.

Higash N, Iba H. 2003. Particle swarm optimization with Gaussian mutation//Swarm Intelligence Symposium,Proceedings of the 2003 IEEE. Washington:IEEE Computer Society:72-79.

Hjalager A M. 2010. A review of innovation research in tourism. Tourism Management, 31(1): 1-12.

Hjorth P, Bagheri A. 2006. Navigating towards sustainable development: a system dynamics approach. Futures, 38 (1): 74-92.

Hughes G. 1995.The cultural construction of sustainable tourism. Tourism Management, 16 (1): 49-59.

Hunter C. 1997. Sustainable tourism as an adaptive paradigm. Annals of Tourism Research, 24（4）: 850-867.

Hunter C, Shaw J. 2007.The ecological footprint as a key indicator of sustainable tourism. Tourism Management, 28（1）: 46-57.

Hwang D, Stewart W P, Ko D W. 2012.Community behavior and sustainable rural tourism development. Journal of Travel Research, 51（3）: 328-341.

Israeli Y, Mansfeld Y. 2003. Transportation accessibility to and within tourist attractions in the old city of Jerusalem. Tourism Geographies, 5（4）: 461-481.

Jayawardena C. 2002. Future challenges for tourism in the Caribbean. Social and Economic Studies, 51（1）: 1-23.

Jharkharia S, Shankar R. 2007. Selection of logistics service provider: an analytic network process （ANP）approach. Omega, 35（3）: 274-289.

Johnston R J, Tyrrell T J. 2005.A dynamic model of sustainable tourism.Journal of Travel Research, 44（2）: 124-134.

Kabir G, Sadiq R, Tesfamariam S. 2014. A review of multi-criteria decision-making methods for infrastructure management. Structure and Infrastructure Engineering, 10（9）: 1176-1210.

Karou S, Hull A. 2014. Accessibility modelling: predicting the impact of planned transport infrastructure on accessibility patterns in Edinburgh, UK. Journal of Transport Geography, 35 （1）: 1-11.

Ko T G. 2005.Development of a tourism sustainability assessment procedure: a conceptual approach. Tourism Management, 26（2）: 431-445.

Koutsouris A. 2009. Social learning and sustainable tourism development; Local Quality Conventions in Tourism: A Greek Case Study. Journal of Sustainable Tourism, 17（5）: 567-581.

Kozak M, Martin D. 2012.Tourism life cycle and sustainability analysis: profit-focused strategies for mature destinations. Tourism Management, 33（1）: 188-194.

Krider R E, Arguello A, Campbell C, et al. 2010. Trait and image interaction in ecotourism preference. Annals of Tourism Research, 37（3）: 779-801.

Kytzia S, Walz A, Wegmann M. 2011.How can tourism use land more efficiently? A model-based approach to land-use efficiency for tourist destinations. Tourism Management, 32（3）: 629-640.

Lacitignola D, Petrosillo I, Cataldi M, et al. 2007. Modelling socio-ecological tourism-based systems for sustainability. Ecological Modelling, 206（1）: 191-204.

Landeta J. 2006. Current validity of the Delphi method in social sciences. Technological Forecasting and Social Change, 73（5）: 467-482.

Lansing P, Vries P D. 2007.Sustainable tourism: ethical alternative or marketing ploy?Journal of Business Ethics, 72（1）: 77-85.

Lee C F, King B E. 2008. Using the Delphi method to assess the potential of Taiwan's hot springs tourism sector. International Journal of Tourism Research, 10（4）: 341-352.

Lee C F, Huang H I, Yeh H R. 2010. Developing an evaluation model for destinationattractiveness: sustainable forest recreation tourism in Taiwan. Journal of Sustainable Tourism, 18（6）:811-828.

Lee K F. 2001. Sustainable tourism destinations: the importance of cleaner production. Journal of Cleaner Production, 9（4）: 313-323.

Lee T H. 2013. Influence analysis of community resident support for sustainable tourism development. Tourism Management, 34 (1): 37-46.

Li H Q, Hou L C. 2011.Evaluation on sustainable development of scenic zone based on tourism ecological footprint: case study of Yellow Crane Tower in Hubei Province, China. Energy Procedia, 26 (5): 145-151.

Li M M, Wu B H, Cai L P. 2008.Tourism development of World Heritage Sites in China: a geographic perspective. Tourism Management, 29 (2): 308-319.

Li W. 2004. Environmental management indicators for ecotourism in China's nature reserves: a case study in Tianmushan Nature Reserve. Tourism Management, 25 (3): 559-564.

Linstone H A, Turoff M. 1975. The Delphi Method: Techniques and Applications(Vol. 29). Reading: Addison-Wesley.

Liu Z H. 2003. Sustainable tourism development: a critique. Journal of Sustainable Tourism, 11 (6): 459-475.

Logar I. 2010. Sustainable tourism management in Crikvenica, Croatia: an assessment of policy instruments. Tourism Management, 31 (1): 125-135.

Lordkipanidze M, Brezet H, Backman M. 2005.The entrepreneurship factor in sustainable tourism development. Journal of Cleaner Production, 13 (8): 787-798.

Lu J Y, Nepal S K. 2009.Sustainable tourism research: an analysis of papers published in the journal of sustainable tourism.Journal of Sustainable Tourism, 17 (1): 5-16.

Manning T. 1999. Indicators of tourism sustainability. Tourism Management, 20: 179-182.

Martínez L, Viegas J. 2009. Effects of transportation accessibility on residential property values: hedonic price model in the Lisbon, Portugal, metropolitan area. Transportation Research Record: Journal of the Transportation Research Board, (2115): 127-137.

McDonald J R. 2009. Complexity science: an alternative world view for understanding sustainable tourism development. Journal of Sustainable Tourism, 17 (4): 455-471.

Meadows D H, Meadows D L, Randers J, et al. 1972. The Limits to Growth: A Report for the Club of Rome's Project on the Predicament of Mankind. London:Earth Island.

Medina L K. 2005. Ecotourism and certification: confronting the principles and pragmatics of socially responsible tourism. Journal of Sustainable Tourism, 13 (3): 281-295.

Melón M G, Navarro T G, Dutra S A. 2012. A Combined ANP-Delphi approach to evaluate sustainable tourism. Environmental Impact Assessment Review, 34 (1): 41-50.

Michalena E, Hills J, Amat J P. 2009. Developing sustainable tourism, using a multicriteria analysis on renewable energy in mediterranean islands. Energy for Sustainable Development, 13 (1): 129-136.

Mihalič T, Žabkar V, Cvelbar L K. 2012. A hotel sustainability business model: evidence from Slovenia. Journal of Sustainable Tourism, 20 (5): 701-719.

Miller G. 2001.The Development of indicators for sustainable tourism: results of a Delphi survey of tourism researchers. Tourism Management, 22 (2): 351-362.

Miller G, Rathouse K, Scarles C, et al. 2010.Public understanding of sustainable tourism. Annals of Tourism Research, 37 (3): 627-645.

Moscardo G. 2008. Sustainable tourism innovation: challenging basic assumptions. Tourism and

Hospitality Research, 8 (1): 4-13.

Northcote J, Macbeth J.2006. Conceptualizing yield: sustainable tourism management. Annals of Tourism Research, 33 (1): 199-220.

Ny H, MacDonald J P, Broman G, et al. 2006. Sustainability constraints as system boundaries: an approach to making life-cycle management strategic. Journal of Industrial Ecology, 10 (1~2): 61-77.

Okoli C, Pawlowski S D. 2004. The Delphi method as a research tool: an example, design considerations and applications. Information & Management, 42 (1): 15-29.

Oyola M L, Blancas F J, González M, et al. 2012.Sustainable tourism indicators as planning tools in cultural destinations. Ecological Indicators, 18: 659-675.

Ozmen-Ertekin D, Ozbay K, Holguin-Veras J. 2007. Role of transportation accessibility in attracting new businesses to New Jersey. Journal of Urban Planning and Development, 133 (2): 138-149.

Papale D, Valentini R. 2003. A new assessment of European forests carbon exchanges by eddy fluxes and artificial neural network spatialization.Global Change Biology, 9 (4): 525-535.

Park D B, Yoon Y S. 2011. Developing sustainable rural tourism evaluation indicators. International Journal of Tourism Research, 13 (5): 401-415.

Peeters P. 2012. A clear path towards sustainable mass tourism? Rejoinder to the paper 'organic, Incremental and induced paths to sustainable mass tourism convergence' by David B. Weaver.Tourism Management, 33 (5): 1038-1041.

Pérez V, Guerrero F, González M, et al.2013. Composite indicator for the assessment of sustainability: the case of Cuban nature-based tourism destinations. Ecological Indicators, 29: 316-324.

Pooler J A. 1995. The use of spatial separation in the measurement of transportation accessibility. Transportation Research Part A: Policy and Practice, 29 (6): 421-427.

Randers J. 2000. From limits to growth to sustainable development or SD (sustainable development) in a SD (system dynamics) perspective. System Dynamics Review, 16 (3): 213-224.

Reed M G. 1997. Power relations and community-based tourism planning.Annals of Tourism Research, 24 (3): 566-591.

Richards G. 2002.Tourism attraction systems: exploring cultural behavior. Annals of Tourism Research, 4: 1048-1064.

Richards G, Hall D. 2003. Tourism and Sustainable Community Development. London: Psychology Press.

Rivera J, Leon P D. 2005. Chief Executive Officers and Voluntary Environmental Performance: Costa Rica's Certification for Sustainable Tourism. Source: Policy Sciences, 38 (2~3): 107-127.

Roberston P J. 2011. An assessment of collaborative governance in a network for sustainable tourism: the case of rede turis. International Journal of Public Administration, 34 (5): 279-290.

Rodrigues A L, Rodrigues A, Peroff D M. 2014. The sky and sustainable tourism development: a case study of a dark sky reserve implementation in Alqueva. International Journal of Tourism Research, 17 (3): 292-302.

Ryan C. 2002. Equity, management, power sharing and sustainability—issues of the "new tourism".

Tourism Management, 23 (1): 17-26.

Saaty T L. 1996. Decision Making with Dependence and Feedback: The Analytic Network Process. Pittsburgh: RWS Publications.

Savage V R, Huang S, Chang T C. 2004.The Singapore river thematic zone: sustainable tourism in an urban context. The Geographical Journal, 170 (3): 212-225.

Schianetz K, Kavanagh L. 2008. Sustainability indicators for tourism destinations: a complex adaptive systems approach using systemic indicator systems. Journal of Sustainable Tourism, 16 (6): 601-628.

Scott D. 2011. Why sustainable tourism must address climate change. Journal of Sustainable Tourism, 19 (1): 17-34.

Senge P M. 1990. The Fifth Discipline. New York: Currency Doubleday.

Shaalan I M. 2005. Sustainable tourism development in the Red Sea of Egypt threats and opportunities. Journal of Cleaner Production, 13 (2): 83-87.

Sharpley R. 2009. Tourism Development and the Enviroment: Beyond Sustainability?London: Routledge.

Shikida A, Yoda M, Kino A, et al. 2010. Tourism relationship model and intermediary for sustainable tourism management: case study of the Kiritappu Wetland Trust in Hamanaka, Hokkaido. Tourism and Hospitality Research, 10 (2): 105-115.

Silva A N R, Lima R S, Raia A A, et al. 1998. Urban transportation accessibility and social inequity in a developing country. Urban Transport Policy: A Sustainable Development Tool.

Sofield T, Li S. 2011.Tourism governance and sustainable national development in China: a macro-level synthesis. Journal of Sustainable Tourism, 19 (4~5): 501-534.

Sterman J D. 2000. Business Dynamics: Systems Thinking and Modeling for a Complex World. Boston: Irwin/McGraw-Hill.

Stronza A. 2001. Anthropology of tourism: forging new ground for ecotourism and other alternatives. Annual Review of Anthropology, 30 (2): 261-283.

Su M M, Wall G. 2009. The Qinghai–Tibet railway and Tibetan tourism: Travelers' perspectives. Tourism Management, 30 (5): 650-657.

Tan F, Lu Z. 2015. Study on the interaction and relation of society, economy and environment based on PCA-VAR model: as a case study of the Bohai rim region, China. Ecological Indicators, 48: 31-40.

Tang C C, Zhong L S, Cheng S K. 2012. Tibetan attitudes towards community participation and ecotourism. Journal of Resources and Ecology, 3 (1): 8-15.

Tang C F, Tan E C. 2015. Does tourism effectively stimulate Malaysia's economic growth? Tourism Management, 46 (1): 158-163.

Tang Z, Shi C B, Liu Z. 2011. Sustainable development of tourism industry in China under the low-carbon economy. Energy Procedia, 26 (5): 1303-1307.

Tao T H, Wall G. 2009. Tourism as a sustainable livelihood strategy. Tourism Management, 30(1): 90-98.

Teece D J. 1986. Profiting from technological innovation: implications for integration, collaboration, licensing and public policy. Research Policy, 15 (6): 285-305.

Teh L, Cabanban A S. 2007. Planning for sustainable tourism in southern Pulau Banggi: an assessment of biophysical conditions and their implications for future tourism development. Journal of Environmental Management, 85（4）: 999-1008.

Tepelus C M, Cordoba R C. 2005. Recognition schemes in tourism—from 'eco' to 'sustainability'? Journal of Cleaner Production, 13（1）: 135-140.

Tesone D V. 2004. Development of a sustainable tourism hospitality human resources management module: a template for teaching sustainability across the curriculum. International Journal of Hospitality Management, 23（3）: 207-237.

Torrent R. 2008. Sustainable development in tourism municipalities: the role of public goods. Tourism Management, 29（4）: 883-897.

Tosun C. 2001. Challenges of sustainable tourism development in the developing world: the case of Turkey. Tourism Management, 22（3）: 289-303.

Tsaur S H, Wang C H. 2007. The evaluation of sustainable tourism development by analytic hierarchy process and fuzzy set theory: an empirical study on the Green Island in Taiwan. Asia Pacific Journal of Tourism Research, 12（2）: 127-145.

Tsaur S H, Linb Y C, Lin J H. 2006. Evaluating ecotourism sustainability from the integrated perspective of resource, community and tourism.Tourism Management, 27（3）: 640-653.

Turnock D. 1999. Sustainable rural tourism in the Romanian Carpathians. The Geographical Journal, 165（2）: 192-199.

Uddhammar E. 2006. Development, conservation and tourism: conflict or symbiosis?Review of International Political Economy, 13（4）: 656-678.

Wang D, Ap J. 2013. Factors affecting tourism policy implementation: a conceptual framework and a case study in China. Tourism Management, 36（1）: 221-233.

Wang Y Z. 2013. An inquiry about the construction of the new mechanism for the social stability of Tibet. Ethno-National Studies, 6: 27-38.

Weaver D B. 2005. Comprehensive and minimalist dimensions of ecotourism. Annals of Tourism Research, 32（2）: 439-455.

Weaver D B. 2011a. Organic, incremental and induced paths to sustainable mass tourism convergence. Tourism Management, 32（1）: 1-8.

Weaver D B. 2011b. Can sustainable tourism survive climate change? Journal of Sustainable Tourism, 19（1）: 5-15.

Weaver D B. 2012.Clearing the path to sustainable mass tourism: a response to peeters.Tourism Management, 33（5）: 1042-1043.

Weaver D B, Lawton L J. 2007. Twenty years on: the state of contemporary ecotourism research. Tourism Management, 28: 1168-1179.

Whitford M M, Ruhanen L M. 2010. Australian indigenous tourism policy: practical and sustainable policies?Journal of Sustainable Tourism, 18（4）: 475-496.

Woo E, Kim H, Uysal M. 2015. Life satisfaction and support for tourism development. Annals of Tourism Research, 50（1）: 84-97.

World Commission on Environment and Development. 1987. Our Common Future. Oxford: Oxford University Press.

World Tourism Organization. 1998. Guide for Local Authorities on Developing Sustainable Tourism. Madrid: World Tourism Organization.

Wray M. 2011. Adopting and implementing a transactive approach to sustainable tourism planning: translating theory into practice. Journal of Sustainable Tourism, 19 (4~5): 605-627.

Wu Y Y, Wang H L, Ho Y F. 2010. Urban ecotourism: defining and assessing dimensions using fuzzy number construction. Tourism Management, 31 (3): 739-743.

Wu M Y, Pearce P L. 2012. Tourism research in and about Tibet: employing a system for reviewing regional tourism studies. Tourism and Hospitality Research, 1467358411434973.

Xiao H, Smith S J. 2006. The making of tourism research: insights from a social science journal. Annals of Tourism Research, 33 (2): 490-507.

Yasarata M, Altinay L, Burns P, et al. 2010. Politics and sustainable tourism development–can they co-exist? Voices from north cyprus. Tourism Management, 31 (2): 345-356.

Yaw F. 2005. Cleaner technologies for sustainable tourism: caribbean case studies. Journal of Cleaner Production, 13 (2): 117-134.

Yeh E T. 2007. Tropes of indolence and the cultural politics of development in Lhasa, Tibet. Annals of the Association of American Geographers, 97 (3): 593-612.

Yu C P, Chancellor H C, Cole S T. 2011. Measuring residents' attitudes toward sustainable tourism: a reexamination of the sustainable tourism attitude scale. Journal of Travel Research, 50 (1): 57-63.

Yu L, Wang S, Lai K K. 2008. Credit risk assessment with a multistage neural network ensemble learning approach. Expert Systems with Applications, 34 (2): 1434-1444.

Yuan Y, Jin M, Ren J, et al. 2014. The dynamic coordinated development of a regional environment-tourism-economy system: a case study from western Hunan Province, China. Sustainability, 6 (8): 5231-5251.

Zahra A, Ryan C. 2007. From chaos to cohesion—complexity in tourism structures: an analysis of New Zealand's regional tourism organizations. Tourism Management, 28 (3): 854-862.

Zhang J K, Ji M, Zhang Y. 2015. Tourism sustainability in Xizang-forward planning using a systems approach. Ecological Indicators, 56: 218-228.